KB149805

금호강유역 초기사회의 형성

경상북도문화재연구원 학술총서 1

금호강유역 초기사회의 형성

2015년 12월 29일 초판 1쇄 인쇄
2015년 12월 30일 초판 1쇄 발행

지은이   이청규 황상일 하진호 김광명 신영애 방선지 김옥순
펴낸이   권혁재

편집   장현옥(경상북도문화재연구원)
디자인   권이지
출력   CMYK
인쇄   한일프린테크

펴낸곳   학연문화사
등록   1988년 2월 26일 제2-501호
주소   서울시 금천구 가산동 371-28 우림라이온스밸리 B동 712호
전화   02-2026-0541~4
팩스   02-2026-0547
E-mail   hak7891@chol.net

ISBN 978-89-5508-335-4 94910
ⓒ 이청규·황상일·하진호·김광명·신영애·방선지·김옥순 2015
협의에 따라 인지를 붙이지 않습니다.

책값은 뒷표지에 있습니다.
잘못된 책은 바꾸어 드립니다.

금호강유역 초기사회의 형성

이청규

황상일

하진호

김광명

신영애

방선지

김옥순

학연문화사

선사 · 고대 금호강유역 사회상 규명에 기대

경상북도문화재연구원은 1998년 2월 광역자치단체로는 최초로 문화재발굴조사 전문기관으로 출범하였습니다. 지난 17년간 매장문화재발굴조사를 통하여 도민의 지역개발 수요에 부응하는 한편 선조들이 물려주신 소중한 문화유산을 보존·관리하는데도 많은 성과를 거두어 왔습니다. 아울러 발굴조사보고서를 발간하여 우리 문화유산을 연구하고 새로운 미래가치를 창출하는데 활용될 기초자료 구축에도 소홀함이 없었다고 생각합니다. 그러나 축적된 자료에 비해 활발한 연구가 이루어지지 못한 아쉬움이 늘 있어왔습니다. 그러한 의미에서 이번에 발간된 '금호강유역 초기사회의 형성'이라는 주제의 학술총서는 우리 연구원의 갈증을 달래주는 첫 작품이라 할 수 있습니다.

금호강 유역은 낙동강과 신라의 고도 경주를 잇는 중요한 지리적 입지로 인해 선사시대부터 많은 유적들이 분포하고 있습니다. 우리 연구원에서도 2005년부터 대구 각산동, 신서동 등에서 대규모 유적을 발굴하여 조사내용을 발표한 바 있습니다만, 그동안 금호강유역을 대상으로 한 선사와 고대의 연구는 공백지대로 남아 있었습니다. 이번 총서발간이 금호강유역 청동기와 원삼국 시대의 사회상을 규명하는데 크게 이바지 할 것으로 기대됩니다.

이 총서가 전문연구자들의 연구자료가 될 뿐만 아니라 고고학을 공부하는 학생들에게는 의미 있는 길잡이가 되기를 바라며, 앞으로도 보다 진전된 학술 총서를 발간해 나가겠습니다. 끝으로 바쁜 가운데서도 이 책이 나오기까지 여러모로 수고를 해 주신 연구자분들과 연구원 가족 여러분에게 깊은 감사의 뜻을 전합니다.

2015. 12
경상북도문화재연구원장 박재홍

목   차

머리말

경상북도문화재연구원 학술총서 *1*

**금호강유역
초기사회의
형성**

고고학은 일정 공간을 범위로 한 지역 연구가 기본적으로 그 지역이 전세계적인 것일 수도 있지만, 특정의 유적 발굴구역일 수 있다. 대체로 한국고고학에서는 고대에 국가 정치체의 영역을 그 공간적 범위로 하는 경우가 많다. 영남지역의 경우 신라 혹은 가야의 영역을 범위로 하는데, 그것은 당연히 고대국가의 사회문화적 성격을 규명하는 것을 목적으로 삼기 때문이다.

그러나 시대를 거슬러 올라가 고대국가의 성장과정을 규명하기 위해서는 통합되기 이전의 소국을 대상으로 한 연구가 필요하다. 소국의 공간적 범위는 일정하지 않지만 대체로 오늘날 행정구역의 단위인 군 수준으로 이해하는 것이 일반적이다. 조선시대에 고을이라는 개념이 이에 대응되기도 하는데, 그것은 인류학의 관점에서는 통혼권에 해당된다는 해석도 있다.

신라 혹은 가야의 정치체가 들어선 영남지역에서는 삼국지 위지 동이전에 진변한 각각 12국이 있어 소국의 존재를 확인시켜 준다. 그러나 각 소국의 정확한 위치에 대해서는 의견이 분분할 뿐만 아니라 각 소국의 공간적 범위에 대해서는 기록에 전혀 그 단서조차 제시되지 않아 더욱 알기 어렵다. 그러나 고고학적으로 수집된 유구와 유물 자료의 분석을 통해서 일정한 정치체의 시간적 범위는 물론 공간적 위치에 대해서 기록에 명시된 소국과 관련하여 논의할 수 있다.

여기서 다루고자 하는 금호강유역의 경우 진한의 소국들이 위치하였다는 관점은 이미 오래전에 정설화된 바 있다. 금호강은 낙동강의 중류에서 합류하는 지류로서 최대 강폭이 100m를 넘지 않는 2차 하천이다. 동서로 완만하게 흐르는데 동쪽으로는 영천의 보현산 지역 등지에서 발원하여, 경산과 대구를 거쳐 서쪽으로 성주지역에서 합류한다. 동쪽으로 형산강유역의 지류로서 경주지역으로 흐르는 대천과 낮은 고개를 사이에 두고 경계를 이루므로 이 지역과의 통교도 용이한 편이다.

그러한 금호강유역에 서기전후한 시기에 해당되는 많은 청동제 위세품을 부장한 수장급 무덤을 비롯하여 다수의 무덤군이 조사된 바 있다. 그들 수장급 무덤은 해방전 1920년대부터 알려졌는 바, 한식경과 호형대구 등이 일괄로 출토된 영천 어은동 유적의 사례가 대표적이다. 1960년대 이후 또한 대구 비산동, 평리동, 지산동을 비롯하여 신천동 등지에서 우연히 발견된 사례가 있으며, 1990년대 이후 전문조사기관에 의해 발굴조사된 경산 임당동, 신대동 등의 사례가 더해지게 된다.

이를 통하여 서기전 1세기를 전후로 하여 당대의 정치체에 대해서 한군현이 설치되었다고 전하는 대동강유역 이외의 지역에서 고대국가 이전의 소국에 대해서 고고학적으로 접근하여 논의할 수 있는 근거가 제시되고 있다. 더군다나 2000년대 이후 금호강유역의 대도시인 대구와 인접한 소도시 경산 일대에서 청동기시대의 많은 취락유적이 발굴조사되어 앞서 소국 정치체 이전의 서기전 1천년기 전반을 중심으로 한 사회상을 설명할 수 있게 되었다.

대동강유역 또한 북한의 다른 지역보다 많은 청동기시대의 집자리, 지석묘가 발굴조사되었는 바, 이를 토대로 북한의 연구자들은 이 지역을 중심으로 하여 고조선의 성장 발전과정을 중점적으로 설명한 바 있다. 금호강 유역 또한 그에 못지 않은 고고학적 조사성과가 있을 뿐만 아니라 대동강유역의 고조선 유민이 대규모로 이주한 것으로 기록에 전한다. 그러한 금호강 유역을 공간적 범위로 한 정치체의 발전과정을 고고학적으로 설명하는 것은 특히 한국 지역고고학 연구에서 나름대로 의의가 있다고 하겠다.

이러한 맥락에서 청동기시대부터 초기철기시대를 거쳐 원삼국 시대 전기에 이르기까지 이 지역에 소국이 형성되는 과정을 살피고자 하는 것이다. 물론 지역고고학의 통시적 연구는 동단계에 그치는 것은 아니다. 원삼국 후기 이후 삼국시대에 거쳐 고대국가의 정치체로 발전하는 과정은 물론 중세국가의 지방으로서 중앙과 관련하여 사회문화 변천과정을 설명하는 데까지 이른다. 관점에 따라서는 현대에 이르기까지 지역적 접근은 필요하며, 그러한 측면에서 보면 금번의 연구는 그 여명기에 해당한다고 할 수 있겠다.

I. 자연 환경

경상북도문화재연구원 학술총서 *1*

금호강유역
초기사회의
형성

청동기~원삼국시대 지형 및 지질

황상일 경북대학교 지리학과

1. 영남분지의 지형 개관
2. 금호강 유역의 자연환경
3. 대구분지 청동기시대와 초기철기시대
  자연환경과 인간생활
4. 금호강 유역분지 지형이 청동기 시대부터
  기원 전후시기까지 인간생활에 미친 영향

1. 영남분지의 지형 개관

영남분지는 서쪽과 북쪽 경계를 이루는 소백산맥과 동쪽의 태백산맥에 의해 각각 한반도 서부 및 북부 내륙과 동해로부터 분리된다. 남해와의 사이에는 비교적 해발고도가 낮은 구릉지와 구릉성산지가 분수계를 이루고 있다. 영남분지의 서쪽과 북쪽 분수계를 이루는 소백산맥은 선캄브리아기 화강편마암과 변성퇴적암이 주를 이루며 중생대 쥬라기에 관입한 화강암이 곳곳에 분포하고 있다. 동쪽 분수계인 태백산맥은 중생대 백악기에 화산활동으로 형성된 유천층군의 암석으로 되어 있어서 높은 산지가 분포한다. 영남 분지는 중생대 백악기에 얕은 담수 호소에 쌓인 다양한 입자의 퇴적물로 이루어진 퇴적암인 신동층군과 하양층군으로 되어 있다. 이 퇴적층이 쌓일 때 그리고 퇴적된 이후 지반운동이 대단히 활발하게 발생하여 기반암에 절리가 높은 밀도로 분포하여 풍화와 침식에 대한 저항력이 낮아 현재는 대체로 구릉지의 경관을 이루고 있다.

영남분지는 가야산–팔공산–보현산–구룡산–비슬산으로 연결되는 산지에 의해 크게 북부, 중부, 남부 분지로 구분 된다. 북부는 구릉지, 소분지로 이루어진 영주, 예천, 안동, 상주, 의성, 김천, 구미, 군위 지역으로 남쪽 경계는 금오산, 팔공산, 보현산이다. 중부 분지는 가야산, 금오산, 팔공산, 보현산, 구룡산, 비슬산으로 둘러싸인 광역의 대구분지가 위치하는데, 낙동강 우안을 제외하면 대부분 금호강의 유역분지에 속한다.

금호강 유역분지에는 상류부에는 영천시, 중류부에는 경상시, 낙동강으로 유입하는 하류부에는 대구시가 자리잡고 있다. 동쪽의 경주, 안강 지역과의 사이에는 상대적으로 해발고도가 낮은 산지가 분수계를 이루고 있다(그림 1).

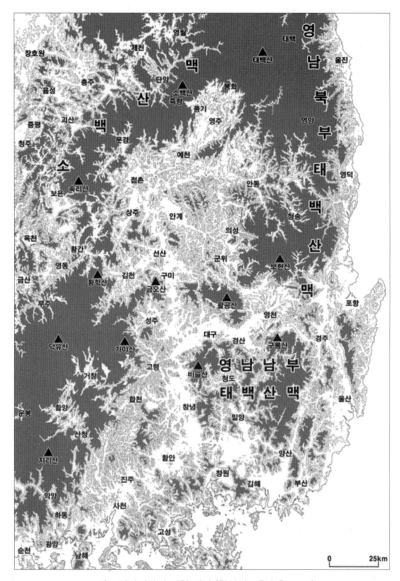

그림 1 영남지방의 지형 개관 (황상일 · 윤순옥, 2013)

2. 금호강 유역의 자연환경

1) 금호강의 지형

광의의 대구분지는 조화룡에 의해 논의된 바 있는데, 금호강 유역을 중심으로 영남분지 중앙부에 금오산, 팔공산, 화산, 보현산, 비슬산, 가야산으로 둘러싸인 성주, 대구, 경산, 영천 지역을 의미한다(대구시사편찬위원회, 1995).

금호강은 낙동강 하구부에서 약 200㎞ 떨어진 달성군에서 본류에 합류하는 낙동강의 지류이다. 본류 길이 118.4㎞, 유역면적 2087.9㎢인 이 하천은 청송군 부동면 중기리와 포항시 죽장면 상옥리 사이의 742m 고지에서 발원하는데 낙동강의 지류 가운데 南江(유역분지면적 3461.9㎢)에 이어 두 번째로 유역분지 면적이 넓다.

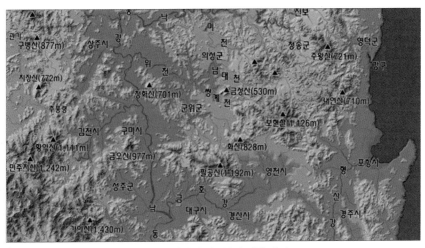

그림 2 광의의 대구분지 지형 개관

금호강 유역분지의 해발고도는 그리 높지 않아서 600m 이상인 지역은 전체의 4% 정도이고 1,000m 이상인 지역은 없다. 지표면의 경사는 대체로 완만하여 유역 전체면적의 65.7%가 40% 이하이다. 최대기복량은 900m 이지만 거의 대부분 지역의 기복량은 작다. 기복량 600m 이상 지역은 24%, 400m 이상인 지역은 56%를 차지한다. 이와는 대조적으로 100m 이하인 지역은 14% 정도이다.

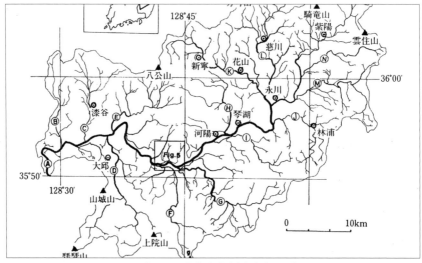

그림 3 금호강의 하계망 (김만정, 1990)
(A: 금호강 B: 이언천 C: 외천)

2) 금호강의 하계망

금호강은 포항시 죽장면 상옥리 가사령에서 북서쪽 1㎞ 떨어진 742m 고지에서 발원하여 영남분지의 중앙을 동에서 서로 흐른다. 이 하천의 유역분지에서는 북북동-남남서 주향과 서북서-동남동 주향의 지질구조선이 주로 확인되지만, 구릉지가 넓게 분포하므로 하천 유로는 지질구조선의 영향을 상대적으로 적게 받아 전체적으로 수지상 하계망을 이루고 있다.

　금호강은 보현산(해발고도 1,124m)과 기룡산(해발고도 960m), 운주산(해발고도 807m) 사이를 통과하면서 분지의 동쪽 분수계에서 발원한 임고천과 고촌천을 합류하고, 영천 부근에서 고현천과 신령천·북안천이 유입한다. 영천부터 금호강 범람원은 넓어진다. 남쪽분수계에서 발원하여 금호강 중류와 하류부에 유입하는 오목천, 남천, 신천의 범람원도 비교적 넓은 편이다. 그러나 가산에서 발원하여 남류하여 칠곡군 동명을 통과하고 대구시 팔달교에서 금호강에 합류하는 외천이 유입하는 지점부터 낙동강에 합류하는 구간에서는 심하게 감입곡류 하면서 하폭이 급격하게 좁아지며 협착부를 이룬다.

　이상과 같은 금호강의 지형 특색으로부터 금호강은 북안천 합류점 보다 상류부를 상류산지부, 외천 합류 지점의 하류부는 하류 협착부, 이들 사이 구간은 비교적 하폭이 넓으며 범람원이 잘 발달되어 있고 선상지가 비교적 넓게 나타나는 평야 지역으로 크게 구분할 수 있다. 중류부에는 자연제방과 배후습지가 분포하고 있다.

3) 금호강 유역분지의 지질

　금호강 유역의 기반암은 영남지방에 광범위하게 분포하는 중생대 백악기 퇴적암인 신동층군, 하양층군, 화산암인 유천층군 그리고 관입암인 불국사화강암으로 구성되어 있다. 퇴적암인 신동층군과 하양층군은 주로 해발고도 200m 내외의 구릉지를 이루고 있으며 사면경사가 완만하다. 금호강 유역의 퇴적암 분포 지역은 지반이 안정된 가운데 풍화 및 침식 작용을 받아 파랑상의 구릉지 지형이 전형적으로 나타난다(그림 4).

　유천층군은 상류부의 보현산, 신천과 남천의 남쪽 분수계인 산성산, 비슬산,

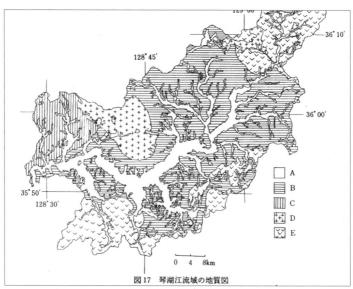

図17 琴湖江流域の地質図

그림 4 금호강 유역분지의 기반암 분포 (김만정, 1990)
A: 충적층 B: 퇴적암(신라통) C: 퇴적암(낙동통) D: 화강암 E: 화산암

상원산, 용각산 일대에 주로 분포하는데 해발고도 800m~1,000m의 높은 산지를 이룬다.

불국사 화강암은 문암천과 신령천의 발원지인 팔공산지에 분포한다. 관입시기가 상대적으로 늦어서 쥬라기에 관입한 대보화강암만큼 심층풍화가 이루어지지 않아서 여전히 높은 산지를 이루고 있다. 팔공산지 주능선은 가산부터 한티재, 파계재, 팔공산까지 서북서-동남동 방향으로 이어지다가 관봉부터 북에서 남쪽으로 꺾어져 능성고개, 환성산으로 연결된다.

팔공산지를 이루는 불국사 화강암이 관입하면서 주변 퇴적암은 열접촉변성작용을 받아 호온펠스화되어 팔공산지를 둘러싸고 있다(그림 5). 호온펠스화된 퇴적암은 폭 약 2km로 화강암 지역을 환상으로 에워싸고 있어서 이를 환상산맥이라고 부른다. 팔공산 주 분수계 남쪽에서는 해발고도 500m 내외로 도덕산(해발고도 660.0m), 응해산(526.4m), 응봉(456.0m), 문암산(431.4m), 용

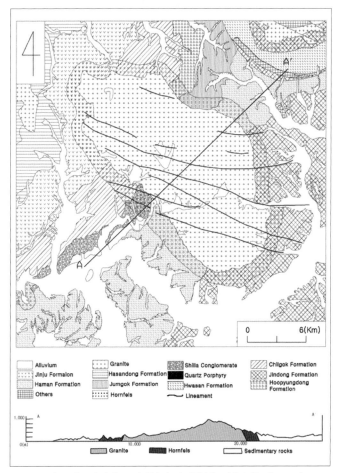

그림 5 팔공산지와 주변지역의 기반암 분포 (윤순옥 외, 2004)

암산(367.7m), 능천산(420.0m) 등이 이어져 환상산맥의 일부를 이루고 있다.
팔공산지 남사면이 호온펠스와 만나는 경계부 화강암 지역에는 여러 개의 소
분지들이 분포한다.

(그림 6)의 경사도분포에서 분지들의 위치를 확인할 수 있는데, 팔공산 주
능선과 환상산맥 사이에 사면경사가 완만한 분지들이 분포하고 있다. 특히 가

산부터 한티재, 파계재, 팔공산까지 서북서-동남동 방향으로 이어지다가 관봉부터 북에서 남쪽으로 꺾어져 능성고개, 환성산으로 연결되는 팔공산 주능선의 남쪽과 서쪽에 위치하는 분지에는 선상지가 넓게 분포하여 경작지와 주거지를 제공하고 팔공산이 동계의 북풍을 막아주므로 일찍부터 사람들이 활동공간으로 활용하였을 것으로 추정된다.

4) 금호강 유역의 지형면 분류

금호강 유역의 지형면 분류는 김만정(1990)과 조명희·조화룡(1996)에 의해 개략적으로 이루어진 바 있다. 여기에서는 김만정의 지형면 분류도(그림 7)를 통해 금호강 유역의 지형면 분포를 검토하였다. 이에 의하면, 금호강 유역분지의 지형면은 선상지, 자연제방, 토석류선상지, 배후습지, 곡저평야, 구릉지의 곡저평야로 구분된다.

선상지는 주로 금호강으로 유입하는 지류에 의해 형성되었는데, 팔공산의 외부를 두르고 있고 환상산맥의 남쪽 산록에 합류선상지 형태로 분포한다. 그리고 팔공산 산지 주능선과 남쪽 호온펠스로 된 환상산맥 사이에 형성되고 분지에도 선상지가 비교적 넓게 나타난다. 그리고 하양에서 금호까지 소위 금호평야도 청통천을 비롯하여 금호강에 합류하는 여러 하천들에 의해 형성된 합류선상지이다. 이외에도 영천 부근에 비교적 넓은 선상지가 분포하며, 북안천, 임고천, 신령천 유역에도 소규모 선상지가 확인된다.

김만정에 의해 제시된 (그림 7)의 지형면분류도에서 현재 대구시의 시가지를 이루는 금호강 양안은 선상지로 분류되어 있으나 이것은 오류로 판단된다. 퇴적상으로 볼 때 범람원으로 분류하는 것이 타당하다고 생각된다(그림 9).

범람원은 자연제방과 배후습지로 구성되는데, 이 두 지형면은 대체로 하천

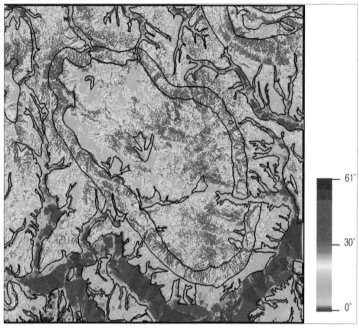

그림 6 팔공산지와 주변지역의 경사도 분포 (윤순옥 외, 2004)

을 연하여 하상과 평행하게 자연제방이 분포하고 이보다 산지 쪽에 배후습지가 나타난다. 그러나 김만정(1990)의 지형면 분류도에는 금호강의 범람원이 대부분 자연제방으로 표현되어 있다. 조명희·조화룡(1996)이 제작한 지형면 분류도(그림 8)에는 더 많은 구간에서 배후습지가 분류되어 있다.

금호강의 범람원은 영천 부근부터 외천이 금호강에 합류하는 지점까지 상대적으로 넓게 분포한다. 금호강이 풍화와 침식에 대한 저항력이 대단히 약한 중생대 백악기 퇴적암 지역을 통과하므로 하천 규모에 비해 상대적으로 범람원의 폭이 넓은 편이다. 범람원은 현재 인공제방에 의해 하상과 분리되어 경작지로 활용되고 있다.

해발고도가 낮은 구릉지에서 폭이 좁은 하곡이 주변의 사면과 분수계에서

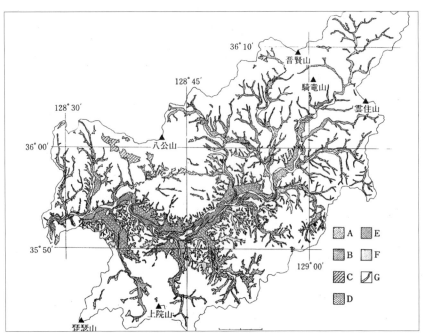

그림 7 금호강 유역분지의 지형면 분류(김만정, 1990)
A: 선상지 B: 자연제방 C: 토석류선상지 D: 배후습지
E: 곡저평야 F:구릉지의 곡저평야 G:하상

공급된 퇴적물로 메워져 경사가 다소 급한 곡저저지를 형성하는데 이것을 곡저평야라고 한다. 곡저평야는 산지의 해발고도가 낮고 사면경사가 완만한 구릉지에서 높은 밀도로 분포한다. 금호강 유역에서는 해발고도가 높은 팔공산지와 그 가장자리를 둘러싼 환상산맥과 화산암으로 이루어진 비슬산, 상원산을 비롯한 남쪽 분수계에는 곡저평야의 밀도가 낮고, 풍화와 침식에 대한 저항력이 낮은 퇴적암 구릉지 지역에 넓게 분포한다.

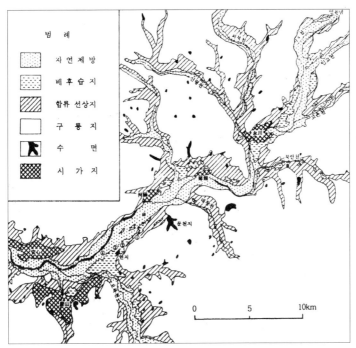

그림 8 금호강 중류부의 지형면 분류(조명희 · 조화룡, 1996)

3. 대구분지 청동기시대와 초기철기시대
자연환경과 인간생활

1) 대구분지의 토양

금호강 이남 대구분지 토양분포(그림 10)는 크게 세 지역으로 구분된다. 이 것을 지형분류도와 비교하면, 대체로 지형의 특징(그림 9)과 잘 조화되어 구분 됨을 알 수 있다. 즉 신천과 금호강을 연한 범람원, 월배와 분지 남쪽의 유천층

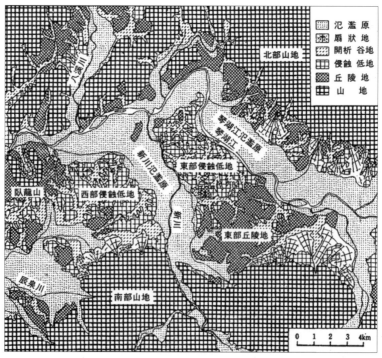

그림 9 대구분지 지형면 분류 (황상일 · 윤순옥, 1998)

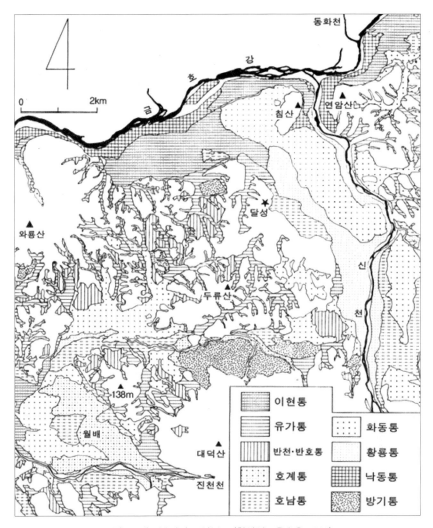

그림 10 대구분지의 토양분포 (황상일 · 윤순옥, 1998)

군산지의 북쪽 산록에 분포하는 선상지, 와룡산과 금호강 남쪽의 해발고도 40-80m 내외의 침식구릉지의 세 지역으로 나누어 진다.

신천과 금호강을 연한 범람원에는 낙동통, 황룡통, 이현통, 화동통, 호남통으로 구성되어 있다.

낙동통은 신천 하류부와 금호강의 자연제방에 분포한다. 하성충적토를 모재로 한 토양으로 토양배수가 매우 양호하고 토심이 매우 깊다. 황룡통은 하성충적층을 모재로 한 토양이다. 사력질로서 토양배수가 매우 양호하고 토심은 얕다. 이현통은 하천 범람의 위험이 있는 금호강의 배후습지와 월배선상지 선단 서쪽의 낙동강 범람원에 분포한다. 화동통은 신천의 범람원에 광범위하게 분포하고 있다. 호남통은 하성충적층을 모재로 한 과부식회색토로서, 토양배수가 불량하고 토심이 깊은 식질토이다. 토지는 거의 논으로 이용되고 있다.

월배와 분지 남쪽의 유천층군 산지의 북쪽 산록에 분포하는 선상지 토양은 방기통, 호계통, 화동통, 호남통으로 구성된다. 방기통은 충적층을 모재로 한 토양으로, 자갈함량이 높아 토양배수가 양호하며, 비옥도는 보통이나 유기물 함량은 높은 편이다. 대부분 전작지로 이용되며, 일부에 과수원과 뽕밭이 분포한다. 호계통은 월배선상지의 선정과 선앙에 넓게 분포하며, 자갈함량이 표층부 30cm는 20-26%, 그 이하는 40% 정도이며, 전층을 통해 silt의 비율이 55% 내외인 미사질양토이다. 비옥도는 보통이나 밭으로 이용할 경우 생산력이 낮다. 심경으로 자갈을 제거해야 하고 유기질비료를 시비하여야 한다. 따라서 한발에 강한 작물을 선택하여야 한다.

와룡산과 금호강 남쪽의 해발고도 40-80m 내외의 침식구릉지에는 혈암의 기반암 위에 매우 얇은 토양층인 대구통이 넓게 분포하고, 구릉지 사이의 하곡에는 유가통, 반천통, 반호통이 나타난다. 대구통은 해발고도 40-80m 정도의 퇴적암 침식구릉지의 정부에 넓게 분포한다. 유가통은 대구층이 분포하는 회색 혈암으로 된 구릉지의 하곡에 퇴적된 충적물을 모재로 하여 경사가 매우 완만한 곳에 분포한다. 토양은 저습한 편으로, 배수시설과 지력증진에 관심을 가져야 한다. 반천통은 구릉지 상의 폭이 넓은 평탄면에서 나타나는 토양으로 배수가 양호한 편이나, 한발의 피해를 심하게 받는다. 반호통은 경사가 완만한 곳은 전작, 경사가 급한 곳은 과수원과 초지에 적합하다.

2) 청동기시대

(1) 대구분지 지형과 인간활동 공간

청동기시대의 대표적 분묘인 지석묘는 대부분 신천의 자연제방과 월배선상지에 집중되어 있다(그림 11). 단지 중구 봉산동 월견산 지석묘, 달성, 검단토성 내 무문토기 출토지가 예외에 속한다. 월견산 지석묘는 높이 약 30m 하식

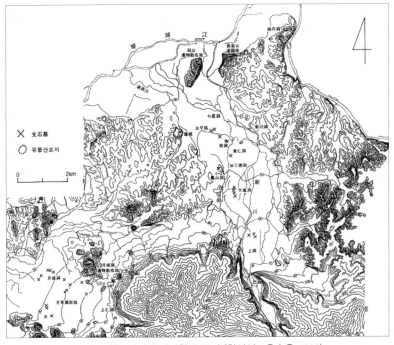

그림 11 청동기시대 인간활동 공간 (황상일 · 윤순옥, 1998)

애인 해발고도 78m인 침식구릉지 상에 있다. 가장 가까운 자연제방인 경북대 사대부설고 교정의 지석묘와는 약 500m 떨어져 있다. 달성은 달서천 좌안의 침식구릉지로, 최하부 문화층에서 청동기시대 말기의 유물들이 발굴되었다. 검단토성지는 금호강에 의해 형성된 30-50m 높이의 하식애 위에 만들어진 원삼국시대 포곡식 토성이다. 성내의 저지대와 침식구릉지 사면에 무문토기, 석기, 도질토기편이 발견되었다.

신천범람원 상의 지석묘는, 신천이 분지 남부의 비슬산괴와 용지산괴를 벗어난 우안의 자연제방 위에 분포한다. 이곳은 현재 파동과 상동이 위치한다. 대봉동부터는 신천 좌안의 자연제방을 따라 동인동까지 신천과 거의 평행하게 나타나고, 교동 근처에서 서북서로 방향을 바꾸어 대구역 일대까지 분포한다. 월배선상지 상의 지석묘는 선상지 전체에 분포하지만, 선단을 따라 높은 밀도를 나타낸다. 이들 지석묘는 거의 대부분 20C 초에 주거지로 이용되는 범위의 경계부에 입지하고 있어, 청동기시대에도 선상지 가운데 범람의 위험이 거의 없는 지형면을 경지, 거주지, 묘지로 이용하였음을 알 수 있다. 한편 주거지는 용수를 얻기에 유리한 선단부 외에, 범람의 위험이 적은 선상지 전체와 선상지와 주변 구릉지의 경계부에도 입지했을 것이다.

지석묘 이외 청동기시대 유적은 월성동선사유적지, 북구 산격동 연암산유적지, 침산동의 침산유물산포지가 있다. 월성동선사유적지는 월배선상지 북쪽에 있는 해발고도 약 138m 구릉성산지의 남사면에 위치하고 있다. 이 구릉에는 미완성 석기를 포함하여 유구석부, 마제석검, 반월형석도, 석족(석촉), 석착(돌끌), 무문토기편 등이 산재하며, 유물의 내용이나 형태가 후술할 연암산유적의 그것과 유사하다. 연암산유적지와 침산유물산포지도 신천이 금호강에 합류하는 범람원 상의 약 130m 내외의 구릉성산지에 입지한다.

(2) 인간활동에 미친 자연환경의 영향

신천의 자연제방을 따라 형성된 지석묘의 분포는 청동기시대 신천의 구유로가 현재와 같지 않았음을 암시한다. 즉, 신천의 한 분류는 신천동 영신고등학교 남쪽의 공격사면 하식애에서 방향을 거의 직각으로 바꾸어 경부선철도와 거의 평행하게, 칠성동을 경유하여 서류하였음을 알 수 있다(그림 12). 1917년에 제작된 이 지형도에서 자연제방은 주로 주거지, 과수원, 뽕밭, 텃밭

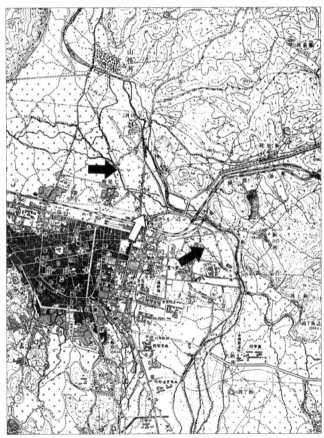

그림 12 20세기 초 대구 지역의 지형과 토지이용 (황상일 · 윤순옥, 1998)

으로 이용되었다. 그러나, 칠성동 부근에서는 자연제방으로 예상되는 부분에 논이 분포하고 있어, 신천의 한 분류가 이 부근을 통과하여, 침산과 비산동 침식구릉지 사이의 범람원 위를 여러 갈래로 나누어 흘렀다. 칠성동-대구역을 연결하는 선의 북쪽 범람원은 항상 홍수의 위험이 있었을 것이다. 따라서 이 지역은 신천에 대규모 제방을 축조하기 전까지는 인간이 거주하기에 거의 불가능했던 곳으로, 논농사지역이었다.

신천 범람원에서 지석묘가 분포하는 자연제방과 그에 인접한 공간은 상대적으로 하상비고가 높아 범람의 위험이 적으므로, 청동기시대에 주거지와 경작지로 이용될 수 있었다. 과거 대구성이 있던 현 시내 중심부는 해발고도 41-43m에 달하여, 범람원이지만, 동쪽은 자연제방으로 막혔으며, 북쪽은 칠성동과 약 8m의 비고차가 있어, 홍수의 위험이 거의 없어서, 청동기시대에는 인간들의 활동공간으로 이용되었을 것이다.

현재 지표면의 토양조건이 청동기시대의 그것과 꼭 같지는 않겠지만, 최근 지도에서 청동기시대 지석묘가 자연제방 부근에 위치하므로 청동기시대 자연제방퇴적물도 현재와 비슷하였다고 볼 수 있다.

3) 초기철기시대

(1) 대구분지 지형과 유적의 분포

한반도 남부의 유적에서는, 청동기시대에 청동기들이 뚜렷이 부각되지 못하다가, 초기철기시대가 되면서 비로소 각종 훌륭한 청동기들이 나타난다. 대구분지는 초기철기시대의 청동제 유물이 출토되는 유적 분포도 그 밀도가 상대적으로 높다. 유적지의 분포는 (그림 13)에 제시되어 있다.

청동제 유물은 만촌동, 신천동의 침식구릉지 경사면, 지산동(구 두산동)과

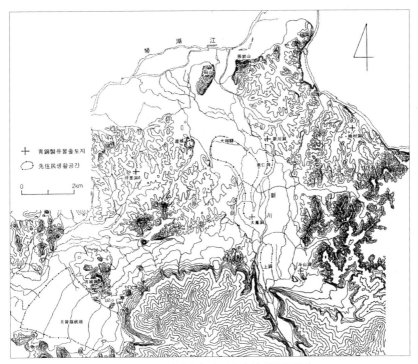

그림 13 초기철기시대 대구분지 인간활동 공간

평리동의 침식구릉지, 와룡산 북쪽의 산자락 평지[1], 서변동의 산곡에서 확인
되었다. 달성에서도 청동기가 대규모로 발굴되어, 이곳이 초기철기시대부터
대구분지의 중심지적 위치였음을 시사한다(대구시사편찬위원회 1995, 82쪽).
청동제품이 출토된 유적이 대부분 분묘 등인 점과 관련되는 듯, 대체로 침식
구릉지와 이들이 하천쪽으로 돌출한 경사면에 분포한다. 신천 범람원에서는
대봉동 대구중 교정에서 발견되었으나, 출토경위가 불분명하다. 그리고 월배

---

1) 대구시사 第1卷(通史), 122에서는 비산동청동기유적으로 기술하고 있음.

선상지에서는 지금까지 발견되지 않았다.

청동제 유물이 부장된 초기철기시대 유적지의 분포는 盆地 내 침식구릉지에 크게 분산되어, 청동기시대에 비해 대조적이다. 또한 유적지의 수도 훨씬 적을 뿐 아니라 그 규모는 크지 않고, 부장된 유물의 양도 비산동(와룡산 북쪽 산자락 평지)과 평리동유적을 제외하면 풍부하지 못하다.

청동제품 출토 유적에서는 청동제 무기와 철제품의 마구 등이 함께 매장되어 있다. 한반도 북부에서는 이 시기의 철기 중에 괭이, 낫, 반달칼 등 농구가 있으나, 남부지방에서는 경주 구정동과 조양동에서 발굴된 철도가 실전용일 정도이며 농구는 보이지 않는다. 청동무기는 비실용적이며 의기적인 것으로 볼 수 있으며, 청동제품들은 피장자의 사회적 지위와 권위의 정도를 표현해 주는 것으로 해석된다. 초기철기시대의 청동기 특히 청동무기의 이와 같은 비실용적, 의기적인 성격으로 보아, 그 소유자는 무력과 같은 힘을 배경으로 한 권력자가 아니며, 사회도 본격적인 계급사회에 이르지 못한 정치사회였음을 뜻한다(대구시사편찬위원회 1995, 130쪽). 현재까지 발견된 대구지역의 청동기에는 농기구가 없는 점으로 보아, 이 시대에도 석제품, 목제품, 골각기들이 주로 실용적 도구로 사용되었던 것이다. 한편 지산동에서 철정으로 추정되는 철판이 나온 것으로 볼 때, 철제품도 일부 사용되었을 가능성이 있다.

(2) 인간활동에 미친 자연환경의 영향

초기철기시대 청동기가 출토된 중생대 퇴적암의 침식구릉지는 오랫동안 침식만 받은 지형면이므로, 정부에는 토양층이 매우 얇거나 거의 없다. 토양층 발달도 미약하여, A-C의 토양단면을 보이고 있다.

혈암으로 된 침식구릉지 간의 낮은 곡저에, 주위 구릉지에서 기반암 풍화토가 운반, 퇴적되어 형성된 토양층은 100cm 이상으로 두껍다. 토양은 비교적 비옥하고, 유기물이 포함되어 있다. 회갈색의 배수가 약간 불량한 이 토양은 매우 치밀하다. 이 토양은 선사시대에 석제, 목제, 골각기로 된 농기구는, 이와 같이 조직이 치밀한 토양을 경작하는 데 적합하지 못했을 것이다.

침식구릉지[2]로 이루어진 동·서부침식저지에서, 철제 도구나 농기구가 일반적이지 못한 초기철기시대에는 침식구릉지 사이의 곡저평야를 개척하는데 어려움이 있었을 것이다. 따라서, 청동기시대에 신천의 자연제방과 월배선상지에 집중되던 인간활동 공간이, 경작이 용이한 곳을 떠나 침식구릉지로 이동하여 곡저충적평야를 본격적으로 개발하기 시작한 것으로 보는데는 무리가 있다.

초기철기시대의 청동제품들은 기존의 거주지인 신천 자연제방, 월배선상지, 검단토성, 연암산유적지, 침산유물산포지에는 발견되지 않는다. 그러므로, 여기에 살던 사람들이 모두 곡저평야 쪽으로 이동했는지, 또는 다른 곳으로 떠났는지 의문이 남는다. 그러나 후술하듯 철기시대가 본격적으로 진행된 원삼국시대의 고분군이 월배선상지, 연암산유적지, 검단토성 부근 침식구릉지에서 확인되므로, 이들 지역에서는 무문토기시대부터 계속 인간이 거주한 것으로 고고학자들은 보고있다. 또한 동구 괴전동의 선상지에도 지석묘는 있으나 청동제 유물은 없지만, 주변 구릉지에 고분군이 확인되어 무문토기시대부터 삼국시대까지 계속 인간이 거주한 생활무대였다고 보고 있다(대구시사편찬위원회 1995, 102쪽).

이와 같은 사실은 청동기시대 인간들이 거주하던 지역에서 청동기가 출토되지 않는다고 하여도, 무문토기를 사용하던 선주민들이 초기철기시대에도

---

2) 침식구릉지와 구릉성산지의 구분은 해발고도 100m 정도를 기준으로 하였다. 100m 이하의 침식구릉지로 된 지역은 (그림 9)의 지형분류도에서는 동·서부침식저지에 해당하며, 구릉성산지로된 지역은 두류산, 두리봉, 동부구릉지 등임.

계속 거주하여 그들의 문화를 계속 유지했을 가능성을 시사한다. 이들은 기존의 문화체계로도 크게 어려움 없이 그들의 삶터를 유지할 수 있었을 것이다.

출토경위가 다소 불확실하지만, 대봉동 대구중 교정에서 청동제품이 발견된 것은 범람원 상의 유일한 경우인데, 범람원에 인간이 거주하였음을 암시한다. 이와 같은 사실은 당시의 기후환경을 시사하는 서해안의 一山과 동해안의 해면변동곡선에서 추론해 보면, 초기철기시대가 시작된 2,300년 BP 경에 해면은 상대적으로 낮았으며 해안선은 바다쪽으로 후퇴하였다. 대구분지가 낙동강 하구에서 190km 정도 떨어져 해면하강의 영향을 직접받을 수 있는 지역은 아니지만, 앞선 청동기시대에 비해 자연제방의 범람 위험은 오히려 적었을 것이다.

아울러 선사·고대 대구분지의 인간활동 공간의 규모변화로, 초기철기시대에도 선상지와 자연제방이 이용되었을 가능성을 추측할 수 있다. 즉, 이 시기 활동공간의 규모에 관한 자료는 청동기시대와 원삼국시대의 유적지규모의 변화로 대략 짐작이 가능하다. 청동기시대 대구지역의 유적지는 주로 침산의 북쪽과 서쪽 산록부, 연암산의 남쪽과 동쪽 산록부, 대구역에서 동쪽으로 동인동까지, 동인동에서 남쪽으로 대봉초등학교까지, 상동 정화여고에서 남쪽으로 파동 수성못 입구까지의 자연제방, 월배선상지 전체이다. 초기 철기시대 청동제 유물의 출토지는 만촌동, 신천동, 지산동, 평리동의 침식구릉지와 와룡산 북쪽의 산자락 평지, 서변동, 대봉동 대구중교정 등에 불과하다.

이와 같은 공간변화를 인간활동 범위의 변화로 본다면, 무문토기시대 이래 인구가 계속 증가하지 못하고 초기철기시대에는 오히려 축소되는 경향을 나타낸다. 즉, 인간활동의 공간은 청동기시대에 비해 좁아지므로, 활동공간을 청동제 유물의 출토로 제한하는 것은 무리가 있다고 볼 수 있다. 위에서 논의한 대구분지 선사·고대 유적지 조사보고와 자연환경변화에서 종합하면, 초기철기시대에는 청동제 유물출토지와 함께 기존의 청동기시대 무문토기인들이 활동하던 자연제방, 선상지, 토기와 석기를 제작하던 침산, 연암산, 월성동 유물산포지에도 여전히 인간이 거주하였다고 볼 수 있다.

자연제방이나 선상지에 살던 선주민들에게 청동제품들은 전혀 새로운 체험이며, 비록 이것이 실용적인 무기[3]가 되지 못한다 하더라도 청동기 소지인들을 무력으로 극복하기 힘들었을 것이다. 실제생활에서 이주민들도 실용적인 철제품을 갖추지 못하였으므로, 선주민이나 이주민들 대부분에게 석제품이 여전히 일상도구로 쓰였을 것이다.

---

[3] 청동제 무기는 끝이 매우 날카롭고 양쪽에 홈이 파여 있으므로, 실용검으로 사용되었을 가능성이 있다는 주장도 있음.

4. 금호강 유역분지 지형이 청동기 시대부터 기원 전후시기까지 인간생활에 미친 영향

금호강 유역분지는 기반암이 침식과 풍화에 대한 저항력이 상대적으로 약한 퇴적암이므로 해발고도가 낮고 사면경사가 완만한 구릉지가 넓게 분포하며, 하천 양안에는 범람원과 하안단구가 형성되어 있고, 산지의 전면에는 선상지가 비교적 넓게 분포한다. 금호강 상류부는 영남북부 태백산맥의 팔공산, 화산, 보현산과 영남남부 태백산맥의 비슬산, 구룡산 사이에 동서로 길게 위치하여 영남 내륙의 낙동강 중류부와 동해안을 연결하고 있다. 특히 금호강 상류부에 위치한 영천은 영남내륙에서 동해안의 경주 지역으로 연결되는 핵심지역이다(그림 1).

청동기시대에도 금호강 유역에는 넓은 농경지를 이용하는 많은 인구가 거주하였을 것이다. 이와 같은 배경으로 이들 지역에는 도시가 입지하고 읍락국가 시기에는 대구, 경산, 영천에는 소국이 입지하였다(그림 14).

금호강 유역은 한반도 중부와 서부 지방에서 경주지역으로 연결되는 교통로였다. 팔공산 북쪽의 의성군 금성–군위군 의흥–영천시 신녕으로 이어지는 길과 팔공산 남쪽의 대구–경산–영천으로 연결되는 교통로는 영천시 북안–아화고개–경주시 건천을 거쳐 경주의 중심으로 이어진다. 이 교통로는 동해안을 연하여 함경도–강원도 해안을 따라 형성된 루트와 더불어 한반도 다른 지역과 경주를 연결한다.

특히 고대 초기 사로국은 동해안의 울산, 동래, 안강, 청하, 삼척을 정복한 후 가장 먼저 경산의 압독국과 대구의 다벌국을 정복한다. 그러나 경주에 가장 인접한 교통의 요지인 영천의 골벌국은 가장 나중에 병합한다. 이와 같은

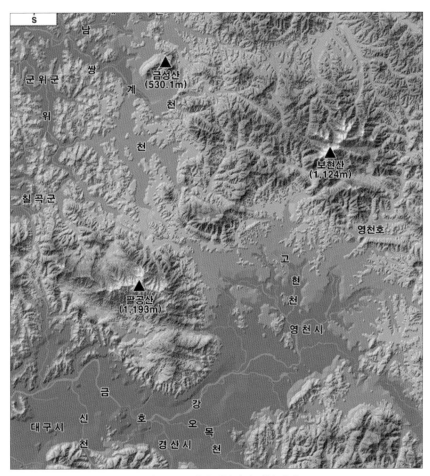

그림 14 금호강 유역분지의 지형 개관

전략은 금호강 유역이 가지는 중요도를 반증하는 것으로 생각된다.

　금호강 유역과 경주를 연결하는 교통로는 청동기시대에도 중요한 교역로로서 이용되었으며, 특히 해안지방에서만 생산되지만 사람들의 생존에 절대적으로 필요한 소금의 교역로로서 대단히 중요하게 인식되었을 것이다. 아울러 북방의 선진 문화가 한반도 남동부로 유입되는 루트였을 것으로 생각된다.

【참고문헌】

金元龍, 1996, 『韓國考古學槪說』(一志社: 제3판).

大邱市史編纂委員會, 1995, 『大邱市史 제1권(통사)』.

大邱直轄市 · 慶北大學校博物館, 1990, 『大邱의 文化遺蹟-先史, 古代』.

윤순옥 · 조우영 · 황상일, 2004, 대구시 북구 팔공산지의 지질특성과 지형발달, 지질학회지, 40(1), 77-92.

曺華龍, 1980, 韓國東海岸における完新世の海水準變動, 地理學評論, 53(5), 317-328.

조명희 · 조화룡, 1996, Landsat TM 영상을 이용한 충적평야 미지형 분류, 한국지역지리학회지, 2(2), 197-204.

曺華龍, 1987, 『韓國의 沖積平野』(教學研究社).

黃相一 · 尹順玉, 1998, 大邱盆地의 自然環境과 先史 및 古代의 人間生活, 대한지리학회지, 33(4), 469-486.

황상일 · 윤순옥, 2013, 고대국가 사로국과 신라의 수도 경주의 입지에 미친 자연환경의 영향, 한국지형학회지, 20(3), 79-94.

金萬亭, 1990, 韓國 河川地形, 古今書院, 東京.

Ⅱ. 촌락의 형성과 발전

청동기시대 촌락의 형성과 발전 | 하진호

청동기시대 묘제 | 김광명

경상북도문화재연구원 학술총서 *1*

금호강유역
초기사회의
형성

청동기시대 촌락의 형성과 발전

하진호 영남문화재연구원

1. 지역개관 및 마을의 입지

　금호강은 포항시 죽장면의 발원지에서 흘러나와 남서쪽으로 흐르다가 여러 하천이 영천시에서 합류하여 서류 하면서 경산시를 관류하고 대구광역시에 들어와 북쪽으로 만곡하여 서류 하다가 달성군에서 들어가서 남쪽으로 흐르면서 낙동강에 합류한다. 강 주변에는 동서로 긴 띠 모양의 금호평야를 형성하고 있다. 금호강 수계는 북쪽으로 팔공산·화산·보현산·문봉산·구암산을 분수령으로 위천 유역과 경계 지어지며, 남으로는 삼성산·용각산·대왕산·구룡산을 분수령으로 밀양강 수계와 그리고 동으로는 기계천 수계와 경계를 둔다. 금호강 유역에 발달한 금호평야는 경상북도 남부에서 가장 넓은 평지로 대구·영천·경산 등의 대도시가 발달하여 있다. 이번 연구대상이 되는 금호강유역은 금호강이 관류하는 영천시 금호읍·고경면·대창면·북안면·임고면일대의 상류역과 경산시 하양읍·압량읍·와촌면·자인면·남천면·진량읍 일대의 중류역과 대구광역시 대부분이 해당하는 하류역으로 구분할 수 있다.

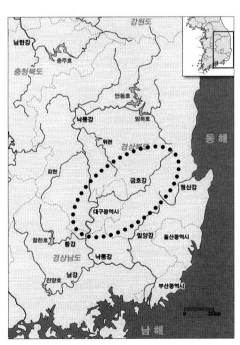

그림 1 금호강유역 위치도

우리나라의 대부분 지역이 그러하듯 금호강유역 주변 또한, 높고 낮은 산지가 많아 넓은 평야가 드물다. 대하천의 하류에 넓은 평야가 형성되는데 금호강유역 또한 중·상류 역보다 하류 역인 대구광역시 일대에 넓은 충적 분지가 형성되어있다.

금호강 상류 지역은 지금의 영천시 일대 이며, 동쪽으로 포항시와 경주시, 서쪽으로 대구광역시와 경산시, 남쪽으로 청도군, 북쪽으로 군위과 청송군이 각각 인접해 있다. 북에서 남동으로 흐르는 금호강의 주변 지류 하천의 하류부 양안을 중심으로 넓은 평지가 형성되어 있다. 임고천과 자호천이 합류하는 지점에서 영천시 지역까지 하천의 양안에 넓은 범람원이 발달해 있지만, 나머지 지역에서의 하천은 짧은 유로가 흐르고 있어 좁은 하도와 곡저평야가 특징인 지형경관을 이룬다. 대표적인 지류 하천은 앞서 언급한 임고천, 자호천외 영천시 고경면 덕정리에서 발원하여 자호천에 합류하는 고촌천 그리고 영천시 신녕면 유산리에서 발원하여 금호강으로 흘러들어 가는 신령천과 고현천, 영천시 북안면 명주리와 신대리를 지나 송포리에서 서쪽으로 흘러 금호강으로 합류하는 북안천이 있다. 이 지류 하천들은 영천시의 중앙부에서 합류하여 금호강을 형성해 서쪽으로 흐르면서 하천유역에 비교적 넓은 충적지를 이루고 있고 현재에도 주요 논농사 지역으로 활용되고 있다.

금호강 중류 지역은 현재의 경산시 일원으로 경상북도 남부 중앙지역에 위치하며, 서쪽으로는 대구광역시, 남쪽으로는 청도군, 동북쪽으로는 영천시와 인접해 있다. 지형은 대구분지의 남동부에 있으며, 남쪽과 북쪽은 산지를 이루고 중앙부에 넓은 평야가 형성되어있다. 북부산지는 팔공산의 연장부이며, 중앙의 평야 지역은 금호강과 그 지류의 퇴적장용에 의해 형성된 경상북도 제일의 평야인 금호평야가 있다. 남부산지는 남천면과 경산 시내를 지나 금호강에 합류하는 남천에 의해 형성된 남천 분지와 오목천에 의해 형성된 남천분지

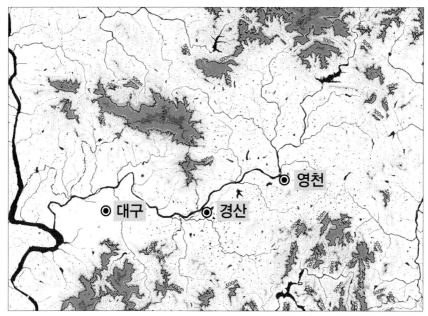

그림 2 금호강 본류와 주변 지류도(1:320,000)

로 구분된다.[1] 이 지역은 금호강의 남쪽과 북쪽에 형성된 넓은 평야 지대와 금호강의 지류들에 의해 형성된 협곡평야가 펼쳐져 있다. 그 내부에는 서쪽으로 남천이, 동쪽으로 금호강의 남지류인 오목천이 흘러 주변에 넓은 경작지가 형성되어 있다. 주요지류 하천은 남천과 오목천을 비롯하여 청통천과 대창천이 있고, 대구광역시 동구 율하천과 수성구의 매호천, 욱수천 유역도 금호강 중류 지역에 포함된다. 금호강 하류 지역은 좁은 의미의 대구분지에 해당한다. 대구분지는 남쪽은 해발 600m 내외의 높은 산지에 의해 경계를 이루고, 동쪽은 해발 200m 이하의 비교적 낮은 구릉 지인 지산, 두리봉, 모봉 등의 봉우리들로

---

1) 慶山市, 1997, 『慶山市誌』.

구분되며, 서쪽은 와룡산에 의해 구분된다. 즉 협의의 대구분지는 분지의 중앙을 남북상으로 관류하는 신천변의 충적지대 일원과 분지의 북쪽을 동서 상으로 가로지르는 금호강의 남북 쪽 연안, 그리고 분지의 서편을 남북 상으로 흐르는 낙동강 동안 일대를 모두 포함하는 영역이 된다.[2] 금호강 하류역은 대구분지와 같이 넓은 충적분지가 형성되어있고, 금호강본류와 연결되는 다수의 지류 하천 주변에 청동기시대의 유적이 분포한다. 주요 지류 하천은 현재의 대구시를 남북으로 가로질러 흐르는 신천, 낙동강 본류와 합수하는 금호강 하류부의 진천천, 천내천이 있다. 금호강 이북으로는 팔거평야를 관통하는 팔거천과 무태 지역의 동화천, 불로·봉부동일대를 서에서 동으로 흘러 금호강으로 흘러들어 가는 불로천 등이 있다.

금호강유역의 청동기시대 유적의 분포를 살펴보면, 금호강 상류 지역에는 별반 없고 금호강 중류지역과 하류 지역에 집중되는 양상이다. 특히 금호강 하류 지역의 대구분지 내에는 지류 하천 주변으로 대규모의 취락이 조성되어 있는데, 청동기시대의 취락이 전기에서 후기까지 연속적으로 형성되어 있어 한 지역 내 취락의 통시적 변화과정을 파악하는데 양호한 여건이 갖추어진 곳이다.

청동기시대 마을의 입지유형은 구릉형과 평지형, 해안형으로 분류하는 것이 일반적이다.[3] 평지는 강변의 충적지가 대표적이며 여기에는 자연제방, 범람원, 배후습지, 하안단구가 포함되며, 구릉지는 그 경사도에 의해 산지와 구릉으로

---

2) 大邱市, 1996,『大邱市史』.
3) 崔憲燮, 1998,『韓半島 中·南部地域 先史聚落의 立地類型』, 慶南大學校碩士學位論文.
   이수홍, 2014,「취락의 입지와 구성-취락의 입지」『청동기시대의 고고학3-취락편』, 서경문화사.

크게 나뉜다. 구릉은 산록 완사면과 선상지도 구릉에 포함할 수 있겠다.

　금호강유역은 평지의 충적지와 구릉지에 유적이 자리 잡는데, 상류 지역은 지류 하천의 중상류부의 곡저평지나 구릉지 그리고 구릉과 평지가 만나는 산록완사면에 주로 유적이 분포한다. 중류지역은 상류 지역보다는 평지 취락이 증가하고, 구릉지와 산록 완사면, 선상지에도 취락이 들어선다. 하류 지역은 침식분지라는 지형적 조건 덕에 지류 하천 주변에 형성된 자연제방, 범람원, 배후습지 등에 취락이 자리잡고, 낮은 구릉의 정상부 및 사면, 선상지를 중심으로 대규모 취락이 조성되었다. 전반적으로 금호강본류의 중상류 지역에서는 본류보다는 지류 하천의 상류부에 유적이 입지하는 경향성이 있고 하류 지역은 취락의 공간점유가 확대되는 형국이다. 지류 하천 하류부의 불안정성은 취락의 입지조건에 불리한 점으로 작용해 점차 상류로 이동하였을 것으로 판단된다.

　본 글에서의 시기구분은 조기-전기-중기-후기의 4단계로 나누는 4시기 구분을 적용한다. 조기는 요동지방의 청동기시대 토기가 유입하여 전파된 시기, 전기는 가락동·역삼동·흔암리식토기가 한반도화한 무문토기가 형성 정착된 시기, 중기는 송국리 및 검단리문화단계, 후기는 수석리식토기(원형점토대토기) 단계로 파악하고자 한다.

2. 주요 유적의 개관[4]

1) 옥곡동유적[5] -금호강유역 최대 규모의 마을유적-

경산 서부택지개발지구에 대한 문화재발굴조사에서 청동기시대 대규모취락이 조사되었다. 금호강 유역에서는 단일유적으로는 가장 많은 주거지가 확인되었다. 발굴조사는 크게 3개 구역으로 구분하여 조사하였고, 구역별로 주거지의 수량을 제시하였지만, 전체적으로 동일 유적으로 파악된다. 유적은 성암산 산록에서 동쪽의 남천 사이의 곡부평지에 형성되었다. 발굴 조사된 전체 주거지는 277기이며, 주거지와 함께 취락의 경관을 이루는 개별건물지는 고상식건물지 3기, 집석유구 4기, 수혈유구 56기, 구상유구 9기, 분묘 10기 등 전체 365기의 유구가 조사되었다.

주거지는 노지의 유무와 평면형태를 기준으로 정하여 6개의 형식으로 분류하였다. 노지가 있는 A형은 AⅠ형(노지 2개 이상), AⅡa형(노지 1개이며 장방형), AⅡb형(노지 1개이며 방형)의 3개 형식으로, 노지가 없는 B형은 Ba(장방형), Bb(방형), Bc(원형)의 3개 형식으로 구분하여 설명하고 있다. 양적인 면에서 보면 A형주거지가 136기로 B형주거지 108기에 비해 많다. B형주거지의 경우 평면형태 장방형인 주거지가 방형주거지보다 2배 이상 많이 조성되었다. 장방형인 B형주거지의 경우 노지가 없으므로 송국리 문화단계에 포함할 수 있겠으나 평면 형태에서 분명한 차이가 보이므로 이 주거지들의 위치를

---

4) 해당유적의 보고서 내용을 요약하면서 일부 필자의 생각을 첨삭하였다.
5) 韓國文化財保護財團, 2009, 『慶山 玉谷洞遺蹟 Ⅰ~Ⅳ』.

어떻게 볼 것인가가 향후 과제이다. 주거지형식 간의 변천단계는 1단계: AⅠ형 〉AⅡa형·AⅡb형, 2단계: AⅠ형·AⅡa형, 3단계: AⅡa형·AⅡb형·Ba형, 4단계: Ba·Bb형, Bc형으로 구분하였고, 각 단계는 3단계까지는 청동기시대 전기, 4단계는 후기로 편년 하였다. 옥곡동유적의 주거지형식과 출토유물의 조합에 대한 분석을 통해 4기로 구분하여 1기는 전기전반, 2기는 전기후반, 3기는 전기말-중기전엽, 4기는 중기로 설정하였다. 전체적인 편년관은 무리가 없으나 일부 토기조합상은 세분할 필요가 있어, 필자의 편년표(표1)를 활용해 제시하면 다음과 같다.

1기는 세장방형, 장방형의 평면형태에 복수의 노지 또는 단수의 노지가 있는 주거지로써 위석식노지와 수혈식노지가 채용되고, 이중구연 또는 유사이중구연토기와 조합된 복합문이 확인되는 것으로써 필자의 편년 전기전반(전기Ⅱ기)에 해당한다. 2기는 세장방형주거지가 줄어들고 장방형주거지가 주류를 이루며, 복합문의 경우에도 유사이중구연과 결합한 공열 또는 구순각목문이 나타나는 전기후반의 이른 시기(전기Ⅲ기), 3기는 복수의 노지를 갖춘 세장방형 또는 장방형주거지가 보이지 않고 중소형의 주거지와 노지가 없는 소형의 장방형주거지와 복합문은 확인 예가 드물고, 무문화하는 경향이 보이는 시

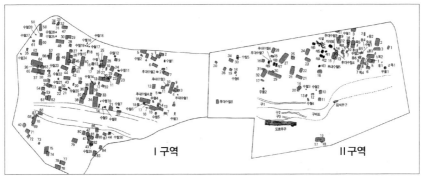

그림 3 옥곡동유적 주거지 분포도

기로서 전기후반의 늦은 시기(전기Ⅳ기)으로 두고자 한다. 4기는 노지가 없는 말각방형의 송국리식과 원형의 송국리식이 모두 보이므로 구분하여, 중기전반 4기, 중기 후반을 5기로 두어 옥곡동유적을 편년 하는 것이 타당할 것으로 판단된다.

2) 신서동유적[6] −주거역과 무덤역이 구분된 율하천 일대의 중심마을−

대구 신서혁신도시 사업부지의 발굴조사에서 다수의 청동기시대 주거지가 확인되었다. 청동기시대의 유구는 상석, 지석묘, 석관묘 등의 분묘 88기가 조사되었고, 주거지 66기를 비롯한 취락의 경관을 구성하는 수혈유구, 구상유구 등 모두 221기가 확인되었다. 주거지는 크게 2개 지역으로 구분되어 분포하는데 B-1구역에서 9기, B-6구역에서 57기가 그것이다. B-1구역은 후대의 경작으로 인해 상부가 삭평되어 잔존상태가 좋지 않다. 비교적 주거지의 수가 많은 B-6구역은 구릉 사면의 말단부 평탄지에 취락이 자리 잡으며 주변으로 넓은 평지가 형성되어 있다. 금호강 본류는 유적의 남쪽으로 얼마 떨어지지 않은 곳에서 동에서 서로 흘러가고 있다.

개별주거지의 방향은 주축을 달리하며 조성된 것이 있고, 이는 시기 차를 반영하는 것으로 파악하고 있다. 분묘 공간이 주거공간과 분리된 유구 분포정형을 통해 처음부터 주거와 분묘 공간은 구분되어 조성된 유적으로 파악된다.

개별주거지의 평면 형태는 세장방형, 장방형, 방형, 원형의 모든 형태가 확인되는데, 장방형과 방형주거지의 점유도가 가장 높다. 상대적으로 세장방형

---

6) 韓國文化財保護財團, 2013, 『大邱 新西洞遺蹟 Ⅰ~Ⅴ』.

과 원형은 각 3기와 2기만 확인되었다. 개별주거지의 면적을 산출해보면 20 ㎡ 이하의 소형주거지가 중심이며, 중형과 대형주거지는 비슷한 비율로 조성되었다. 원형과 방형은 모두 소형에 해당한다. 주거지 간의 중복양상은 세장방형 〉 장방형 〉 방형 〉 원형의 순으로 축조된 것이 파악된다. 주거지 내부시설은 주혈, 노지, 벽구, 바닥시설을 들 수 있다. 주혈은 벽면 가장자리를 따라 배치되는 것과 노지의 중심축을 따라 중앙주혈식의 것이 있다. 일부 4주식 또는 6주식의 정형성을 보이는 것도 간취된다. 노지는 위석식노지와 수혈식노지(지면식노지)의 형태로 확인되며, 대부분 주거지의 중앙 또는 단벽에 치우쳐 설치되었다. 위석식노지가 설치된 주거지는 세장방형 또는 장방형의 면적대비 중형이상의 것에 많고, 수혈식노지는 장방형주거지를 중심으로 확인 예가 많다. 벽구는 주거지 벽면을 따라 일주하거나 일부만 설치된 것이 있고, 벽구와 연결되어 외부로 돌출되는 외구는 확인되지 않는다. 바닥시설은 굴착면을 그대로 사용한 것과 불다짐 또는 점토다짐을 한 것이 있지만, 대부분은 상면을 그대로 사용하였다.

신서동 취락의 유구 및 유물조합의 검토에 의해 4기로 나누고 있다. 1기는 이중구연복합문과 공열문 복합문, C자상의 구경부를 지닌 적색마연호의 유물조합과 위석식노지+수혈식노지가 있는 세장방형 또는 장방형의 대형주거지

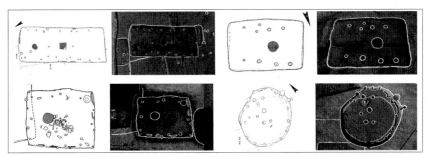

그림 4 신서동유적 각종 주거지(좌상에서 우하로 5호, 14호, 21호, 30호주거지)

가 조성된 시기로써 필자의 편년안[7]으로 보면 전기후반의 이른시기(전기Ⅲ기), 2기는 소수의 세장방형과 다수의 장방형 또는 방형주거지가 취락을 구성하는 전기후반의 늦은시기(전기Ⅳ기), 3기는 주혈과 벽구가 명확한 구조를 보이며, 소결된 노지의 확인 예가 많지 않고 중앙수혈이 있는 단계로 중기전반으로 파악되며, 4기 송국리식 원형주거지가 조성되는 중기후반으로 편년하고 있다.

3) 팔달동유적 ―구릉지에 자리 잡은 전기의 마을유적―

영남문화재연구원에서 대구시 북구 팔달동 145번지 일대 아파트 건설에 따른 사전 조사로 1996년 8월 16일~1997년 5월 31일까지 발굴조사를 하였다. 팔달동 유적은 대구지역의 원삼국 시대를 대표하는 유적으로 알려졌으나[8] 상기 발굴로 청동기시대 전기의 중요한 유적으로 주목받게 되었다.

청동기시대 주거지는 19기가 조사되었다.[9] 유적은 금호강과 팔거천에 접한 함지산의 서편으로 뻗어 내린 구릉지대의 능선 평탄부와 사면에 있으며 표고는 35~50m에 해당한다. 취락이 자리 잡은 구릉의 서쪽사면은 경사가 심한 자연 단애 면으로 되어 있고 동쪽은 비교적 완만한 경사를 이루며 곡부와 만난다. 북쪽은 계속해서 능선으로 이어지고 남쪽은 완만한 경사를 이루다 평지와 접한다. 조사 결과 취락은 북편과 서편에서는 확인되지 않으며 동편 또한

---

7) 하진호, 2013,「대구지역 청동기시대 전기의 편년」,『한국 청동기시대 편년』, 서경문화사.
8) 尹容鎭 外, 1993,『大邱 八達洞遺蹟』慶北大學校博物館.
　嶺南文化財研究院, 2000,『大邱 八達洞遺蹟Ⅰ』.
9) 嶺南文化財研究院, 2015,『大邱 八達洞遺蹟Ⅱ』.

곡부와 경계를 이루는 곳이므로 조사 경계 밖으로 취락이 분포할 가능성은 적다. 따라서 팔달동 취락은 구릉 평탄부의 자리 잡은 단위취락의 규모를 파악할 수 있는 유적이라 판단된다. 추정 취락의 규모는 장축선 270m, 단축선 120m로 32.400㎡의 공간적 범위에 15~20기 내외의 주거군으로 구성되었을 것으로 판단된다.[10] 주거지는 구릉 평탄부에 4기가 군집되어 있고 서남사면에 5~6기가, 동남사면에 8기가 등고선과 평행하게 축조되어 있다. 주거지의 평면 형태는 장방형 계열이 주류를 이루고 구릉 정상부 평탄면과 서남편 사면 및 동남편 사면에 세장방형 주거지가 1기씩 배치되어 있다. 주거지의 규모는 구릉 평탄면에 위치한 1호주거지가 초대형이며 7호, 16호 세장방형주거지가 대형으로 추정되며 나머지는 대부분 중형주거지로 판단된다. 소형주거지는 소수로만 존재한다.

　주거지 내부시설 중 노지의 경우 복수의 위석식 노지를 갖춘 것(14호), 위석식과 수혈식이 병존하는 것(13호)이 있으며, 나머지는 대부분 수혈식 노지를

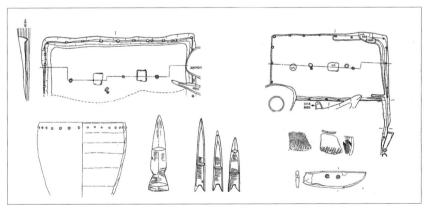

그림 5 팔달동유적의 유구와 유물(유구1/160, 토기1/12, 석기1/8, 석촉1/4)

---

10) 주거지의 중 개축 또는 신축(근접한 주거지간) 등을 고려하여 추정하였다.

갖추고 있다. 팔달동 주거지의 특징 중 하나는 대부분의 주거지에 벽구가 설치됨과 함께 구릉사면 위쪽으로 주구가 돌려진 점이 있다. 출토유물은 이중구연구순각목단사선문토기(1호·6호), 구순각목문토기(3호·13호), 공열토기(3호·4호·5호·8호)가 있으며 석기로는 무경삼각만입촉(2호·13호·14호), 일단경식석촉(10호)외 석검, 석창, 장방형석도, 장주형석도 등이 있다. 팔달동 취락은 유구간 중복관계를 그다지 확인할 수 없으며 주거지간의 방향성, 배치상태 등을 통해 볼 때 단일 시기의 유적으로 판단된다.

4) 송현동유적 ─구릉지에 자리 잡은 월배지역의 단위 마을─

대구시 달서구 송현동 906-11번지 일원의 아파트개발에 따른 사전조사로서 1997년 5월 19일~9월 20일까지 동국대학교 박물관이 발굴조사하였다. 사업부지 41,197㎡에 대한 전면시굴조사를 거쳐 청동기시대 주거지 및 조선시대 분묘가 확인되는 10,910㎡의 조사범위가 확정되었다. 발굴조사 결과 청동기시대의 유적으로는 수혈주거지 14기가 확인되었다.[11] 유적은 대구분지 서편 달서평야 중앙에 있는 가무내산의 남쪽으로 뻗어내린 소구릉의 능선 평탄부와 남사면에 있으며 표고 75~65m 사이에 취락이 분포한다. 단독구릉을 완굴 하였으므로 단위취락의 경관을 확인할 수 있는 양호한 자료로 판단된다. 발굴조사 결과를 바탕으로 취락의 규모를 추정한다면 10,000㎡ 내의 공간적 범위에 15~17기 내외의 주거지로 구성되었을 것으로 판단된다.

주거지의 입지는 구릉 평탄부와 사면으로 구분되는데 평탄부에 6기, 사면

---

11) 東國大學校博物館, 1998, 『松峴洞遺蹟』.

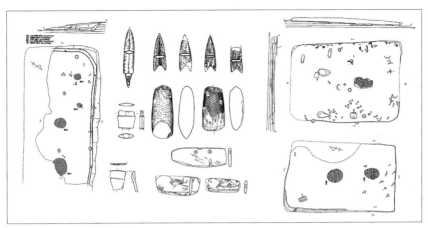

그림 6 송현동유적의 유구와 유물(유구1/160, 토기1/12, 석기1/8, 석촉1/4)

에 8기가 축조되었다. 주거지의 평면 형태는 세장방형(12호), 장방형(2호, 7호, 11호), 방형(3호·4호·6호)이 모두 확인되며, 규모는 초대형(3호, 12호), 대형(11호), 중형(2호·7호), 소형(6호)으로 구분된다.[12] 평면 형태와 규모의 상관관계는 방형의 경우 초대형(3호), 중형(4호), 소형(6호), 장방형의 경우 대형(11호)과 중형(2호,7호)이 확인되며 세장방형은 초대형(12호)이 확인되었다. 주거지 내부시설로는 노지, 저장 공, 벽주구, 주혈 등이 있는데 노지의 경우 수혈식노지로써 대부분의 주거지에서 확인된다. 복수의 노지를 갖춘 주거지는 중형장방형 2호, 7호와 초대형세장방형 12호가 있다. 저장공은 유구의 잔존 상태가

---

12) 대구지역에서 발굴된 주거지 전체에 대한 면적 및 장단비 도수 분포상에서 확인된 바로는 초대형 70㎡이상, 대형 40㎡이상, 중형 40㎡미만, 소형 20㎡미만으로 구분되며, 평면형태는 세로:가로 비가 세장방형은 1:2.6이상, 장방형은 1:2.5미만, 방형은 1:1.5미만으로 구분된다. 이러한 분류는 한반도 중서부지역이나 서남부지방에서의 분석 결과(李眞旼, 2004,「중부지역 역삼동유형과 송국리유형의 관계에 대한 일고찰」,『한국고고학보』54, 한국고고학회.)와도 별반 차이가 없다.

양호하지 않아 명확하지는 않지만, 노지 없는 초대형방형 주거지인 3호주거지에 집중되며 구릉 평탄부에 위치한 중형방형주거지인 4호에서도 확인된다. 벽구는 일부 주거지에서만 확인되며 경사면 위쪽에 'ㄱ'자상으로 설치된 것도 있다. 노지는 주공식으로 추정되나 정형성은 보이지 않는다. 출토 유물은 기형이 복원되는 토기는 없으나 대부분 발형토기로 추정된다. 구연부 장식으로 이중구연구순각목문토기가 있으며(11호), 석기로는 무경식삼각만입촉(1호·3호·4호·5호)과 이단경식석촉(2호·5호), 이단병식석검편(7호)외 장방형석도, 어형석도, 편평석부, 석겸, 주상편인석부 등이 있다. 출토유물이나 주거지의 배치 상태로 보아 단일시기로 판단된다.

5) 대동봉마을유적 −신천중류역 전기의 단위마을−

대구광역시 중구 대봉동 60-10번지 구)대구상업고등학교 부지에 주상복합건물을 신축하기 위한 사전조사의 하나로 2003년 9월 16일~2004년 11월 30일까지 경상북도문화재연구원이 발굴조사를 하였다. 발굴조사 결과 청동기 시대 주거지 35기, 수혈유구 34기, 구상유구 4기, 근대우물 2기가 조사되었다.[13]

유적은 현재 대구분지의 중앙을 남에서 북으로 관류하는 신천 범람원 지대의 자연제방 상에 위치한다. 발굴조사는 사업예정부지 26,031㎡에 대하여 시행하였는데 조사대상 지역 전면에서 청동기시대 주거지가 확인되므로 취락지는 원래 이보다 규모가 큰 공간적 범위를 점유하였을 것으로 판단된다. 현재 확인된 범위는 동서 270m, 남북 100m이다. 동편으로 신천까지 300m 떨어져

---

13) 慶尙北道文化財硏究院, 2006, 『大邱 大鳳洞마을遺蹟』.

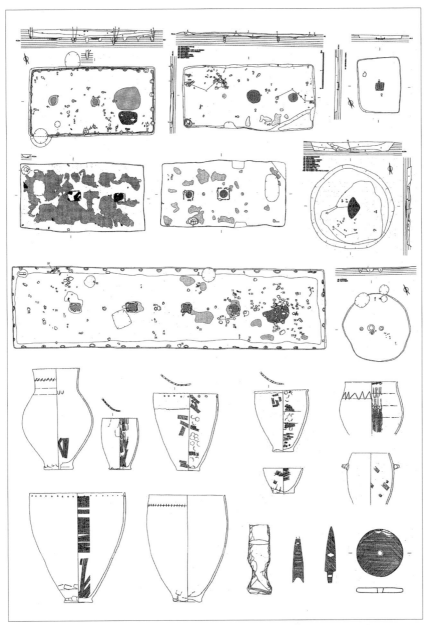

그림 7 대봉동유적의 유구와 유물(유구1/160, 토기1/12, 석기1/8, 석촉1/4)

있고 서편으로는 구대구천의 범위와 관련지으며[14] 북쪽은 지석묘의 분포를 고려해 볼 때[15] 취락의 범위는 동서 500m, 남북 300m(150,000㎡) 이상의 취락범위로 추정할 수 있어 대구분지 내에서는 규모가 큰 취락이라 할 수 있다. 주거지의 평면 형태는 세장방형, 장방형, 방형, 원형의 주거지가 확인된다. 숫자로 보면 장방형, 세장방형, 원형, 방형의 순이며, 장방형계와 세장방형계의 주거지가 주류를 이루는 취락이다.

개별주거지의 내부 시설로는 노지, 저장공, 벽주구, 주혈 등이 있다. 노지의 경우 위석식 노지와 원형 또는 타원형의 수혈식 노지가 확인된다. 초대형 세장방형 주거지인 17호의 경우 위석식 노지 3기와 수혈식 노지 1기가 함께 갖추어져 있다. 노지만 본다면 위석식 노지 설치 주거지와 수혈식 노지설치 주거지로 구분할 수도 있겠다.

저장공이 확인되는 주거지는 장방형 주거지로써 노지가 설치된 반대쪽 모서리에 만들어져 있다. 벽구는 세장방형 대형주거지와 장방형 주거지에서 확인되는데 주거지 외부로 돌출되는 구는 없으며, 주거지 내부 벽면 가장자리를 따라 폭이 좁고 얕게 설치되어 벽체시설과 관련된 상부구조를 보강하기 위한 기능으로 만들어진 것으로 추정된다. 주혈은 무질서한 양상이지만, 노지와 일직선상으로 중심주공이 배치된 유구가 다수 확인되었다. 취락 내 주거지의 분포를 살펴보면 조사 대상 지역을 남북으로 가르는 구하도에 의해 2개 지구로 구분되는데 동편 지구가 서편 지구보다 밀집도가 높다. 주거지의 방향을 보면

14) 大邱廣域市, 2000, 『大邱市史』, 大邱市史編纂委員會.
15) 慶北大學校博物館, 1990, 『大邱의 文化遺蹟—先史·古代』.
   慶北大學校博物館, 1991, 『大邱 大鳳洞 支石墓』. 嶺南大學校博物館, 2002, 『大邱 梨泉洞 支石墓』.

크게 남북방향과 동서방향으로 축조된 것으로 구분할 수 있는데, 시기 차를 반영하는 것인지 취락 내 공간점유배치방식에 따른 것인지 명확하지 않다.

대봉동 취락은 주거지 간의 중복 및 밀집도, 주축방향의 차이, 원형주거지의 존재 등으로 보아 전기에서 중기까지 단속적으로 점유되었던 취락으로 판단된다.

6) 상동유적 −신천중류역의 중심 마을−

상동유적은 2000년~2001년에 걸쳐 조사된 구 정화여고부지와 2001년~2002년에 조사된 수성초등학교 부지 유적을 포괄하는데 경상북도문화재연구원에서 발굴조사를 하였다. 상동 유적에서는 선사시대에서 조선시대에 이르는 다양한 유구들이 확인되었다. 그 중 청동기 시대의 유적을 살펴본다면 구 정화여고부지에서[16] 주거지 20기, 수혈 6기, 매장유구 6기, 수성초등학교부지[17]에서 주거지 20기, 수혈유구 4기, 구상유구 2기 등 총 40기의 주거지가 조사되었다. 상동유적의 입지는 신천범람원의 자연제방 상에 해당한다. 발굴조사는 구 정화여고 부지와 수성초등학교 교사부지를 포함해서 동서 180m, 남북 220m, 대략 39,600㎡를 대상으로 하였는데 건물의 축조과정에서 지하의 주거지들이 매우 심하게 교란되어 취락의 배치양태를 파악하기는 쉽지 않다. 다만 수성초교 부지와 정화여중 교사부지에서 확인된 주거지들은 밀집도가 높고 주거지 간의 중복도 많음을 알 수 있다. 조사된 40기의 주거지 중 90%가 상기 지역에

---

16) 慶尙北道文化財研究院, 2002,『대구 수성구 상동우방아파트건립부지내 上洞遺蹟發掘調査 報告書』.

17) 慶尙北道文化財研究院, 2004,『대구 수성초등학교부지 내 上洞遺蹟發掘調査報告書』.

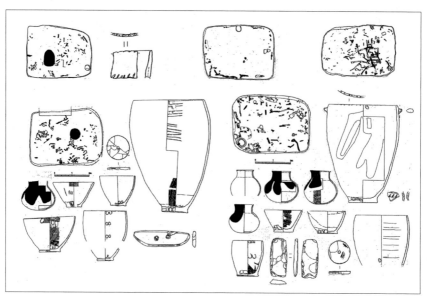

그림 8 상동유적의 유구와 유물(유구1/160, 토기1/12, 석기1/8, 석촉1/4)

밀집되어 있으며 넓게 보면 남북 방향을 따라(신천의 유로방향) 주거군이 배치되어 있다.

상동 주거지의 특징은 세장방형주거지는 확인되지 않을 뿐 아니라 장방형주거지 또한 5기뿐이다. 대부분이 방형주거지가 주류를 이루는 취락이다. 원형주거지는 2기가 확인되었다. 주거지의 면적을 살펴보면 초대형과 대형은 확인되지 않으며 중형의 방형주거지와 장방형주거지 4기뿐이며 나머지는 모두 소형의 방형, 장방형주거지이다. 주거지 내부시설을 살펴보면 노지를 갖춘 주거지가 12기가 확인되며 노지의 구조는 위석식 노지와 수혈식 노지로 대별되나 대부분 수혈식 노지를 갖추고 있다. 주혈은 주거지 내에서 정형성을 갖추고 확인되지 않고 산발적으로 몇 개가 설치되어 있다. 방형의 소형주거지 중 벽면 모서리나 가장자리에 저장공이 설치된 것이 5기 확인되었다. 노지가 설치되지 않고 대신 중앙 수혈을 갖춘 주거지 4기가 확인되었는데 중앙수혈 내

2주식은 대구지역에서 유일하게 1기(정화 I -3호)가 본 유적에서 확인되었다. 상동유적에서 출토된 유물은 이중구연단사선문토기, 이중구연단사선구순각 목문토기, 이중구연단사선공열토기 등의 이중구연토기와 구순각목문토기, 파 수부심발형토기 등이 있다. 석기는 토기보다 출토된 수량이 적다. 무경만입석 촉과 일당경식석촉이 확인되었다. 그 외 이단병식석검병부편과 일단병식석검 병부편이 주거지 또는 주변 채집품으로 발견되었다.

상동유적은 출토유물로 볼 때 전기부터 중기까지 긴 시간 폭을 가졌을 것으 로 판단된다. 그러나 주변지역에서 흔히 확인되는 세장방형주거지나 중·대형 의 장방형주거지가 보이지 않는 것은 특이한 점이다. 상동취락의 특징적인 요 소라 할 수 있겠다.

7) 동천동유적
−주거 · 생산 · 제사 · 분묘공간을 가진 팔거천유역의 중심 마을−

이 유적은 대구시 북구 칠곡3택지개발지구와 관련한 사전 조사의 목적으로 영남문화재연구원이 1997년 7월 10일에서 1999년 2월 28일까지 발굴하므로써 알려지게 되었다. 발굴조사결과 유적은 환호(환구)와 경작지, 매장유구를 갖 춘 청동기시대의 대규모 취락임이 밝혀졌다. 조사된 유구는 수혈주거지 60기, 고상건물지 20기, 수혈 86기, 집석10기, 우물 4기, 석관묘 6기, 환구 4기, 추정 경작지 2면, 집수지2기, 하도 등이 있다.[18]

유적은 대구분지 북편에 위치하는 팔거평야의 서북쪽지점에 해당하며, 서

---

18) 嶺南文化財硏究院, 2002,『大邱 東川洞 聚落遺蹟』.

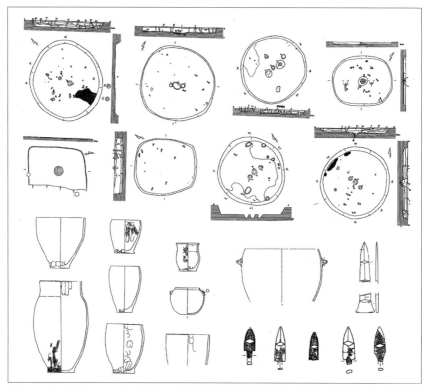

그림 9 동천동유적의 유구와 유물(유구1/160, 토기1/12, 석기1/8, 석촉1/4)

편으로 팔거천과 접하고 있다. 따라서 팔거천 범람원 지대의 자연제방 상에 취락이 자리 잡고 있다. 유적의 범위는 발굴 조사된 유구의 분포범위와 주변 지형으로 짐작할 수 있다. 조사구역의 서편은 팔거천과 접하고 있어 하천에 의해 취락의 경계가 설정된다. 남동편 지역은 환구와 경작관련유구에 의해 주거영역과 생산영역으로 구분된다. 그러나 북편은 팔거천을 따라 주거지가 더 분포할 가능성이 크다. 따라서 동천동취락은 남북 300m, 동서 150m로서 대략 45,000㎡의 공간범위를 가졌을 것으로 추정된다. 동천동유적에서 조사된 주거지는 평면형태에 따라 장방형, 방형, 원형으로 구분된다. 방형(말각방형포함)

이 20%, 원형이 전체의 77%를 차지하여 방형과 원형주거지가 중심이 되는 취락이라 할 수 있다. 장방형주거지는 2기만 확인되었다. 주거지 대부분이 소형주거지이며, 대형주거지는 확인되지 않고 중형주거지가 각 형식의 주거지 중 1기 또는 2기 이내로 분포하고 있다. 2기만 확인된 장방형주거지는 내부에 토광형의 수혈식노지를 1기씩 갖추고 있고, 벽면 가장자리에 치우쳐 저장공이 설치되어 있으며 노지와 일직선으로 중심주공이 배치되어 있다. 방형주거지와 원형주거지는 유구의 중복관계를 통해 볼 때 방형이 원형보다 앞서는 것으로 보이며, 방형의 경우 말각방형이 방형보다 늦은 것이나 원형과의 관계는 명확하지 않다. 방형주거지의 경우 노지를 갖춘 것과 그렇지 않은 것으로 구분되며, 노지를 갖춘 주거지가 이른 것으로 파악된다. 동천동유적 내 대다수를 차지하는 원형주거지의 경우 노지가 있는 것과 없는 것으로 구분되지만, 대부분은 노지가 없는 주거지이다. 노지가 없이 중앙 수혈을 갖춘 소위 송국리식 주거지는 47기(방형포함)가 확인되는데 중앙수혈과 주변의 주공배치방식에 따라 다양하게 구분할 수 있지만 크게 중앙수혈 외 2주식과 중앙수혈 없이 중심주공만 배치된 형식으로 크게 나뉜다. 주거지 외 개별시설물 중 환호(환구)는 주거지군의 외곽에서 확인되는데 4차에 걸쳐 조성되었으며 유적 동쪽과 북쪽으로만 확인되었다. 고상건물지는 주거군과 함께 확인되었는데 정면 1칸, 측면 1칸에서부터 정면 10칸, 측면 2칸까지 규모가 다양하다. 집석유구는 석기제작장으로 추정되는 것과 수변제사유구로 추정되는 것이 있다. 특히 3호 집석은 제단과 같은 특이한 형태이다. 집수지는 경작지면 보다 40cm 정도 낮은 곳에서 2개소가 확인되었는데 2호 집수지는 사방으로 4개의 구와 연결되며 3개의 구에서 흘러 들어온 물이 남서쪽의 구로 빠져나가게 되어 있다. 구의 내부에는 자갈돌과 무문토기, 각종 석기가 널려 있는데 적색마연토기류가 많고 석기류는 반제품이거나 박편이다. 경작지는 주거군의 남쪽에 입지하는데 구에 의해 방형, 장방형, 삼각형으로 단위가 구획된다. 우물은 주거군 외곽에 2개씩 짝을 이루고 있는데 강돌을 3~4단 쌓아서 만들었다.

동천동유적 내 청동기시대 유구들의 분포양상을 살펴보면 대체로 밀집된 주거군 주변으로 석관묘와 경작지가 둘러싸고 있으며, 그 사이에는 수변제사 유구가 위치한다. 유물은 수량이 매우 빈약한 편이다. 대부분 무문양토기가 중심이며 기형이 확인된 발형토기의 경우 구연부가 직립 또는 내만하는 것이 주류를 이룬다. 소형발형토기에는 파수가 부착된 것이 여러 점 확인된다.

동천동취락은 주거지 간의 중복관계나 환구(3호)와 중복된 주거지와의 관계로써 대략 3단계로 구분이 가능하며 중심 시기는 청동기시대 중기로 판단된다.

8) 서변동유적 ―동화천유역 전기의 중심 마을―

대구시 북구 동·서변지구 택지개발공사와 관련한 문화재지표조사 및 시굴조사를 거쳐 유구가 확인되는 면적 61,950㎡에 대해 영남문화재연구원이 1998년 10월 15일부터 2000년 2월 29일까지 발굴조사를 하였다. 청동기시대 수혈주거지 48기를 비롯해 고상건물지 3기, 석관묘 6기, 다수의 집석과 수혈 등이 확인되었다.[19]

유적의 입지는 대구의 주산인 팔공산의 말단에 해당하는 산지와 팔공산에서 발원하여 금호강과 합류하는 동화천이 남북으로 흐르고 있는 지점의 선상지와 범람원이 만나는 충적지대에 해당한다. 발굴조사 결과 조사구역을 동서

---

19) 嶺南文化財研究院, 2002, 『大邱 西邊洞 聚落遺蹟』 I .
   河眞鎬 外, 2013, 『大邱 西邊洞 聚落遺蹟』 II .

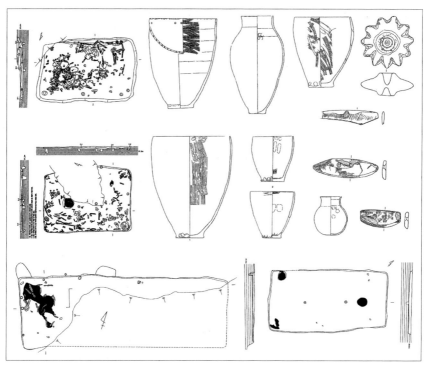

그림10 서변동유적 전기의 유구와 유물(유구 1/160, 토기1/12, 석기1/8, 석촉1/4)

로 가로지르는 청동기시대의 하도를 중심으로 취락이 자리 잡고 있음을 알 수 있었는데, 삼국 및 조선시대의 하도에 의해 동남쪽은 유실되었다.

서변동유적에서 확인된 청동기시대 주거지는 크게 장방형계와 방형 및 원형계로 나눌 수 있다. 서변동 취락은 세장방형, 방형의 대형주거지 2동과 장방형의 중형주거지 8기, 장방형 또는 방형의 소형주거지 26기로 구성되어 있다. 주거지들은 유적을 동서로 관류하는 청동기시대 하도에 의해 남쪽과 북쪽으로 200m의 거리를 두고 분포하는데 하도의 남쪽은 장방형계주거지가 중심이 되고, 북쪽은 방형계 중 소위 송국리식주거지라 일컫는 말각방형주거지가 밀집되어 있어 일정한 공간을 두고 시간을 달리하며 취락이 입지하였던 것으로 파악된다. 이런 양상은 동천동유적 취락과 유사하다. 장방형계 주거지의 내부시설로는 노지, 저장공, 주혈 등이 있다. 노지의 경우 모두 토광형 수혈식노지로서 단수의 노지를 갖춘 것이 일반적이나 두 개 이상의 복수 노지를 갖춘 주거지도 6기가 확인된다. 저장공은 주거지의 벽면모서리에 1개 또는 2개가 설치된 주거지가 확인되는데 대부분 장방형계 주거지에 해당한다. 주혈은 벽면가장자리를 따라 배치되거나 정연하지 않다. 원형주거지는 중앙수혈 외 2주식과 중앙수혈 없이 중앙에 2개의 주혈만 있는 것이 대부분이다. 주거지외 개별구조물 중 하나인 굴립주건물지는 두 기는 남쪽의 장방형주거지군에, 한 기는 북쪽의 구획된 구 내부에서 확인되었다. 남쪽의 굴립주건물지는 주변 주거지들과 장축방향이 일치하며, 북쪽에 있는 굴립주건물지는 구획된 구내부에 위치해서 주목된다. 석관묘는 매우 작은 소형으로 5기가 장방형 주거지군에 섞여 있으며 하천에 인접해서 조성된 특징이 있다.

유물은 이중구연토기, 이중구연단사선문토기, 구순각목공열문토기, 공열단

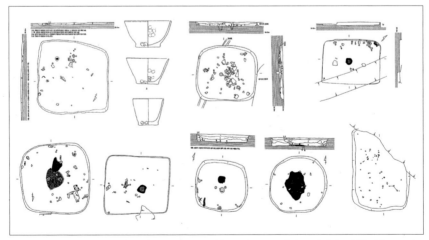

그림11 서변동유적 중기의 유구와 유물(유구 1/160, 토기1/12, 석기1/8, 석촉1/4)

사선문토기, 구순각목문토기, 공열문토기 등의 토기류와 다두석부, 환상석부, 무경삼각만입촉, 주상편인석부, 유병식석검병부편, 주형석도 등 다양하면서도 많은 석기가 함께 출토되었다. 하도 내에서는 목재유물도 출토되었는데 도끼 자루와 고무래로 추정되는 목기로써 남쪽 장방형주거군 시기의 것으로 추정 된다.

서변동취락은 조사구역내 남쪽과 북쪽에 크게 2개 군으로 나뉘어 주거군이 분포하며 남쪽 구역 내에서는 주거지의 장축방향을 달리하는 두 개의 군으로 세분된다.

서변동취락은 출토유물이나 취락의 분포로 볼 때 청동기시대전기의 이른시 기부터 중기까지 긴 시간동안 주거분포를 달리하며 단속적으로 사용된 취락 으로 판단된다.

9) 매천동유적 −다량의 목기가 출토된 마을 유적−

매천동유적은 대한주택공사 대구경북지역본부가 시행한 대구시 매천동 일 원의 택지개발과정에서 확인된 유적인데, 발굴결과 청동기시대의 주거지 13 기, 수혈 1기, 하도 1개소, 구상유구 3기가 조사되었다.[20] 유적은 대구분지의 서북편 팔거평야의 남단에 위치하며 남북은 산지사이의 곡간평야가 길게 이어 지고 동서는 함지산과 태복산에서 뻗어 내린 산지가 펼쳐져 있다. 팔거평야는 대구분지 내 주요 충적평야로서 이 평야를 남북으로 가로질러 흐르는 팔거천 주변으로 많은 청동기시대의 마을이 분포하고 있다. 대표적인 것이 청동기시

---

20) 하진호·이재동 外, 2010, 『大邱 梅川洞遺蹟』, 嶺南文化財研究院.

대 이 일대의 중심마을이라 할 만한 동천동 마을유적이 북편으로 3km 떨어져
있다. 이 외에도 소규모 마을유적이 팔거평야 내에 점점이 분포하고 있어 중심
마을과 주변 마을과의 관계망을 연구할 수 있는 좋은 여건을 갖추고 있다.

조사지역의 북동편 산지 곡부에서 시작된 청동기시대의 하도가 조사구역의
중앙을 유선형으로 굽이쳐 흘러가고 있다. 하도의 서편지점은 동편지점에 비
해 비교적 지대가 높은데 이 서편지점의 북편과 남편에 주거지군이 조성되어
있다. 북편의 주거군은 대형의 세장방형주거지1기와 주변에 방형 또는 장방형
의 소형주거지 7기가 주거군을 형성하고 있다. 남편의 주거군은 대형의 세장
방형주거지 1기와 소형의 장방형주거지 3기로 구성되었으나 조사 경계 밖으
로 주거지가 더 조성되었을 것으로 판단된다. 주거군의 배치는 하도의 서편에
집중되어있어 하도를 경계로 그 서편에 마을이 형성된 것으로 판단된다. 주거
지는 대형 세장방형의 경우 2개 이상의 복수의 노지를 갖추고 있고 저장구덩
이가 단벽측 모서리에서 확인되었고 중심기둥이 노지와 일직선상에 배치되어
있다. 세장방형주거지와 주거군을 형성한 소형의 방형 또는 장방형주거지는
바닥중앙에 수혈식의 노지가 있는 것과 중앙 수혈만 있는 것으로 구분된다.
이 주거지 중 몇 기는 주거지 바닥에 길이 80m의 장방형 대석(臺石)을 중심으
로 대소형의 지석이 놓여있는 상태로 확인되었는데 그 양상으로 보아 석기공
방과 관련된 주거지로 판단된다. 이 외 소형주거지 내에서 지석과 박편이 다
수 확인되는 것도 있어 이 주거지 또한 석기공방과 관련된 것으로 판단된다.

하도는 주거군의 동편에 위치하며 개별주거지와 중복되지 않고 출토유물도
별반 차이가 없으므로 주거군과 함께 당시 취락의 경관을 이루고 있었다고 볼
수 있다. 하도의 층위양상을 검토한 결과 큰 흐름은 북에서 남으로 진행되고
있는 것으로 파악되나 구간만다 바닥의 높이가 일정하지 않아 일부 지점은 습
지와 같은 상태를 유지했을 것으로 판단된다. 하도내에서는 청동기시대의 석

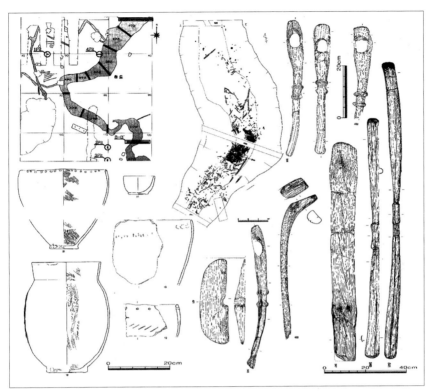

그림12 매천동유적 하도 및 출토 유물

기, 토기, 목기 등이 다량 출토되었는데 대부분 주거군이 형성된 서북편과 서남편에 집중되고 있어 이 유물들의 폐기원인이 주거군과 무관하지 않음을 알 수 있다.

출토유물의 분포상을 살펴보면 대부분의 박편과 목기 및 목재가공품, 자연목 등이 주거군 가까운 하도 내에 폐기되어있어 마을의 기능을 유추해 볼 수 있다. 매천동마을을 구성하는 소형의 주거지들이 공방의 기능을 가지고 있으므로 목기제작과 관련한 취락의 성격을 추측해 본다. 특히 석기유물의 경우 목재 가공용인 석부가 다수를 차지하는 것도 이를 방증한다고 할 수 있겠다.

출토된 농경도구인 도끼자루와 절구공이는 인접한 대구 서변동유적과 안동 저전리유적의 출토품과 흡사하여 목기의 분배와 교환과 같은 역내 교환망(네트워크)도 상정해 볼 수 있다. 매천동유적의 시기는 출토유물과 주거지형태를 통해 볼 때 청동기시대 전기후반에서 중기전반에 해당한다.

10) 대천동511-2유적 —월배지역의 공동묘역으로 이용된 유적—

대구시 대천동511-2번지 일원의 아파트 및 도로부지와 공원부지 조성에 앞선 사전 조사의 목적으로 2006. 7. 10~2007. 3. 21까지 조사면적 16,978㎡에 대하여 발굴조사를 하였다. 조사결과 청동기시대 유구는 주거지 16기, 석관묘 68기, 수혈 7기, 구상유구 1기가 확인되었다.[21] 유적은 대구분지의 남쪽 경계이기도 한 앞산(해발 658.7m)과 청룡산(해발 793.1m)에서 북서쪽의 저지대로 내려오면서 넓게 펼쳐진 선상지의 선단부에 해당한다. 유적의 남쪽으로 접해 원형주거지 4기, 방형주거지 1기, 구상유구 1기가 조사된 대천동 413번지 유적이 있다. 그리고 남동쪽으로 근접하여 청동기시대 주거지 1기, 수혈 3기, 구상유구 5기, 집석 2기 등이 조사된 대천동 497-2번지 유적이 있다. 두 유적에서 조사된 유구중 대천동 413유적의 구상유구와 대천동 497번지 유적의 구상유구 2호의 진행방향을 보면 대천동 511-2번지 유적의 남쪽에 위치하면서 동-서 방향으로 진행하고 있다. 이 두 기의 구상유구는 대천동 413-2번지 유적과 대천동 497-2번지 유적, 대천동511-2번지 유적을 감싸고 있는데 이 세 유적은 구상유구(추정 환호)의 북쪽에 있는 동일 취락집단으로 추정된다.

---

21) 하진호·권헌윤 外, 2009, 『大邱 大泉洞511-2番地遺蹟 Ⅰ, Ⅱ』, 嶺南文化財硏究院.

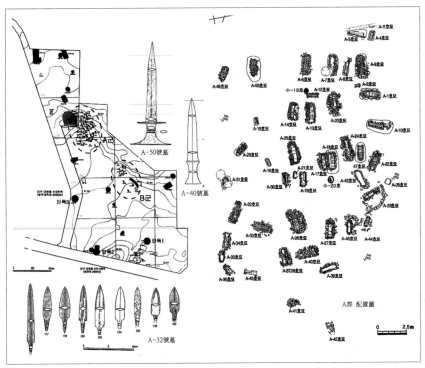

그림13 대천동유적 유구 및 출토유물

　조사된 주거지는 평면 형태는 장방형, 방형, (타)원형이며 장방형과 (타)원형이 주를 이룬다. 장방형계의 내부시설로는 노지, 저장혈, 주혈이 있는데 주혈은 정형성은 없는 편이나 10호와 14호의 경우 유구 내에 있는 노지의 양옆에 주축방향과 일치되게 1개씩 배치되어 있다. 그리고 10호, 16호의 경우 주로 벽가를 따라 주혈이 배치되었다. 장방형 주거지 중 10호에 의해 1/2이상이 파괴된 16호를 제외하고는 모두 내부에 수혈식 노지가 있다. 방형계 주거지는 유구 중앙 또는 한쪽 벽으로 약간 치우쳐져 바닥을 완만한 'U'자형으로 굴착하여 만든 무시설의 수혈식노지를 모두 갖추었다. 그리고 주혈과 네 벽을 따라 20~30㎝정도 간격을 두고 기반층인 흑갈색 사질점토층보다 단단하고 회색을 띤 바닥 경화면이 확인된다. 원형 주거지는 노지가 없고 대부분 가운데 장타원형의 수혈 양쪽으로 주혈이 각각 1개씩 위치하고 있다. 또 가운데 수혈만 있는 것(7호, 13호), 가운데 수혈외 2주식(1호, 3호, 5호, 6호, 9호, 11호)의 형식이 있다. 주거지는 인근의 지석묘 A·B군과는 달리 비교적 편평한 지역에 축조되었다. 주거지의 평면 형태를 중심으로 배치 양상을 보면 석관묘군의 서편과 북동편에는 장방형·방형·원형의 주거지들이 있는데 비해 석관묘군 남쪽에는 원형·방형의 주거지만 확인되고 청동기시대 전기로 볼 수 있는 장방형주거지들은 보이지 않는다.

출토유물은 장방형 주거지에서 돌대문토기편, 편인석부가 확인되며 방형주거지에서는 반월형석도, 심발형토기가 확인되고 원형 주거지에서는 일단경식석촉, 파수부발 등이 확인되었다. 대천동511-2유적은 조사된 주거지의 중복관계나 출토유물로 볼 때 장방형→방형→(타)원형의 순으로 시기 차를 가지며 장방형은 전기, 원형은 중기에 해당한다. 그리고 방형은 전기말에서 중기전반의 시기에 포함시킬 수 있을 것이다.

3. 금호강유역 청동기시대 유적의 편년[22]

금호강유역의 청동기시대 편년은 유물에 있어 무문토기문양요소 중 이중구연의 퇴화 및 소멸에 따른 변화의 과정으로 파악하였다. 돌대문토기는 이중구연1문(전형)과 역삼동식인 공열토기는 이중구연3문(흔적기능만 남음)과 결합되어 나타난 사실에 주목하였고, 유구의 중복과 유물조합에 따른 주거지의 형식의 상대서열은 1군·2군(미사리·가락동식)→3군(가락동식)→4군(흔암리식)→5군(역삼동식)→6군(방형계송국리식, 울산식주거지)→7군(원형계송국리식 또는 소형방형주거지)의 순서가 된다. 각 순서는 청동기시대 금호강유역의 편년 전기 I 기·II 기·III기·IV기, 중기 I 기·II 기 와 대응된다고 보면 될 것이다. 후기는 단면 원형점토대의 수석리식 토기의 출토하는 주거지로 보고자 하나 이 시기 주거지형식의 파악이 안정되어있지 않다. 따라서 금호강유역은 전기는 4단계, 중기는 2단계, 그리고 후기를 포함한 7단계로 편년이 가능하다. 물론 금호강 상류역과 중류역은 중기에 이르러, 영남동남부지역(경주·울산·포항)의 검단리문화 영향을 받아, 송국리식의 방형 또는 원형의 주거지가 확인되지 않는 경우도 있다. 이를 종합해서 설명하면 다음과 같다.

전기1기는 출토유물상 이중구연1문(전형)과 각목돌대문토기, 절상돌대문토기, 유상돌대문토기 등이 방형의 중형주거지와 광폭의 중대형 장방형주거지

---

22) 편년에 대한 세부적인 검토내용은 다음의 글을 참조 바란다.
　　河眞鎬, 2008, 『大邱地域 靑銅器時代 聚落研究』, 慶北大學校碩士學位論文.
　　河眞鎬, 2013, 「대구지역 청동기시대 전기의 편년」, 『한국 청동기시대 편년』, 서경문화사.

에서 공반 된다. 노지는 석상위석식이 있는 시지동1호가 있지만 대부분 위석식노지가 주를 이루고 초석이 보이는 것도 있다. 이 시기의 유적은 신천천 일대의 삼덕동유적, 봉산동유적, 불노천 주변의 봉무동유적, 진천전일대의 월성동유적, 대천동유적이 있다. Ⅰ기의 경우 한반도남부지방에서 통용되는 청동기시대 조기로 두어야 할 것인지에 대하여는 대구지역의 출토유물 공반관계를 통해 볼 때 돌대문토기 단순기가 확인되지 않음으로, 향후 조사 자료의 증가를 기다리는 수밖에 없을 것이다. 다만 시지동1호는 상촌리식토기가 출토하였는데 단벽에 치우친 석상위석노지를 갖추고 있다. 돌대문토기가 출토하지 않았지만 Ⅰ기에 해당하는 대부분의 주거지가 위석식노지와 갖는 주거지이기 때문에 이와 구별하여 Ⅰ기의 가장 이른 단계로 보고자 한다. 절대연대는 대략 서기전 13세기대를 중심연대로 보고자 한다.

전기Ⅱ기는 이중구연2문(변형)이 중심이 되는 유물조합이다. 이중구연단사선문토기를 지표로 하며, 여기에 단사선이 없는 이중구연토기가 공반된다. 이중구연과 결합되는 문양요소는 이중구연단사선문, 이중구연단사선구순각목문, 이중구연구순각목문이다. 구순각목문은 단독으로 출토되기도 한다. 주거지는 방형의 중소형의 주거지, 장방형 또는 세장방형의 중대형이 확인되면 노지는 위석식과 수혈식이 혼재한다. 여기에 해당하는 유적은 불노천주변의 봉무동유적, 동화천주변의 서변동유적, 신천천일대의 상동유적, 진천천일대의 월성동유적이 있다. 절대연대는 대략 서기전 12-11세기대가 중심이 되는 시기이다.

전기Ⅲ기는 이중구연3문(퇴화)과 단독문이 결합된 것이다. 퇴화된 이중구연에 공열문, 단사선문, 구순각목이 시문된 흔암리식토기를 지표로 한다. 복합문양의 구성은 이중구연단사선문, 이중구연단사선구순각목문, 이중구연단사선공열문, 이중구연구순각목공열문이 있다. 단독문양의 경우 구순각목은 Ⅱ

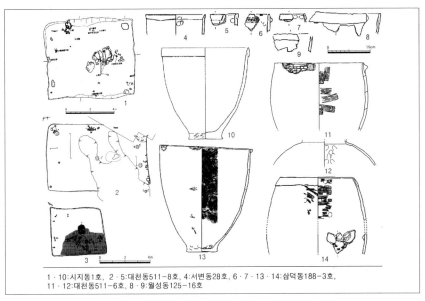

1·10:시지동1호, 2·5:대천동511-8호, 4:서변동28호, 6·7·13·14:삼덕동188-3호,
11·12:대천동511-6호, 8·9:월성동125-16호

그림14 금호강하류역 청동기시대 전기 Ⅰ 기의 유구와 유물

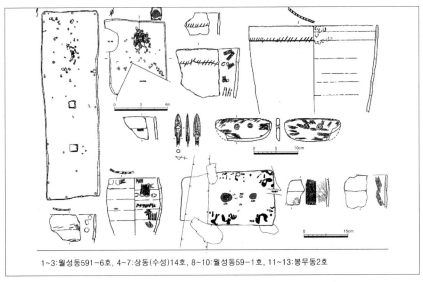

1~3:월성동591-6호, 4~7:상동(수성)14호, 8~10:월성동59-1호, 11~13:봉무동2호

그림15 금호강하류역 청동기시대 전기 Ⅱ 기의 유구와 유물

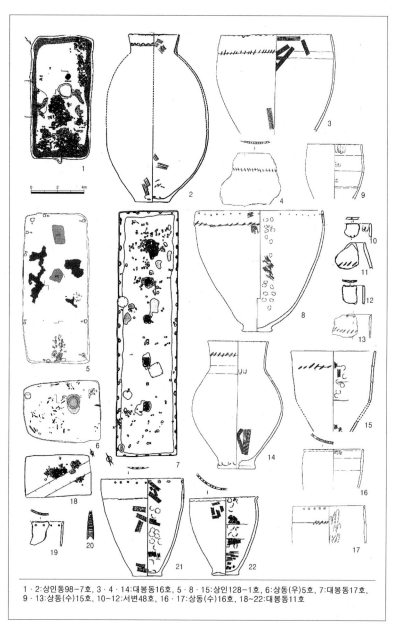

1·2:상인동98-7호, 3·4·14:대봉동16호, 5·8·15:상인128-1호, 6:상동(우)5호, 7:대봉동17호, 9·13:상동(수)15호, 10~12:서변48호, 16·17:상동(수)16호, 18~22:대봉동11호

그림16 금호강하류역 청동기시대 전기Ⅲ기의 유구와 유물

기에 이어 확인되며, 공열문은 복합문과 공반되어 나타나기 시작한다. 주거지는 중대형의 장방형 및 세장방형이 사용되며, 노지는 위석식과 수혈식이 혼재하나 수혈식의 비중이 높다. 해당유적은 대분지내 모든 수계별로 분포하는데 대표적인 것이 서변동유적, 상동유적, 대봉동유적, 월성동유적, 상인동유적 등이 있다. Ⅲ기는 대구지역 청동기시대 전기의 유적 중 가장 많은 수의 주거지가 확인되는 시기이다. 절대연대는 대략 서기전 11-10세기대로 보고자 한다.

전기Ⅳ기는 이중구연이 소멸되고 공열문과 구순각목이 단독으로 또는 결합되어 나타나는 역삼동식토기를 지표로 한다. 공열문, 구순각목공열, 구순각목문, 공열단사선문이 확인되며 소수에 불과하지만 이중구연(3문)구순각목공열문도 확인된다. 주거지의 형식은 장방형이 중심이되고 세장방형은 취락내 소수로 존재한다. 위석식노지는 확인되지 않고 모두 수혈식노지로만 구성되어 있다. 여기에 해당하는 유적은 신천천일대의 상동유적, 대봉동유적, 팔거천주변의 동천동유적, 매천동유적, 진천천일대의 상인동유적, 월성동유적, 불노천주변의 봉무동유적이 있어 Ⅲ기의 취락분포와 동일하다. Ⅳ기의 경우 소형의 방형주거지로 구성된 취락(매천동, 동천동, 대천동 등)의 사례가 확인되며, 이 주거지의 형식은 중기로 넘어가는 과도기적인 양상으로 파악되므로 Ⅳ기를 두 단계로 세분할 수도 있겠다. 절대연대는 대략 서기전 9세기대가 중심이다.

중기Ⅰ기는 무문이 중심이고 간혹 공열문(돌류문)이나 구순각목문과 같은 단독문이 확인된다. 유절식석검과 일단병식석검의 제작이 활발해 지고, 파수부토기의 출토예가 많다. 주거지의 형식은 금호강하류역과 중류역은 송국리식의 방형, 말각방형의 주거지가 있으나, 금호강상류역과 중류역의 일부유적에서는 검단리유형의 외부돌출구가 있는 울산식주거지의 확인된다. 여기에 해당하는 유적은 대천동511-2유적, 서변동유적, 동호동유적, 동천동유적, 매천동유적, 해선리유적, 내리리유적 등이 있다. 금호강유역에서 방형의 송국리식

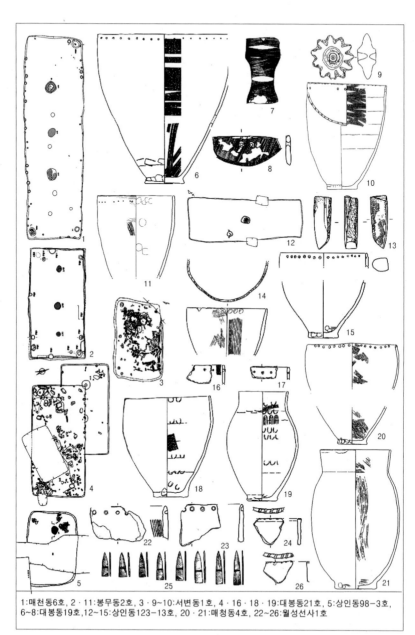

1:매천동6호, 2·11:봉무동2호, 3·9~10:서변동1호, 4·16·18·19:대봉동21호, 5:상인동98-3호, 6~8:대봉동19호, 12~15:상인동123-13호, 20·21:매청동4호, 22~26:월성선사1호

그림17 금호강하류역 청동기시대 전기Ⅳ기의 유구와 유물

주거지의 사례가 전시기에 비해 많지 않다. 발굴조사사례의 부족으로 보기에는 이 형식의 주거지가 너무 적으므로, 전기IV기의 과도기의 주거지(방형 또는 장방형의 소형주거지에 노지가 있는 형식, 방형 또는 장방형의 소형주거지에 중앙수혈만 있는 것)를 중기 I 기에 두는 것도 고려해볼 필요가 있다. 절대연대는 대략 서기전 8-7세기대가 중심이다.

중기 II 기는 유물의 형식에서 중기 I 기와 큰 차이를 간취할 수 없다. 주거지의 형식에서 원형 또는 타원형의 송국리식주거지가 마을을 구성하는 개별가옥으로 자리잡는 시기로써 대표적인 유적은 상인동123유적, 동천동유적, 월성동1300유적, 상동유적, 대천동511-2유적 등이 있다. 절대연대는 대략 서기전 6-5세기대가 중심이다.

후기는 주거지의 형태가 정형성을 띄지 않고, 그 실체도 분명하지 않지만, 원형점토대토기가 출토되는 유적이다. 대부분 구릉지와 그 사면을 중심으로 부정형의 형태로 확인되는 유적이 많다. 절대연대는 대략 서기전 4세기대가 중심이다.

구분		유물	주거지	주요유적	주거형식
전기	I 期 (서기전 13세기대)	각목돌대문, 절상돌대문 유상돌대문. 이중구연문토기 이중구연거치문, 구순각목문 무경식석촉	방형, 장방형 대형,중형,소형혼재 노지는 석상위석식, 토광위석식, 초석주혈	시지동유적 대천동511유적 월성동1275유적 상동유적 삼덕동유적 봉산동유적 월성동566유적외	미사리 가락동식 (둔산식)
	II 期 (서기전 12–11 세기대)	이중구연문 이중구연단사선문 이중구연단사선구순각목문 이중구연구순각목문 구순각목문 무경식석촉, 이단경식석촉 이단병식석검	세장방형, 장방형 중대형이 중심 위석식과 수혈식노지 혼재(위석식이 다수)	봉무동유적 서변동유적 상동유적 월성동1275유적 월성동59유적 옥곡동유적외	가락동식 (용암식) 흔암리식 관산리식 공존

전기	III期 (서기전 11~10 세기대)	이중구연단사선구순각목문 퇴화이중구연단사선문 퇴화이중구연단사선공열문 퇴화이중구연구순각목공열문 공열문 무경식석촉, 이단경식석촉 이단병식석검	세장방형, 장방형 중대형이 중심 위석식과 수혈식노지 혼재(수혈식이 다수)	서변동유적 상동유적 대봉동유적 상인동98유적 상인동128유적 월성동585유적 월성동591유적 상인동123유적 신서동유적 옥곡동유적외	흔암리식 관산리식 공존 역삼동식
전기	IV期 (서기전 9세기대)	이중구연소멸 구순각목공열문 공열문,구순각목문 공열단사선문 무경식석촉, 이단경식석촉 일단경식석촉,이단병식석검	세장방형, 장방형, 방형 세장방형은 취락내 몇 기로 한정 방형은 4기의 늦은 시 기에 집중 수혈식노지중심	상동유적, 대봉동유적, 상인동123유적 상인동128유적 상인동119유적 서변동유적 매천동유적 봉무동유적 옥산동유적 신서동유적외	흔암리식 관산리식소수 역삼동식 울산식
중기	I期 (서기전 8~7세기 대)	무문양 구순각목 파수부토기 일단경식석촉, 일단병식석검	방형, 말각방형 소형중심 일부수혈식노지 대부분 중앙수혈외 2주식 등	대천동511유적 서변동유적 동호유적 동천동유적 매천동유적 신서동유적 옥곡동유적외	송국리식 동천동식 울산식
중기	II期 (서기전 6~5 세기대)	무문양 구순각목 파수부토기 일단경식석촉, 유경식석검	원형, 타원형 중앙수혈 외 2주식 등	상인동123유적 월성동1300유적 동천동유적 대천동511유적 월성동585유적 신서동유적 옥곡동유적외	송국리식 동천동식 울산식
후기	(서기전 4세기대)	원형점토대토기 파수부토기	방형 부정형 타원형	대학리 서부리 각산동 내리리	주거지형식 불안정

표 1. 금호강유역 청동기시대 편년표

4. 금호강유역 청동기시대 마을유적

1) 금호강 상류 지역(영천지역)

금호강 상류 지역은 현재의 행정구역상 영천시 일대가 해당하며 금호강 본류와 합수하는 다수의 지류 하천과 그 주변의 범람원 및 낮은 구릉지에 취락이 자리잡고 있다. 금호강와 합해지는 지류 하천은 임고면의 자호천·임고천, 신녕면과 화남면에 걸치는 신녕천·고현천, 고경면의 고촌천, 북안면의 북안천, 대창면의 대창천 등이 있다. 지류 하천은 구릉과 산지의 곡간평야를 지나 금호강과 합수하는데 지류의 하류부에 다소 넓은 충적평야를 이루고 있다. 본류도 그러하겠거니와 지류 하천의 하류부는 유로의 변경이 빈번하게 발생될 가능성이 높아 취락의 입지조건에 불리한 면이 있다.

금호강 상류역인 영천지역에서 확인된 청동기시대의 주거지는 그 숫자가 많지 않다. 금호강의 지류 하천인 고경면 고촌천 상류역에 해선리유적과 청정리유적이 있고, 북안면 북안천 상류에 신리리유적 등이 있다. 그리고 내륙 깊숙한 곳에 있는 화북면의 고현천 상류 지역인 용소리유적이 있다. 이 외에도 최근 발굴조사가 완료된 언양-영천간 도로공사부지의 영천시 북안면 구간에서 다수의 청동기시대 취락유적이 확인되었다. 고지리 팔암유적, 임포리 뒷골유적, 반정리 부흥마을유적, 반정리 고리평들유적, 유하리 웃각단유적 등이 그 것이다.

	유적명	시대	유적입지	수량	주거형태	유물조합
1	청정리유적 (영남문화재연구원 2010, 2011)	전기말 ~ 중기전반	구릉지	8기	장(세)방형계열의 혼암리식주거지	단독문(구순각목, 공열) 복합문(구순각목+공열)
2	해선리유적 (경상북도문화재연구원 2015)	중기전반	구릉지	57기	장방형, 방형 외부돌출구 울산식주거지	단독문(공열) 무문
3	신리리유적 (경북과학대박물관 2007)	중기전반	구릉 사면	6기	장(세)방형, 증개축 울산식주거지	단독문(공열) 장동호
4	고지리 팔암유적 (삼한문화재연구원 2013)	전기후반	평지	7기	장방형, 방형	복합문(이중구연+단사선) 단독문(구순각목, 횡선문)
5	반정리 부흥유적 (삼한문화재연구원 2013)	전기후반	구릉 사면	28기	장방형, 방형 혼암리식주거지	무문 발형토기
6	화북면 용소리유적 (경상북도문화재연구원 2013)	전기후반 ~ 중기전반	평지	4기	장방형, 방형 용암식주거지	복합문(공열+단사선, 공열+횡선문)

표 2. 금호강 상류역의 청동기시대 주요유적 현황

　금호강 상류 지역의 청동기시대 주거지는 대부분 전기후반에서 중기에 포함되어있다. 평지 또는 평지에 가까운 구릉사면에 자리 잡은 고지리 팔암유적과 반정리 부흥유적 그리고 용소리유적의 몇몇 주거지가 전기후반 또는 말기에 해당하지만, 나머지 유적은 중기에 취락이 조성되었다.

　금호강 하류 지역에서 다수 확인되는 조기 또는 전기 주거지의 양상과는 다른 것으로 이는 금강유역에서 유입된 가락동문화의 문화유입이 금호강 상류까지 미치지 못한 것으로 파악된다. 금호강 하류역에서 다수 확인되는 중기의 송국리유형 주거지인 방형과 원형의 주거지는 보이지 않고 영남동남해안지역에서 유행하는 울산식주거지가 확인되는 양상은 오히려 이 지역이 중기에 이르러 검단리문화의 영향권에 있었다고 하겠다. 조사된 유적의 분포를 볼 때 금호강상류 지역은 지류 하천의 상류를 중심으로 곡부사이의 구릉지대가 취락 입지의 선호도가 높았다고 할 수 있다. 비교적 넓은 평지를 갖춘 지류 하류부는 유로의 잦은 변경과 같은 불안정성으로 취락이 입지하기 어려웠을 것으로 판단된다.

보고서가 발간된 유적이 몇 되지 않아 상세한 검토는 어렵겠지만, 소개된 자료를 통해 대략의 금호강상류 지역 청동기시대의 취락의 모습을 살펴보도록 하겠다. 신리리유적의 경우 도로공사 구간의 제한적인 발굴지역이지만 주거군의 양상을 파악할 수 있다. 구릉의 남서사면에 5기의 주거지가 모여 있는데, 이를 최소단위 주거군으로

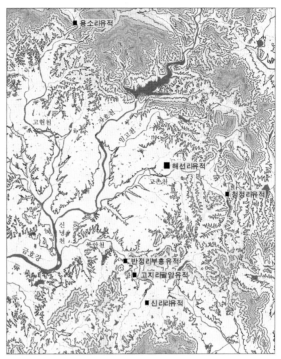

그림 18 금호강 상류역 주요유적 분포도

보아도 무방하겠다. 또한, 2호주거지와 4호·5호주거지에서 증축현상이 관찰되는데 이는 영남동남지역의 중기 취락에서 종종 보이는 현상이다. 고지리팔암 유적에서도 장방형 주거지 4기가 하나의 주거군으로 모여 있고, 반정리 부흥 유적에서도 주거군3-4기로 구성된 최소단위 주거군 4개소가 확인된다. 해선리 유적은 단위주거군을 구성하는 개별주거지의 수가 늘어나 8~10기 내외로 구성된다. 청동기시대 중기에는 취락내 단위주거군을 구성하는 개별주거지의 수가 늘어나는 현상이라 파악된다.

취락의 구조와 관련하여 해선리 유적은 양호한 자료라 판단된다.

약보고서에 제시된 배치도를 통해 보면 57기의 비교적 많은 수의 주거지가

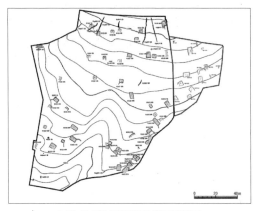

그림 19 해선리유적의 유구배치도

취락을 구성하고 있다. 모든 주거지가 동시기대에 취락의 경관을 구성하지는 않았을 터이지만 전체적인 배치상태를 본다면 50여기 내외의 개별주거지로 구성된 취락이며, 지점별로 공지(광장)을 둘러싼 환상배치의 단위취락이 3~4개로 구성된 취락이다. 이러한 취락구조는 울산지역과 포항지역의 중기취락에서 일반적인 마을의 모습으로 확인된다.

금호강 상류 지역인 영천지역은 대구와 경주울산지역의 중간지대에 있는 지리적인 위치를 점하고 있지만 송국리유형의 원형 또는 방형의 주거지는 확인되지 않는다. 따라서 청동기시대 중기에 이르러 송국리유형의 주거지는 확산되지 않는다고 보는 것이 타당할 것으로 판단되며, 금호강하류역의 대구분지의 청동기시대 취락과는 다른 문화권을 가진다고 하겠다. 그러나 접경지역의 주거지 양상의 일단을 보여주는 해선리유적의 10호주거지자 주목되는데, 이 주거지는 외구와 벽구, 노지 등 울산식주거지의 기본형을 갖추고 있지만, 노지 좌우로 주혈이 각각 1개씩 놓여있는 것으로 소결화된 노지대신 중앙수혈만 남았다면 이는 송국리 방형주거지와 같은 형태이다.

금호강상류역의 영천지역은 몇몇 주거지에서 확인된 전기요소의 무문토기를 제외하면 전반적으로 중기의 주거지 및 취락이 중심이며, 취락의 입지는 본류보다는 지류 상류의 구릉지대를 선호하였던 것으로 생각된다.

2) 금호강 중류지역(경산지역, 대구 수성구 및 동구 일부지역)

금호강 중류 지역은 현재의 행정구역상 경산시 일대와 대구광역시 동구 율하천, 수성구 매호천, 신매천일대가 해당한다. 주요 하천은 경산시를 동남으로 흐르는 오목천과 경산시 남천면 하도지를 기점으로 하는 남천이 북으로 흘러, 동서로 가로질러 흐르는 금호강에 합류하고 있으며, 이 지류 하천의 중류 및 하류 지역은 비교적 넓은 충적지를 형성하고 있다.

청동기시대 취락유적은 금호강 본류 주변보다는 지류 하천의 중상류 지역에 입지하는 경향성이 높은데 하류부의 불안정성으로 인해 평지보다는 중상류 지역의 곡부평지와 낮은 구릉지를 선호하고 있다. 청통면의 청통천 상류의 신한리유적과 중류의 동강리유적, 대학리유적이 있고 대창면의 대창천 하류의 구릉지에 내리리유적, 압량면과 자인면에 걸치는 오목천의 중류에 안촌리, 마곡리, 가야리유적이 상류부에 서부리451유적이 있다. 남천면과 경산시를 가로지르는 남천의 최상류부에 삼성리유적, 중류지역에 옥곡동유적과 옥산동300유적이 있다. 남천과 합수하는 대구광역시 시지지역의 욱수천과 매호천 일대의 선상지에는 시지지구 생활유적 외 여러 곳에서 청동기시대 주거지가 조사되었다. 대구광역시 동구 율하천 주변에는 신서동유적, 각산동유적과 같은 비교적 규모가 큰 취락유적이 분포한다.

금호강 중류지역의 청동기시대 주거지는 하류부와 가까운 율하천, 남천, 욱수천, 매호천일대에 전기전반의 주거지가 확인되지만, 상류와 가까운 청통천, 오목천, 대창천 주변은 대부분 전기후반에서 중기의 시기에 포함되는 유적 일색이다. 세부적으로 살펴보면 다음과 같다.

금호강 상류부와 가까운 청통천유역의 신한리유적은 장방형주거지군과 방형 또는 원형의 주거지군으로 대별되며, 두 주거군은 시기 차를 반영한다. 전기후반과 중기전반으로 파악할 수 있겠다. 이 유적에서 주목되는 것은 전환기의 주거지양상이다. 11호주거지의 경우 기본 형태는 금호강하류역의 중앙2주혈식의 동천동식방형주거지이나 노지가 한쪽 벽에 치우쳐 잔존하는데 노지가 탈락되면 전형적인 중기의 동천동식주거지가 된다. 15호, 19호주거지는 중복이라기보다 15-1호주거지에서 15-2호주거지로 신축된 것으로 생각되며, 신축된 주거지는 소결된 노지가 없고 중앙 수혈만 존재한다. 20호주거지는 방형주거지로써 소결된 노지가 없고 4주식의 중앙수혈만 갖춘 것인데, 전형적인 송국리식 주거지의 범주에는 포함되지 않으나 전환기적 요소를 살펴볼 수 있다.

	유적명	시대	유적입지	주거지수	주거형태	유물조합
청통천	신한리유적 (경상북도문화재연구원 2007)	전기후반 ~ 중기전반	평지	21기	장방형, 방형, 원형 흔암리식주거지 전환기주거지	단사선문, 구순각목 양이부소호, 장동호
	대학리유적 (경상북도문화재연구원 2007)	중기전반	평지	1기	방형	양이부소호
청통천	동강리유적 (경상북도문화재연구원 2007)	전기후반 ~ 중기전반	평지	4기	장방형, 방형 울산식주거지	
대창천	내리리유적 (한빛문화재연구원 2011)	전기후반 ~ 중기전반	구릉	13기	세장방형, 장방형, 방형 흔암리식, 울산식	단사선문 주상편인석부
오목천	마곡리유적 (영남문화재연구원 2005)	중기전반	구릉 사면	1기	장방형	평근식일단경촉
	가야리유적 (영남문화재연구원 2005)	전기말 ~ 중기전반	평지	1기	장(세)방형계열의 흔암리식주거지	
	안촌리유적 (성림문화재연구원 2008)	중기전반	저구릉	1기	방형 송국리식주거지	직립 경부적색마연토기
	서부리451유적 (영남문화재연구원 2011)	중기후반	저구릉	4기	장방형, 방형 소형	주상합인석부
남천	옥곡동유적 (한국문화재보호재단 2010)	전기전반 ~ 중기	평지	277기	세장방형, 장방형, 방형,원형 용암식주거지 흔암리식주거지 송국리식주거지	이중구연 이중구연+단사선 구순각목+공열 +단사선 공열+단사선 구순각목, 공열문, 사선문

남천	삼성리665유적 (영남문화재연구원 2003)	전기후반 ~ 중기전반	구릉	5기	장방형, 방형 가락동식(용암식)	이중구연+단사선 단사선문 장동호
	옥산동300유적 (영남문화재연구원 2011)	전기후반 ~ 중기후반	구릉 사면	44기	세장방형, 장방형, 방형, 원형 흔암리식주거지 울산식주거지 송국리식주거지	이중구연+단사선 구순각목
율하천	동내동유적 (영남문화재연구원 2002)	전기후반	구릉 사면	3기	장방형 흔암리식주거지	
	각산동유적 (경상북도문화재연구원 2008)	전기후반 ~ 중기후반	평지	24기	장방형, 방형,원형 흔암리식주거지 울산식주거지 송국리식주거지	이중구연+단사선문 구순각목, 가지문
	신서동유적 (한국문화재보호재단 2013)	전기후반 ~ 중기후반	평지	66기	세장방형, 장방형 방형, 원형 용암식주거지 흔암리식주거지 송국리식주거지	이중구연+단사 +구순각목 구순각목+공열 +x자단사선 이중구연+단사 단사선, 공열문 구순각목문
욱수천·매호천	시지택지개발부지내 유적 (영남대박물관 1999)	조기 전기	평지	3기	방형 미사리식주거지	이중구연토기 (상촌리식토기)
	시지동60-1유적 (영남문화재연구원 2004)	전기말	평지	2기	방형	
	욱수동128유적 (영남문화재연구원 2003)	전기말	평지	3기	방형	공열문
	매호동979-4유적 (영남문화재연구원 2006)	중기후반	평지	1기	원형 송국리식주거지	단도마연토기
	신매동164유적 (영남문화재연구원 2002)	전기말	평지	1기	장방형	구순각목

표 3. 금호강 중류역의 청동기시대 주요유적 현황

　대창천유역 또한 금호강 상류 지역과 가까운 곳인데, 금호강본류와 합수되는 지류 하천 하류부의 구릉상에 있는 내리리유적은 구릉의 정상부 가까운 곳에 대형의 세장방형주거지1기와 그 사면에 소형의 주거지가 다수 분포하는 취락배치를 보인다. 최소단위 주거군의 구성방식은 2기 또는 3기가 하나의 주거군을 구성하고 있다. 이러한 취락구조는 울산지역의 구릉성취락에서 그 확인 예가 많고, 금호강하류역의 팔달동유적과도 일맥상통하다. 전기후반에 등장하는 취락배치양상을 엿볼 수 있다.

　금호강 중류지역에서 가장 넓은 충적지가 형성된 곳은 오목천 일대인데, 지

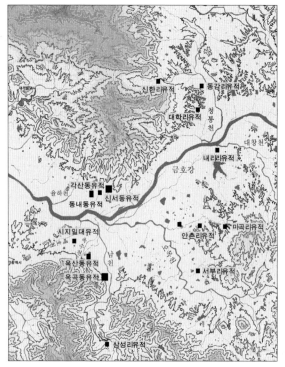

그림 20 금호강 중류역 주요유적 분포도

류 하천 주변의 범람원에 형성된 평지와 낮은 구릉지, 그리고 구릉사면에 다수의 취락이 형성되어있다. 가야리유적의 1호주거지에서 주거공간의 확장 현상이 간취되며, 안촌리유적의 경우 중앙수혈외 2주식의 평면방형 송국리식주거지 1기가 조사되었다. 서부리451유적은 소형의 장(방)형주거지 4기가 확인되었는데, 이중 4호주거지는 중앙수혈외 2주식과 같은 송국리식 주거지의 요소와 벽구가 합쳐진 양상으로 검단리문화권과 접경지역에서 확인되는 양상으로 파악된다.

금호강 하류 지역과 가까운 남천과 율하천 일대는 금호강 중류지역의 다른 지류 하천에 조성된 유적과 달리 대규모의 취락이 조성된다. 남천일대의 옥곡동유적이라던지 옥산동300유적, 율하천일대의 각산동유적, 신서동유적이 그것이다. 이 유적들은 취락의 규모가 작게는 주거지 30여 기 이상, 많게는 주거지 100여 기 이상을 보유한 취락유적이다.

남천의 중류에 있는 옥산동300유적은 경산지역에서 비교적 주거지의 수가 많이 조사된 유적이다. 구릉 사면에 조성된 취락인데 조사된 주거지의 수는

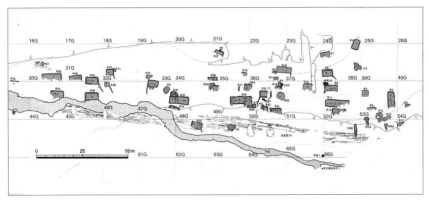

그림 21 경산 옥산동300유적 유구배치도

44기에 이른다. 저평한 구릉 정상부는 공장지대여서 지형의 삭평이 이루어져 유적의 분포양상을 파악할 수 없지만, 주거지의 형태나 시기로 보아 구릉사면을 환상으로 감싸며 조성된 청동기시대 전기후반에서 중기에 걸치는 취락이라 판단된다. 주거지는 세장방형의 관산리식거지와 흔암리식의 장방형 주거지계열 및 외부돌출구와 벽구가 있는 울산식주거지가 대다수를 차지하며, 범송국리식 주거지인 동천동식 방형주거지 및 원형주거지도 확인된다. 따라서 옥산동300유적은 전기후반부터 중기후반까지 단속적으로 취락이 형성된 것으로 파악된다. 보고자는 유물이 빈약하여 주거지의 형식으로 4단계로 편년[23] 하였으나 세장방형과 장방형은 동일시기로 파악한다면, 1단계는 관산리식인 세장방형과 흔암리식인 장방형주거지가 조성되던 시기, 2단계는 장방형과 방형의 울산식주거지가 조성되던 때, 3단계는 송국리식 방형의 동천동식주거지와 중소형의 방형의 울산식주거지가 혼재하던 시기, 4단계는 원형의 동천동식 주거지와 소형의 방형 울산식주거지가 혼재하던 시기로 파악할 수 있겠다. 취

---

23) 민선례, 2011, 「考察」, 『慶山 玉山洞300遺蹟』, 嶺南文化財研究院.

락이 가장 번성한 시기인 1, 2단계에는 구릉사면을 따라 5~6기의 주거지가 하나의 주거군을 이루며, 취락은 이 단위 주거군 4~5개 집합된 형태이다. 전기에 비해 중기의 주거지수가 급감하는 현상은 이 시기에 이르러 금호강하류역을 중심으로 지역공동체적인 사회가 형성됨에 따라 이 지역은 그 변방에 위치하게 된 것에 기인한 것으로 추정된다.

옥산동300유적과 직선거리 4㎞ 떨어진 곳에 있는 옥곡동유적은 경산지역에서 가장 많은 수의 주거지가 조사된 대규모 취락유적이다. 모든 주거지가 같은 시기는 아니지만, 전체 조사된 주거지의 수만 해도 277기이며, 주거지와 함께 취락의 경관을 이루는 굴립주건물, 무덤, 수혈, 집석, 석열, 구상유구 등을 모두 합하면 365기의 유구가 한 지구 내에 포함되었다. 유구의 수만 본다면 금호강유역에서 가장 큰 취락이라 하겠다. 이중구연토기나 이중구연단사선문토기의 출토되는 점, 위석석노지를 갖춘 장방형의 주거지가 확인되는 것으로 보다 전기전반에 취락이 조성되기 시작하였다. 말각방형의 송국리식 주거지와 원형의 송국리식주거지도 8기가 확인되는 것으로 보아 중기까지 취락이 조성된 것을 알 수 있다. 원보고자는[24] 주거지의 형식과 출토유물의 검토를 통해 4기로 구분하였는데 1기는 전기전반, 2기는 전기후반, 3기는 전기말-후기전엽, 4기는 송국리문화단계로 파악하였다. 전체적인 맥락은 원보고자와 같으나, 연대관을 조금 수정하여 정리해 보면 다음과 같다.

위석식노지와 이중구연토기 및 이중구연단사선문이 확인되는 주거지를 전기전반에 두고, 흔암리식주거지인 장방형의 수혈식노지를 갖춘 주거지와 중소형의 방형 또는 장방형주거지가 혼재하는 시기를 전기후반, 송국리식방형의 주거지와 노지가 있는 중소형의 방형주거지가 혼재하는 시기를 중기전반,

---

24) 박종섭 외, 2009,「고찰」『慶山 玉谷洞遺蹟Ⅳ』, 韓國文化財保護財團.

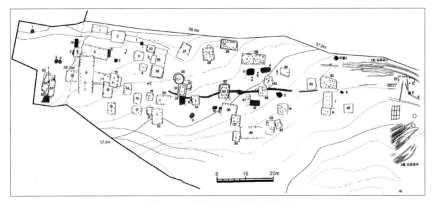

그림 22 경산 옥곡동유적 유구배치도

원형의 송국리식주거지와 말각방형의 송국리식주거지가 혼재하는 시기를 중기후반으로 하는 것이 그것이다. 시기별 주거지의 수를 추정해 보면, 1기의 취락은 주거지 20기미만, 2기의 취락은 주거지 100여 기 미만, 3기의 취락은 50기 미만, 4기의 취락은 주거지 10기 미만이다. 이를 통해 볼 때 옥곡동유적은 전기전반에 취락이 형성되고 전기후반에 취락규모가 가장 커졌으며, 중기전반까지 그 세력을 유지하다 중기후반이 되면 취락의 규모가 급속하게 축소되는 취락변천과정을 파악할 수 있다.

율하천유역의 경우 각산동유적이나 신서동유적과 같이 수십 기 이상의 주거지로 구성된 취락이 확인되었다. 각산동유적은 장방형 또는 방형의 수혈식 노지를 갖춘 주거지 24기가 취락을 구성하고 있다. 취락의 시기는 전기후반의 늦은 시기와 중기전반의 이른 시기에 해당한다. 전기후반에 개별주거지 15기 내외로 구성된 소촌으로 주변 3㎞ 거리에 있는 신서동유적의 주변취락으로 존재하였을 것이다. 신서동유적은 율하천 일대의 중심취락이라 할 수 있겠다. 주거지 66기가 확인되었고, 전기후반부터 중기까지 단속적으로 취락이 조성되었다. 전기후반에 취락의 활동이 활발하였다고 판단된다. 전기후반의 늦은시기부터 중기전반에 이르면서 취락과 묘역을 구분해 나가며, 이 일대의 중심취락으로 발전하였다.

3) 금호강 하류 지역(대구분지)

금호강 하류 지역은 수성구의 매호천, 신매천일대와 동구의 율하천, 달성군을 제외한 현재의 대구광역시 대부분이 해당한다. 금호강이 남쪽으로 흐르면서 낙동강에 합류하는 곳에 형성된 대구분지는 분지의 중앙을 가르는 신천과 그 주변의 충적지대와 금호강 남북쪽 연안의 범람원, 지류 하천 주변의 선상지가 청동기시대 마을의 주 무대가 되었다. 산지 취락은 하천이나 평지를 굽어다 보는 해발고도 40~75m 사이의 침식구릉지 또는 구릉산지에 입지하며, 평지취락은 하천에 의해 형성된 자연제방 또는 선상지에 있다. 금호강에 합수하는 지류에 의해 진천천일대와 신천중류일대, 팔거천일대, 동화천 및 불노천일대의 4개 군으로 구분된다. 취락지 주변의 매장유구(지석묘, 석관묘)의 경우 신천상류(가창면일대의 지석묘), 팔거천(동명면일대의 지석묘), 동화천(서변동유적의 소형석관묘)유역은 10기 이하로 분포하고 있으나 신천중하류역(상동, 대봉동)과 진천천 일대(상인동, 대천동, 월성동)는 수십 기 이상이 군집 분포하고 있어 무덤의 분포권이 취락의 분포권과 유사하다. 여기서는 4개의 지구군으로 구분하여 살펴보도록 하겠다.

① 진천천일대

대구분지를 동서로 관류하는 금호강 이남에 해당하며, 대구 시가지를 중심으로 보면 서편지역의 소위 월배선상지일대가 해당한다. 대구분지의 남쪽경계이기도 한 남부산지(앞산,청룡산)에서 북서쪽의 저지대로 내려오면서 넓게 펼쳐진 선상지 일대에 다수의 청동기시대 취락이 분포하고 있다. 대구분지 내 수계별로 보면 가장 많은 수의 유적이 확인된 곳이다.

이 지역은 구릉지대와 충적지대 모두에서 유적이 확인되고 있고, 충적지대의 유적은 크게 상인동지구와 월성동지구, 대천동지구, 진천동지구와 같이 현재의 행정구역단위로 취락의 분포가 간취된다.

구릉지대에서는 월성동선사유적과 송현동유적이 있다. 송현동유적은 출토유물이 많지 않아 유물의 공반관계를 알 수 없지만, 주거지의 배치양태에서 15기 내외로 구성된 단일취락으로 볼 수 있겠다. 월성동선사유적에서는 주거지4기가 조사되었는데 이 중 2호주거지에서는 이중구연(2식)단사선문이 시문된 심발형토기 1점이 출토되었고, 공열문과 구순각목문만이 공반된 흔암리식 주거지인 1호가 있다.

구분	세부	유적명
진천천 일대	구릉 지대	송현동유적: 주거지14기(동국대학교박물관 2002) 월성동선사유적: 주거지5기(경북대학교박물관 1990)
	월성동 구역	월성동1275유적: 주거지17기, 야외노지4기, 수혈5기(영남대학교박물관 2006) 월성동585유적: 주거지6기(영남대학교박물관 2007) 월성동591유적: 주거지7기, 야외노지1기, 집석1기(성림문화재연구원 2009) 월성동772-2유적: 주거지5기, 야외노지5기, 구(경상북도문화재연구원 2008) 월성동1300유적: 주거지8기, 야외노지3기, 구(영남대학교민족문화연구소 2006) 월성동1363유적: 주거지5기, 집석3기(대동문화재연구원 2008) 월성동498유적: 주거지10기, 고상건물지1기, 야외노지1기, 수혈20기(경북연 2009) 월성동600유적: 주거지10기, 고상건물지1기, 수혈3기(대동문화재연구원 2013)
	상인동 구역	상인동87유적: 주거지18기, 야외노지1기, 수혈4기(영문연2008, 경북연2008) 상인동98-1유적: 주거지11기, 집석4기, 구(대동문화재연구원 2008) 상인동112-3유적: 주거지4기(삼한문화재연구원 2011) 상인동119-20유적:주거지10기, 수혈4기(대동문화재연구원 2011) 상인동123-1유적: 주거지22기, 수혈6기, 고상건물지1기, 야외노지1기(영문연 2007) 상인동128-8유적: 주거지16기(삼한문화재연구원 2010)
	진천동 구역	진천동740-2유적: 주거지6기, 고상건물지5기, 구(경북과학대학박물관 2008)
	대천동 구역	대천동413유적: 주거지3기(경주대학박물관 2007) 대천동511-2유적: 주거지16기, 수혈7기(영남문화재연구원 2009)

표 4. 진천천유역의 청동기시대 주요유적 현황

월성동지구는 월배선상지의 선앙부에 해당하며 입석과 무덤을 제외한 전기에 해당하는 취락의 수는 10여 개소에 이른다. 주거지의 형태는 소형방형과 대형의 세장방형, 중형의 장방형이 확인되었는데 최근 초대형의 장방형주거지가 조사되어 주목된다. 월성동566번지일원(대구 월배지구 근생 제7구역 도시개발사업부지내 유적)에 해당하는데 길이21m, 너비10m여서 금호강유역 전체를 포함해도 가장 큰 주거지이다. 내부에 위석식노지와 벽가장자리를 따라 2열의 초석이 확인된 가락동식의 빠른 단계인 둔산식주거지의 형태이며 여기에서 출토된 유물은 이중구연(1식)거치문, 각목돌대문토기, 유상돌대문토기, 이중구연(1식)토기여서 그 공반관계가 호서지역의 가락동1기의 유구 및 유물조합과 동일하다.

세장방형주거지와 장방형주거지 간의 중복관계가 분명한 월성동585유적을 살펴보면 선축된 주거지는 위석식노를 갖춘 세장방형주거지(4호·5호주거지)이며, 후축된 주거지는 수혈식노지를 갖춘(2호·3호주거지) 장방형주거지여서 형식 간 선후 관계를 파악할 수 있다. 출토유물이 적어 명확한 양상을 파악하기 어렵지만 후축된 2호주거지에서 퇴화이중구연단사선문이 출토되었다. 월성동1275유적은 조사된 17기의 주거지중 청동기시대 전기에 해당하는 9기의 주거지가 모두 위석식노지의 소형 방형계 주거지 일색이다.

상인동구역은 상인동123-1유적을 중심으로 상인동128-8유적, 상인동112-3유적, 상인동119-20유적, 상인동98-1유적, 상인동87유적 등이 결집한 곳으로 크게 보면 하나의 대규모 취락으로 보아도 무방할 것이다. 대부분 장방형 또는 세장방형의 중대형주거지 중심으로 월성동지구와 비슷하다. 상인동구역에서 확인된 주거지는 세장방형과 장방형의 중복관계나 위석식노지에서 수혈식노지로 변화하는 경향성과 역삼동식의 공열토기조합이 중복관계에서 늦게 나

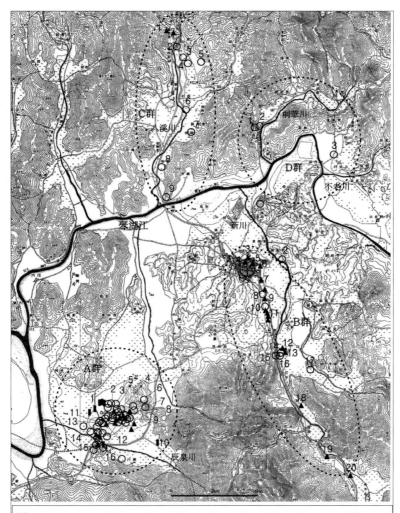

A群: 1.月岩洞 立石 I-V, 2.月城洞 77-2遺蹟, 3.月城洞 591遺蹟, 4.月城洞 585遺蹟, 5.月城洞 支石墓, 6.月城洞 先史遺蹟, 7.松峴洞 遺蹟, 8.月城洞 山6番地遺蹟, 9.上仁洞 支石墓 I-Ⅳ, 10.上仁洞 立石, 11.大泉洞 511-2遺蹟, 12.大泉洞 支石墓, 13.大泉洞 497-2遺蹟, 14.大泉洞 413遺蹟, 15.辰泉洞 支石墓, 16.辰泉洞 立石.

B群: 1.燕巖山 遺蹟, 2.新川洞 青銅器遺蹟, 3.七星洞 支石墓, 4.太平路 支石墓, 5.校洞 支石墓, 6.東門洞 支石墓, 7.三德洞 支石墓, 8.三德洞 188-1遺蹟, 9.大鳳洞 支石墓, 10.大鳳洞 마을遺蹟, 11.梨川洞 支石墓, 12.中洞 支石墓, 13.上洞 支石墓, 14.上洞 74遺蹟, 15.上洞 89-2遺蹟, 16.上洞 162-2遺蹟, 17.斗山洞 青銅器遺蹟.

C群: 1.鳳巖山 支石墓, 2.東湖洞 451遺蹟, 3.東湖洞 遺蹟, 4.東湖洞 477遺蹟, 5.鵲亭洞 373-2遺蹟, 6.東川洞 遺蹟, 7.鳩岩洞 遺蹟, 8.梅川洞 遺蹟, 9.八達洞 遺蹟.

D群: 1.西邊洞 860-1遺蹟, 2.西邊洞 聚落, 3.鳳舞洞 遺蹟.

그림 23 금호강 하류역 대구지역의 청동기시대 유적 분포도

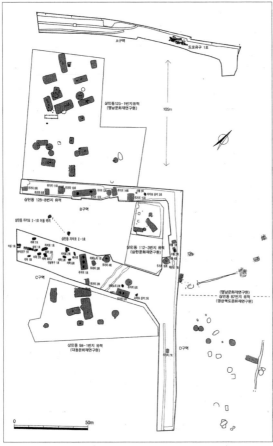

타나는 점에서 가락동식에서-흔암리식-역삼동식으로의 변화과정을 엿볼 수 있다. 대천동구역과 진천동구역은 월성동과 상인동구역에 비한다면 주거지의 수가 상대적으로 적어졌다는 것이다. 대신 무덤의 수가 매우 증가하고 진천동 입석 제단과 같은 기념물의 조성을 주목할 필요가 있다. 물론 대천동511유적에서 절상돌대문토기와 이중구연1식토기가 공반된 이른 시기의 주거지도 있지만, 동 유적에서 확인된 바와 같

그림 24 상인동일대의 청동기시대 주거지 분포도

이 10여 기 이내로 분산 축조되는 무덤군이 70여 기에 가까운 대규모 공동묘지가 조성되는 점은 이 지역의 청동기시대 중기에 세대공동체단위가 중심이 되는 취락에서 취락을 중심으로 운영되는 사회로 전환되는 과정에서 취락공간의 조정과 재편이 발생하였을 가능성이 매우 크다.[25]

---

25) 이러한 관점으로 논지을 전개한 아래의 논문내용에 적극 찬동한다.

② 신천중류일대

대구분지를 동서로 관류하는 금호강 이남의 대구시가지 일대에 해당한다. 남에서 북으로 흐르는 신천천 중류 일원에 다수의 지석묘군과 취락이 분포한다. 전기에 해당하는 유적은 삼덕동188-1유적, 봉산동185-4유적, 상동유적, 대봉동마을유적, 상동162-11유적 등이 있고, 중기의 주거지는 상동유적에서 10기 미만으로 확인되어 전기보다 상대적으로 중기의 유적이 적다. 그러나 신천 중류역과 상류역에는 중기에 해당하는 수십 기의 지석묘와 석곽묘가 분포하므로, 이 시기의 취락 또한 존재하였음을 유추해 볼 수 있다.

최근 조사되어 보고서가 발간된 삼덕동188-1유적에서는 전기의 이른 시기 주거지 3기가 확인되었는데 모두 중소형의 방형주거지에 노지는 위석식이며 단벽 측에 치우쳐 설치되어있다. 절상(각목)돌대문토기편과 유상(6개)돌대문토기발, 이중구연토기발이 공반되었다. 이중구연토기는 폭이 좁고 이중구연대 하단이 기벽에 뚜렷하게 표현된 전형이중구연토기이다.

상동유적에서는 40기의 주거지와 다수의 수혈유구가 확인되었다. 가락동식인 이중구연단사선(상동수성7·14호, 상동우방1차9·12호, 상동우방2차4호)이 출토된 유구가 다수 확인되었고 퇴화이중구연토기에 공열 또는 단사선이 시문된 토기형식(상동수성15·16호, 상동우방1차5호)도 확인되는 것으로 보아 크게 2개 시기로 나뉠 수 있겠다. 상동취락은 주거지형식에 있어 기존 가락동식이나 역삼동식의 주거형인 장방형 또는 세장방형이 아니라 모두 소형의 방형계열 주거지라는 점이 특징이다.

상동유적 못지않게 다수의 주거지가 조사된 대봉동마을유적에서는 35기의 주거지가 조사되었다. 평면형태는 장방형이 가장 많고, 세장방형, 방형의 순서

柳志焕, 2012, 「대구 진천천 일대 청동기시대 취락의 전개과정」『韓國上古史學報』78.

이나 취락의 주된 주거형태는 중대형의 장방형 또는 세장방형주거지이다. 위
석식노지와 수혈식노지가 혼재한다. 취락을 구성하는 주거지의 형태는 방형
중심의 상동취락과 많이 다른 양상이다. 이중구연토기는 모두 퇴화된 형식으
로 이중구연단사선, 이중구연단사선구순각목, 이중구연구순각목공열, 구순각
목공열문 등 흔암리식이 대부분인데 주거지의 형태는 가락동식에서 왕왕 보
이는 위석식노지의 주거지가 계속 사용된다.

구분 (하천수계)	유적명
신천 일대	상동유적: 주거지40기, 수혈10, 구2, 매장유구 6기(경상북도문화재연구원 2002, 2004) 대봉동마을유적: 주거지34기, 구2기, 수혈7기(경상북도문화재연구원 2006) 상동162-11번지 유적: 주거지2기(경상북도문화재연구원 2008) 상동552-8유적: 주거지3기(경상북도문화재연구원 2009) 봉산동185-4번지유적: 적석유구1, 주거지1(삼한문화재연구원 2010) 삼덕동188-1번지 유적: 주거지5기, 수혈유구3기(삼한문화재연구원 2011)

표 5. 신천중류역의 청동기시대 주요 취락유적현황

신천중류일대는 전기이른시기부터 중기까지 단속적으로 취락이 조성되었
지만, 대봉동유적과 상동유적을 중심으로 하는 대규모 취락은 전기후반에서
야 조성되었다. 전기의 이른 시기는 하류부 가까이에 조성되었지만 점차 하류
부의 입지적 불안정성은 전기후반 이후 중상류부쪽으로 이동하였다.[26] 특히
상동일원은 수십기의 지석묘(석곽, 석관)가 군집하여 조성되는 것으로 보아
중기에 이르러 안정된 취락을 유지하였을 것으로 판단된다.

---

26) 유병록, 2015, 「대구지역 신천일대의 주거와 취락」, 『청동기시대 대구지역의 취락과 사
회』, (재)영남문화재연구원 제28회 조사연구회 발표요지.

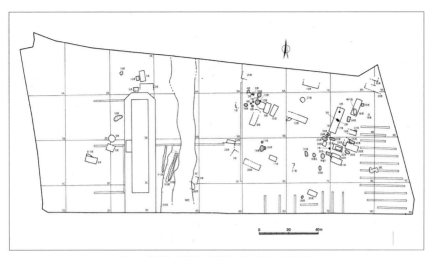

그림 25 대봉동마을유적 청동기시대 주거지 분포도

③ 팔거천일대

대구분지를 동서로 관류하는 금호강의 서북편 일대의 팔거평야는 팔거천 주변에 형성된 충적대지이다. 이 지역은 청동기시대 후기의 중심취락인 동천 동유적이 있는 곳으로 유명한 곳이다. 청동기시대 유적은 매천동유적, 동천동 유적, 동호동181유적, 팔달동유적 등이 있다.

매천동유적은 크게 2기로 구분되는데 1기는 복수의 수혈식노지를 갖춘 세 장방형주거지가 중심이며 2기는 수혈식노지 1기를 갖춘 소형의 방형 또는 장 방형의 주거군으로 구성되어있다. 1기는 전기말 2기는 중기전반에 해당한다. 2기에 해당하는 4호 출토 장동호의 형태가 송국리식토기와 유사하다. 매천동 유적은 취락지 주변에 하도가 조성되었고, 취락민은 하도를 적극적으로 활용 하였을 것으로 판단된다. 하도 내에서 다량의 석기와 목기가 출토되었고, 주거 지 내에서도 석기제작과 관련한 대석과 지석 그리고 미완성 석제품이 다수 출 토되었다. 하도를 이용한 석기제작 집단의 성격이 매우 짙다.

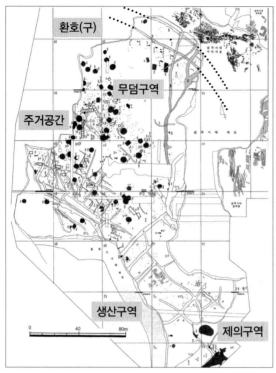

그림 26 동천동유적 취락 공간배치도

동천동유적의 경우 대부분 후기에 해당하는 송국리식의 원형주거지가 다수이나 수혈식노지1기를 갖춘 중소형의 (장)방형주거지는 전기 말에 해당한다. 출토유물은 없으나 주거지의 형식에서 매천동2기와 병행한다고 봐도 무방할 것이다. 동천동취락은 팔거천에 의해 형성된 자연제방상 충적지대에 있는 환호취락 유적으로서 60기의 개별주거지와 20여 기의 굴립주건물지, 각종 수혈유구, 우물, 매장유구, 경작지, 수변 제사시설(집석) 등이 복합적으로 어우러진 대규모 취락유적이다. 유적내에서 확인되는 개별구조물들은 대부분 중기의 취락과 관련하여 마을의 경관을 구성한다고 판단된다. 취락 내 개별구조물의 배치상태를 보면, 북쪽은 이중 환호에 의해 구분되며 남쪽은 청동기시대 하도에 의해 경계를 삼을 수 있고 서쪽은 교란으로 그 범위를 확인하기 어렵다. 동쪽은 하도로 연결되는 자연구나 경작관련구와 경작지 등이 배치되어 있어 주거역과 구분된다. 매장유구는 중앙의 주거역과 환호 사이의 빈 공지에 축조되어 있다. 따라서 동천동유적 중기 취락의 공간배치는 중앙의 주거역을 중심으로 그 외곽에 생산지 및 묘지가 분포하며 환호나 하도를 취락의 경계 및 방어시설로 삼은 전형적인 중심취락의 경관을 보여준다 하겠다. 팔달동유적의 경우 전기후반에 해당하는 취락유적이다. 취락의 배치를 보면 구릉 중앙에 자리잡은 대형의 세장방형주거지1동을 중심으로 사면을 따라 반원상으로 장방형주거지가 배치되고 있다. 위석식노지를 갖추고 있고 취락의 중심에 자리 잡은 1호주거지의 연대가 취락의 연대로 파악해도 무방할 것이다. 출토유물과 주거군의 양상에서 팔거천일대의 유적간의 선후관계는 팔달동-매천동1기·동호동181-매천동2기·동천동으로 파악된다.

구분 (하천수계)	유적명
팔거천 일대	팔달동유적: 주거지19기, 수혈4기, 야외노지1기(영남문화재연구원, 2000) 동천동유적: 주거지60기, 고상건물지20기, 수혈86기, 집석10기, 우물4기, 구, 환호 (영남문화재연구원 2002) 매천동유적: 주거지13기, 하도(영남문화재연구원 2010) 동호동181유적: 주거지 6기(영남문화재연구원 2012) 동호동463유적: 주거지2기, 수혈, 집석3, 구(영남문화재연구원 2003)

표 6. 팔거천일대의 청동기시대 주요 취락유적현황

팔거천일대는 청동기시대 전기전반의 위석식노지를 갖춘 주거지가 확인되기도 하지만 송국리문화단계인 중기에 취락의 활동이 가장 왕성하였다. 동천동유적을 중심으로 주변에 다수의 소촌이 취락단위의 역할을 분담하며, 팔거천일대의 취락경관을 이루었다고 이해된다. 매천동유적의 석기 또는 목기의 생산, 동호동일대의 경작중심의 취락 등은 수계를 넘어 주변지역과 교류를 통해 발전해 갔을 것으로 판단된다.

④ 동화천일대

대구분지를 관류하는 금호강의 동북편 일대에 해당한다. 이 일대의 청동기시대의 유적조사는 미진한 편이어서 조사된 유적은 2개소가 있다. 동화천유역의 강안충적지대에 있는 서변동유적과 불노천 하류에 있는 봉무동유적이 있다.

먼저 서변동유적에서는 49기의 주거지가 확인되었으며, 이 중 42기가 전기에 해당하는 주거지이다. 서변동유적에서는 대형주거지는 세장방형주거지 5호와 방형주거지46호의 2예를 제외하면 모두 중형 및 소형의 장방형주거지가 중심인데 위석식노지가 확인되지 않고 모두 수혈식노지로만 구성되어있고 역삼동식토기와 무문심발형토기의 구성이 많아 취락의 중심 시기는 전기후반으로 무방할 것이다. 서변동유적의 경우 전형이중구연토기가 출토되는 1기, 퇴화이중구연단사선, 퇴화이중구연단사선구순각목의 2기, 이중구연이 소멸한 구순각목공열문, 단독문양의 3기, 말각방형 또는 방형의 송국리식주거지가 확

인되는 4기로 단계를 나눌 수 있겠다. 대부분의 주거지는 공열이나 구순각목문만 공반되는 역삼동식인 3기가 중심이 되는 유적이다. 취락의 분포는 유적을 동서로 관류하는 청동기시대 하도에 의해 남·북으로 주거군이 구분되며, 남쪽은 청동기시대 전기의 주거군이, 북쪽은 중기의 주거군이 분포하고 있다. 전기의 취락지인 남쪽지역은 다수의 주거지가 혼재해 있는데 크게 장축방향을 달리하는 두 개의 군으로 나눌 수 있다. 주거지 내부 출토유물을 통해 살펴보

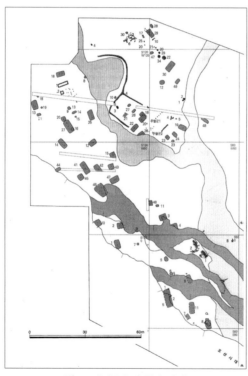

그림 27 서변동유적 취락 배치도

면 장축선이 동서방향인 주거지가 장축선이 남북방향인 주거지보다 선행한다고 판단되며 이 주거지들이 2기에 포함된다. 이와 함께 하도에 근접하거나 중복된 주거지의 경우 하도설치 이전인 2기에 포함할 수 있겠다. 중기의 주거지는 10여 기가 확인되었다. 이중 군집하고 있는 주거지는 7기가 확인되었는데, 이를 한 단위 주거군의 규모로 파악할 수 있겠다.

다음으로 봉무동유적을 살펴보도록 하겠다. 7기의 주거지가 조사되었다. 주거지의 형태는 중형의 장방형이며 내부에 수혈식노지 2~1개를 갖추고 있다. 1호주거지에서 절상(각목)돌대문과 유상돌대문, 이중구연(1문)토기편이 이 출토되었다. 공반되어 이중구연(2문)단사선문토기가 확인되는 것으로 보아 절상돌대문과 유상돌대문은 가락동식토기와 공반됨을 알 수 있다. 2호주거지에서는 이중구연토기 2점이 출토되었는데 이중구연단이 3cm 이상으로 폭이 넓으나 이중구연대 하단이 토기기벽에 비교적 뚜렷한 것(2문)이다. 이외 심발형공열토기만 출토된 3호주거지가 있다. 크게 2단계로 구분되며, 1단계는 중형주거지 2기가 해당하며 전기전반의 이른시기, 2단계는 중형주거지 5기로 구성된 전기전반의 늦은 시기로 파악된다. 개별가옥이 5기미만으로 구성된 세대공동체적 성격이 짙은 소규모 취락이다.

구분 (하천수계)	유적명
동화천 불노천 일대	서변동유적:주거지49기,고상건물지3기,수혈48기, 집석17기, 구(영남문화재연구원 2002) 봉무동유적: 주거지7기(영남문화재연구원 2011)

표 7. 동화천일대의 청동기시대 주요 취락유적현황

5. 마을의 형성과 발전

1) 마을의 발생(금호강유역 청동기시대 조기의 양상)

좁은 의미의 취락은 개별가옥의 모임을 일컫는다. 그러나 개별가옥뿐 아니라 부속건물, 도로, 수로, 경지, 방풍림 등 당시의 경관을 모두 포함하면 광의의 취락개념이 된다. 취락고고학은 넓은 면적을 발굴하여 당시 취락전체를 파악할 수 있으면 좋겠지만, 현실적으로 불가능하므로 좁은 의미의 취락개념으로 논지를 전개하고자 한다. 취락의 하위단위는 먼저 개별주거지가 있을 것이고 이 개별주거지가 무작위로 분산된 것이 아니 몇 개의 단위로 이루는 것은 주거군으로 이해한다. 한 단위의 주거군은 적게는 2~3기로 구성되기도 하고, 많게는 10여 기 내외도 있다. 주거군은 단수의 주거군 또는 복수의 주거군으로 취락을 구성하기도 하여 개별가옥 몇 기로 구성된 한 단위의 주거군이 몇 개로 이루어진 마을로 설명할 수 있다. 주거군의 의미는 세대공동체 또는 세대복합체로 이해하는 것이 일반적이며, 친족적으로 가까운 개별세대들이 공간적 군집을 이룬 형태[27]또는 소형 주거지 수 기로 구성되어 거주는 세대별로 생산과 소비는 공동으로 행하던 기본단위로[28]로 파악하고 있다. 그러나 복수의 주거군으로 구성되거나 주거군의 구분이 모호한 취락은 혈연관계의 세대공동체적인 성격의 연결고리가 매우 약해졌으리라 판단된다. 이 시기는 유력개인이 포함된 한 단위 세대공동체에 의해 취락이 운영되는 취락공동체적인

---

27) 김승옥, 2006, 「청동기시대 주거지의 편년과 사회변천」, 『한국고고학보』60, 한국고고학회.
28) 권오영, 1997, 「한국 고대의 취락과 주거」, 『한국고대사연구』12, 한국고대사학회.

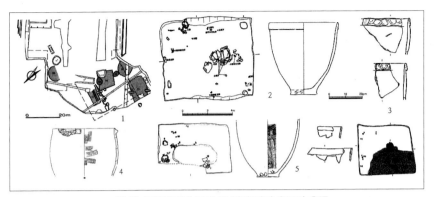

그림 28 금호강유역 조기 및 전기1기의 유구와 유물
(1: 삼덕동1188-1유적, 2:시지동유적, 3:대천동413유적, 4:대천동511-2유적, 5:월성동1275유적)

성격으로 발전하였을 것이다.

본 글에서는 한 단위 주거군이 파악될 때, 비로소 취락의 등장으로 파악하고자 한다.

금호강유역의 청동기시대 취락의 발생기로써 조기 또는 전기 I 기에 해당하는 시기이다. 여기에 해당하는 주거지는 금호강 중상류 지역에서 확인되지 않고, 하류부인 대구분지를 중심으로 일부 확인되었다. 시지동유적, 삼덕동유적, 봉산동유적, 봉무동유적, 월성동유적, 대천동511-2유적 등에서 방형 또는 장방형계의 평면형태에 이중구연토기와 각목돌대문토기가 출토되었다. 모두 개별주거지 몇 기에 의해 구성된 것이 대부분이어서 개별 주거군이나 단위 취락의 실체가 분명하지 않다. 확인된 주거지는 하천주변이나 충적대지에 조성되었으며, 대형주거지1기 또는 개별주거지 2~3기가 분산 독립적으로 배치되어 전체적으로 보면 점상 배치형태로 파악할 수 있다. 따라서 이 시기의 취락구조를 구체적으로 살펴볼 만한 자료가 부족하지만, 현재까지 확인된 취락의 사회구조는 유단사회[29]와 분절사회[30]의 중간에 해당한다 하겠다. 이 시기를 금호강유역 마을의 발생기로 파악하고자 한다.

2) 마을의 성장과 발전(금호강유역 청동기시대 전기의 양상)

금호강유역 전역에서 본격적으로 취락이 조성되기 시작하는 청동기시대 전기에 해당하는 시기이다. 세분하여 보면, 전기전반은 금호강하류역의 지류 하천 주변의 충적지대와 구릉지대를 점유하며 취락이 조성되기 시작하여, 전기 후반이 되면 금호강 중상류까지 취락의 입지가 확대된다.

주거지의 형식은 방형계주거지의 변천 과정으로 이해할 수 있는데, 폭이 넓은 방형 또는 장방형주거지 또는 세장방형주거지에서 중소형의 폭이 좁은 장방형주거지로 변화한다. 전기후반의 늦은 시기가 되면 소형의 장방형 또는 방형 주거기의 증가 사례가 많고 이 주거지들은 바닥 중앙에 설치된 소결된 노지가 사라지고 중앙수혈을 갖춘 중기의 송국리형 주거지로 발전한다. 그러나 금호강 중상류역은 송국리형 주거지의 분포예가 희박한데, 이는 울산·경주·포항을 중심으로 하는 검단리문화권의 접경지대에 있는 지리적 여건에서 그 이유를 찾을 수 있을 것이다. 전기의 주거지는 위석식노지와 가락동식토기가 출토되는 평면 장방형(광폭)의 둔산식주거지와 위석식노지(+수혈식노지)와 가락동식토기가 출토되는 평면 세장한 형태의 용암식주거지, 세장방형의 평면

---

29) 유단사회는 계절에 따라 이동하는 소규모 사회로 이동성 수렵채집집단을 일컫는다.
30) 분절사회는 대개 많은 개개 공동체들이 친족 관계로써 좀 더 큰 사회로 통합된 형태를 취락으로 정주 농장 또는 촌락들로 이루어진 형태이다. 특히 각 지방안의 그 어떤 취락도 다른 취락에 비해 우월하지 않는 특징을 가지고 있다. Colin Renfrew·Paul Bahn(이희준 역), 2006, 『현대고고학의 이해』, 사회평론.

형태에 토광식(평지식)노지가 설치되고 초석 없이 주혈만 있는 관산리식 주거지가 그것이다. 이를 시기적으로 살펴보면 조기의 미사식주거지, 전기 전반의 둔산식·용암식주거지, 전기 후반의 관산리식 주거지, 흔암리식주거지로 파악된다. 금호강유역에서 미사리식주거지와 둔산식주거지가 확인되나 그 사례가 많지 않다. 그러나 둔산식의 변화형이라 할 만한 용암식주거지는 대구분지를 중심으로 다수 확인된다. 관산리식과 흔암리식의 주거지도 그 사례가 많으나 호서지역과 같이 관산리식주거지로만 구성된 취락은 없고, 취락 내 소수의 주거지로만 확인

그림 29 대구지역 전기1기의 주거지

된다. 금호강유역은 지리적으로 추풍령을 통해 금강 상류 지역과 쉽게 교통이 가능한 곳이다. 최근 금호강 하류역인 대구 월성동566유적과 경북내륙지역인 영주 가흥동유적에서 전형적인 둔산식주거지의 사례가 조사되었다.

취락을 구성하는 주거군과 마을의 규모를 살펴보도록 하겠다.

봉무동유적의 경우 전기전반에 해당하는 장방형주거지 5기가 확인되어 그 정도의 규모가 마을의 규모로 파악된다. 전기전반의 송현동유적은 개별주거지 2~3기로 구성된 5개소의 단위 주거군이 취락을 구성하고 있고, 주거군 가운데는 대형의 주거지1기와 주변 공지로 이루어졌다. 마을의 규모는 주거지 15기

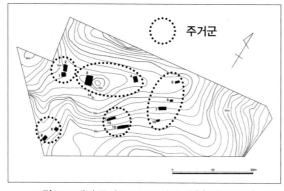

그림 30 5개의 주거군으로 구성된 마을(송현동유적)

내외로 추정된다. 구릉성취락으로 구릉평탄면을 중심으로 초보적인 중심지(공백지)를 갖춘 취락이다. 이와 유사한 취락배치형태는 팔달동유적에서 찾을 수 있다. 전기후반의 이른 시기에 위치지울 수 있는 팔달동유적은 구릉 평탄면에 대형주거지 1기를 포함한 4기의 주거지가 군집되어있고, 사면 아래로 5~6기로 구성된 주거군 2개소가 반원상으로 배치되었다. 이러한 배치는 김해 어방동유적이나 울산 무거동유적에서도 확인된 바 있는데, 이는 단위 주거지군 사이에 형성된 공백지가 취락내 초보적인 중심지 역할을 하다, 점차 마을내 공공의 장소인 광장으로 발전하였을 것이다. 취락의 배치가 선상에서 면상으로 다시 구심배열로 변화하는 것[31]으로 취락의 구조화가 심화하는 과정으로 파악된다. 팔달동유적마을의 규모는 20기 이하의 개별가옥으로 구성되었을 것으로 추정된다.

서변동유적의 분석에 의하면[32] 전기전반의 개별주거지 2~3기가 최소단위의 주거군을 형성하여 4~5개소의 단위 주거군을 형성하였다. 마을의 규모는 주거지 10기 내외이며, 취락 내에서 특정 주거군이나 대형건물지는 확인되지않았다. 전기후반은 앞선 시기의 취락이 하도와 직교하는 것에 반해 하도의 진행방향과 같이 배치된다. 개별주거지 4~5기로 구성된 3단위의 주거군으로 구성되

31) 安在晧, 2006,『靑銅器時代 聚落硏究』, 釜山大學校大學院 博士學位論文.
32) 河眞鎬, 2013,「考察」,『大邱 西邊洞聚落遺蹟 Ⅱ』, 嶺南文化財硏究院.

었다. 마을의 규모는 주거지 15기 내외이다. 단위 주거군은 중대형의 주거지1기와 중소형의 주거지 3~4기로 구성되었다. 서변동유적의 전기후반의 취락은 대형 세방방형인 5호 주거지를 보유한 주거군이 취락 내 주도적인 역할을 담당하며 하도를 적극적으로 활용한 생업활동을 하였을 것으로 판단된다.

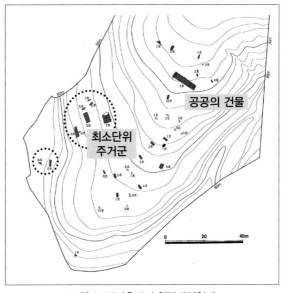

그림 31 전기후반의 취락배치형태
(내리리유적): 점차 중앙은 공지로 변하여 광장으로 발전함

　신천유역의 대봉동마을유적 또한 전기전반의 주거지는 10여 기 내외로 파악되며, 전기후반이 되면 15기 이상으로 개별주거지의 수가 증가하며, 주거군의 구성방식은 2~3기에서 4~5기로의 변화가 간취된다. 율하천유역의 각산동유적 또한 전기후반의 시기에 15기 내외의 개별주거지가 마을을 구성하였을 것으로 분석되며, 청통천유역의 신한리유적 또한 조사된 21기의 주거지에서 중기의 주거지를 제외하면 15기 내외의 취락규모로 파악된다. 남천유역의 옥산동300유적은 44기의 주거지가 조사되었고, 중심 시기는 전기후반이다. 취락은 구릉사면을 따라 5~6기의 개별주거지가 하나의 주거군을 이루며, 이 단위주거군 4~5개가 집합된 형태로 파악된다. 취락의 규모는 전기후반에 20여 기의 주거지로 구성되었다고 판단된다. 같은 수계에 있는 옥곡동유적은 금호강

유역에서 단일유적으로는 가장 많은 주거지가 조사되었다. 조사된 주거지 277기의 형식과 출토유물을 통해 전기전반은 20기 내외, 전기후반은 100기 미만, 중기전반은 50기 미만, 중기 후반은 10여 기 내외로 추정할 수 있다. 전기후반에 이르러 취락 내 몇 개의 공지를 중심으로 다수의 주거지가 분포하고 있다. 주거지로 파악된 유구들 가운데 주거용도로 사용되지 않은 것도 있겠고, 단위취락이 남천변을 따라 단기간에 이동했을 가능성도 있어, 전체 취락 내 개별가옥의 수는 이보다 줄어들 수 있겠지만 취락의 규모에 있어 금호강중류역의 하류부에서 중심취락이라 이해하는 것에는 문제가 없을 것이다. 옥곡동유적과 같은 전기의 대규모취락은 금호강 하류역의 진천천수계에서 엿 볼 수 있겠다. 진천천유역의 월성동구역과 상인동구역은 부분적인 조사로 인해 단위취락의 규모를 파악하기가 쉽지 않지만, 조사된 주거지의 수를 본다면 전기후반에 이르러 50여 기 이상의 개별주거지를 보유한 취락의 존재를 상정할 수 있을 것이다.

청동기시대 전기의 금호강유역은 하류부를 중심으로 취락이 조성되기 시작하여 점차 상류부로 확대되는 양상을 파악할 수 있고, 중하류부는 구릉지보다는 평지의 충적지대와 구릉 완사면을 이용한 취락의 입지를 선호하였다. 취락분포정형을 본다면 상류부보다는 중하류부에 취락이 집중되는 형국이다.

전기전반은 위에서 살펴본 바와 같이 개별주거지 2~3기로 구성된 최소단위의 주거군 몇 개가 소구역으로 구분되어 취락을 구성하기 시작하며, 단위취락의 규모는 5기 이내로 구성된 것(봉무동)이 있고, 10기 이내로 구성된 마을(서변동 3기, 대봉동2기), 15기 이내로 구성된 마을(송현동), 20기 이내로 구성된 마을(신서동) 등 앞 시기보다 단위취락의 규모도 점차 확대된다. 취락의 운영은 중대형주거지를 보유한 복수의 주거군에 의해 주도되었을 것으로 파악된다. 취락을 구성하는 개별구조물 중 주거지외 다른 부속시설의 확인 예는 많

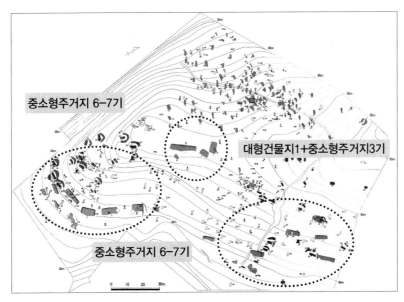

그림 32 전기후반의 취락배치 형태(팔달동유적): 개별주거군의 주거지수 증가

지 않다.

전기후반은 주거지외 굴립주건물, 수혈유구, 야외노지, 구 등이 취락의 경관을 이루는 요소로 본격적으로 조성되기 시작한다. 최소단위의 주거군의 구성방식은 2~3기외 4~5기 또는 5~6기로 주거지수가 증가함과 동시에 주거지의 면적은 전반보다 줄어든다. 단위취락의 규모도 전기전반의 10~15기가 중심이 되는 취락에서 20여 기 이상으로 구성된 취락(팔달동·옥산동300·각산동·월성동·상인동유적)이 다수 확인된다. 금호강유역은 전기전반에 성장했던 마을이 후반대에 들어 발전을 거듭하여 전성기를 이룬다. 남천유역의 옥곡동유적과 진천천유역의 월성동·상인동일대, 그리고 신천중류의 상동유적일대는 개별주거지 50여 기 이상을 보유한 취락이 등장하기도 한다.

전기후반대가 되면 금호강유역을 비롯한 남부지방 전역에서 취락의 대규모화가 진행되며, 농경은 기존의 충적지의 전작과 산지의 화전을 비롯하여 곡간

저지에 수전이 조영되고, 전기후반대의 늦은 시기에는 일부지역을 중심으로 지석묘의 축조도 시작된다. 주거지외 개별구조물인 굴립주건물이나 공공의 수혈유구 등이 활발하게 조성되고 주거군내 중대형주거지를 보유한 특정 주거군이 취락의 운영을 주도하였을 것이다.

금호강유역 청동기시대 전기의 취락구조에서 대취락(중심촌), 취락(촌), 소취락(소촌)의 구분은 가능하나, 하나의 중심취락과 다수의 주변취락으로 이루어진 공동체단위를 상정하기에는 구체적인 자료가 부족하고, 이 시기 취락구조에서 유력개인(수장)의 실체가 확인되지 않음으로, 어떤 취락도 다른 취락보다 우월하지 않은 복수의 공동체 사회로서 서구의 사회분류로 본다면 분절사회(segmentary societies)로 볼 수 있을 것이다.

3) 마을의 성행과 공동묘역의 조성(청동기시대 중기의 양상)

청동기시대 중기의 취락유적은 금호강유역 전역에서 확인된다. 금호강 하류역은 송국리문화권의 취락이 조성되고, 금호강 상류역은 검단리문화권의 취락이 조성된다. 금호강 중류역은 송국리식주거지와 검단리식주거지(울산식주거지)가 혼재되어 있다. 취락의 입지는 금호강 중하류역은 지류 하천주변의 충적지대와 구릉의 완사면에 금호강 상류역은 구릉지와 곡부충적지에 취락이 조성되었다. 취락 주변에는 앞 시기에 보이지 않던 대규모 무덤군의 조성되기 시작한다.

이 시기의 주거지는 중소형의 평면 (말각)방형과 원형의 주거지 중앙부의 수혈 양측에 주혈이 배치된 것으로 전자는 휴암리식주거지, 후자가 송국리식주거지이나 통칭해서 송국리식주거지라 부른다. 금호강유역 역시 방형 또는 원형의 주거지 내 중앙수혈 외 2주식이 주류를 이루나 금호강하류역의 대구분지를 중심으로 중앙 수혈 없이 2개의 주혈이 나란하게 배치된 동천동식주거지라는 지역 양식의 주거지가 확인된다.[33] 송국리식주거지의 양자 중 방형과 원형의 선후관계는 중복된 취락유적의 정황을

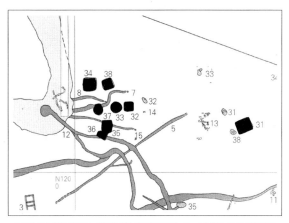

그림 33 중기전반 주거군(서변동유적): 7~8기의 개별주거지

통해 원형이 늦은 것으로 중기전반은 방형계, 후반은 원형계로 이해할 수 있다. 이외에도 중소형의 방형 또는 장방형 주거지에 노지가 없고 중앙 수혈만 있는 것이 남강유역과 금호강 유역에서 다수 확인되며 주거지 내부에 공열토기가 출토되는 등 전기의 토기양식이 남아있다. 이러한 형식의 주거지를 전기에 해당하는 장방형 주거지와 방형의 송국리식주거지 사이에 있는 과도기적 주거형식으로 어은식주거지[34] 또는 하촌리형주거지[35]라 부르는 것이다. 이 주거지는 전기말의 방형 또는 장방형의 주거지 바닥 중앙에 설치된 소결된 노지가 사라지고 중앙수혈을 대체된 것인데, 중기의 전반에 포함할 수 있겠다.[36]

---

33) 이러한 형식의 주거지는 상주복룡동, 김천지좌동에서 확인되며, 특히 김천지좌동에서는 100여 기 이상의 동천동식 주거지로 구성된 취락이 확인되었으므로, 지역양식으로 보아도 무방하다.
  大東文化財研究院, 2012, 『金泉 智佐洞遺蹟』.
34) 庄田愼矢, 2009, 『靑銅器時代의 生産活動과 社會』, 학연문화사.
35) 김병섭, 2011, 「南江流域 下村里型住居址에 대한 一考察」, 『慶南研究』4, 경남발전연구원.
36) 전형적인 송국리식 방형주거지만을 생각했을 때, 금호강유역에서는 중기전반의 주거지가 많지 않다. 과도기적인 주거지를 중기전반에 포함시킨다면, 중기의 취락단위의

청동기시대중기는 취락이 성행하고 농경문화가 정착하는 시기이며, 지역별 지역성이 활발하게 나타난다. 송국리문화권, 검단리문화권, 천전리문화권 등이 그것이다. 금호강중상류역은 송국리문화와 검단리문화의 접경지역으로 검단리문화의 주거지 형식인 울산식주거지가 확인되기도 한다. 이 주거지는 평면 장방형 주거지에 주혈이 4각 구도의 배치를 하며, 외부돌출구와 노지를 갖춘 것으로 점차 단수의 노지로 변화하며, 쇠퇴하여 소형방형주거지로 변화한다.

금호강유역의 중기의 취락구조와 마을의 규모를 살펴보도록 하자.

금호강상류역은 검단리문화권의 취락이 확인되었다. 고촌천 상류의 해선리유적은 57기의 주거지로 구성된 취락이다. 전체배치 양태에 의해 중기의 취락규모는 50여 기 내외이며, 지점별로 공지(광장)을 둘러싼 환상배치의 단위취락 3~4개로 구성된 취락이다. 해선리유적을 제외한다면 현재까지 확인된 취락은 모두 주거지 10기미만으로 확인된다.

금호강중류역은 상류부에 비해 많은 취락이 조사되었다. 남천일대의 옥산동유적은 중기의 주거지는 전기보다 급감하여 중기전반은 5기 내외 중기후반 또한 5기 내외의 주거지만 확인되었다. 동일 수계에 근접하여 있는 옥곡동유적은 비교적 많은 수의 주거지를 보유한 취락이다. 대략 중기전반에 50기 미만, 중기후반에 10기 내외이다. 율하천의 신서동유적은 대규모 분묘군이 취락지 주변에 조성된 유적이다. 중기에 포함할 수 있는 방형과 원형주거지가 28기가 확인되었다. 중기후반에 특정 지울 수 있는 원형주거지가 2기만 확인되어 중기후반의 실체를 파악하기가 쉽지 않다. 그 외 중류역의 지류 하천주변

해석이 쉬워 질 것으로 판단된다.

에서 조사된 취락유적에서는 중기의 주거지는 몇 기뿐이어서 취락규모를 가늠하기 어렵다. 발굴조사범위의 한계성이 있겠지만, 전반적으로 취락규모가 주거지 10여기 내외의 소규모로 파악된다. 금호강 중상류의 중기의 취락은 이처럼 취락규모의 변이 폭이 큼을 알 수 있다. 비교적 취락의 양상을 파악하기 쉬운 금호강하류역인 대구지역에 대해 살펴보도록 하자.[37]

영남지방 내 다른 지역의 예를 본다면 중기전반의 방형주거지가 중심이 되는 취락 양상을 쉽게 파악할 수 있지만,[38] 대구지역에서는 그 사례가 많지 않다. 취락의 분포권을 보면 앞 시기와 마찬가지로 4개의 지구 군에서 모두 확인된다. 진천동유역에서는 대천동511-2번지유적을 비롯한 몇몇 유적에서 10기 미만의 주거지가 확인되었지만 단위취락을 파악해볼 만한 유적은 없다. 진천천 유역 역시 상동유적에서 이 시기의 주거지가 몇 기만 확인되었다. 단위취락을 비교적 분명하게 파악할 수 있는 유적은 동화천유역의 서변동유적으로 중기전반에 해당하는 주거지는 10기가 확인되었으며 이 중 6~7기가 모여 있어서 이를 한 단위 주거군으로 파악할 수 있다. 조사경계 밖으로 주거지가 확인될 가능성이 있지만 조사된 취락의 규모로 본다면 소취락에 해당하겠다. 팔거천유역의 동천동유적에서도 6기의 주거지가 확인되나 다음시기인 중기후반의 취락에 비해 소규모이다. 중기전반의 주거지수의 부족은 앞 절에서 언급한 전환기적 주거지 또는 소형방형의 노지가 있는 주거지의 편년을 조정한다면 일정 부분 해결될 수 있을 것으로 판단된다.

---

37) 하진호, 2009, 「대구지역의 청동기시대 중심취락과 취락간 관계」, 『청동기시대 중심취락과 취락 네트워크』, 한국청동기학회 워크숍 발표요지.

38) 진주 남강유역의 선사유적지에서 다수 확인되었다. 특히 옥방1지구의 경우 환호로 구획된 방형취락의 양상이 분명하게 드러났다.

중기후반의 취락은 역시 4개의 지구 군에 모두 분포하고 있다.[39] 개별주거지의 수만 본다면 진천동유역과 팔거천유역에 가장 많은 주거지가 분포하고 있다.

이 시기의 특징으로는 주거지의 개체수가 50여 기가 넘는 대규모 취락의 존재와 매장유구의 대규모 축조 등을 들 수 있다. 취락은 동천동유적의 예에서 알 수 있듯이 하도를 이용한 취락의 배치, 취락과 하도 사이 공지의 경작지 운영, 환호나 구에 의해 구획된 취락범위의 확정, 앞 시기부터 발전해온 농업기술의 진전에 따른 가경지의 확대, 동일 가경지내의 식량생산증대를 통한 식량생산의 집약화가 이루어졌을 가능성은 충분히 상정된다. 이러한 식량생산의 집약화를 통해 주변취락과 구분되는 중심취락의 등장이 이루어졌을 것이다.대표적인 유적이 동천동유적이다. 동천동유적의 경우 가옥의 수만 늘어난 것이 아니라 밀집도 및 취락 내에서 개별구조물간의 복합도도 함께 증가하는 쪽으로 변화고 있어 팔거천유역에서 동천동유적은 중심취락으로서의 역할을 담당하였을 것임은 의심의 여지가 없다.

진천동유역원의 경우 월성동1300번지유적과 월성동1275번지유적 일대를 하나로 하는 개별주거지 20여기 이상으로 구성된 단위취락이 존재한다. 그러나 동천동취락에 비해 주거지 간 밀집도가 떨어지며, 취락내 개별구조물간의 복합도 또한 미약하므로 팔거천유역의 동천동유적처럼 중심취락의 기능을 담당하였을 것으로 보기는 힘들다. 다만 진천천유역내 취락유적의 발굴조사에

---

39) 동화천유역의 서변동유적에서 조사된 원형주거지는 중기1기의 방형 취락 안에 2기만 분포하므로 중기1기의 취락에 포함시킬 수 있겠다.(중기1기→2기 이행기) 따라서 중기 후반의 본격적인 취락은 서변동유적에서는 조성되지 않았다고 보는 것이 타당할 것이다. 이는 동화천유역의 입지조건이 주변의 군에 비해 협소한 때문이라고 판단된다.

한계가 있으므로 주거
지외 중심취락의 잔존
물 즉 대개 가장 인상적
인 기념물의 존재를 주
목해 볼 필요가 있다.
진천천유역에서 다수
확인되는 입석유구가
그것이다. 월암동 입석
군, 상인동 입석, 진천동
입석유적이 그것인데
이 입석들은 진천천 일
대의 취락을 포위하듯
서쪽과 남쪽, 동쪽에 배

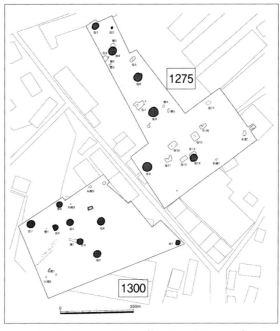

그림 34 중기후반의 취락(월성동1275, 1300유적)

치되어 있다. 이 중 발
굴 조사된 진천동입석은 입석주변으로 장방형형태의 정교한 석축기단이 4~5
단 갖추고 당시 농경민들이 일상적으로 사용하던 인위적경관의 일부로서 특
별한 의미를 지녔을 것이다. 즉 이는 마을 또는 마을 간의 공동의례를 위한 구
조물로 여겨진다.[40]

이 외 대규모 지석묘의 축조도 주목된다. 조사된 현황을 살펴보면 대부분
취락지 주변에 매장유구가 10여 기씩 군으로 분포하고 있으나 대천동511-2번
지유적에서 확인된 60여 기의 매장유구는 단일 취락민의 묘소로 보기에는 무

---

40) 대표적인 유적으로는 사천이금동유적, 창원덕천리유적, 마산진동유적 등이 있다.

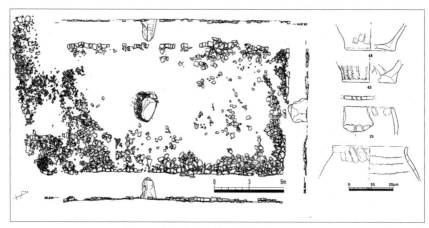

그림 35 중기후반의 진천동입석유적 유구와 유물

덤의 수가 너무 많은데다가 주변에서 확인된 주거지의 수도 10기 이내로 한정
되므로 또 다른 해석의 여지가 있다. 이 무덤군은 대천동511번지 취락주민에
국한되지 않고 주변취락과 연계한 공동체 전체를 위한 묘소의 가능성도 상정
되어 이 시기의 사회가 단순히 평면적이고 나열적인 구조가 아니라 좀 더 복
잡한 사회구조를 이루고 있었음을 암시하는 것이라 하겠다. 또 이 시기의 진
천천유역에는 환호로 추정되는 다수의 구상유구가 확인되므로 군내에 중심취
락과 주변취락, 특수목적의 취락[41] 등이 혼재하며 취락간 상호연계를 통한 촌
락을 구성하였을 것으로 판단된다.

　신천유역의 경우 이 시기에 해당하는 주거지의 개체 수는 많지 않지만 진천

---

41) 예컨대 대천동511번지유적에서 확인된 대규모매장유구 주변에 분포하는 동시기의 주
　거군은 묘소를 관리하는 특수목적의 취락일 가능성도 있다. 사천이금동유적의 대형 굴
　립주건물과 매장유구 주변에 있는 10기의 주거군이 이러한 시설물을 관리한 역할을 담
　당하였을 것으로 추정된다.

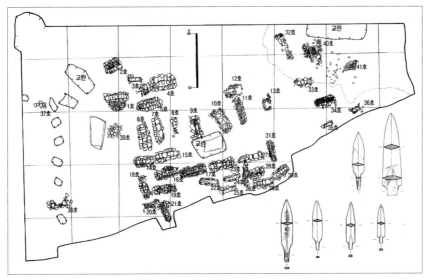

그림 36 신천중류 상동유적의 무덤군

천유역에 견줄만한 다수의 지석묘가 분포하므로 지석묘가 위치하는 주변지역
으로 취락이 조영되었을 것으로 추정된다. 특히 상동지석묘의 조사 예에서 보
면 부분적인 조사구역임에도 불구하고 40여 기의 분묘가 드러난 사실을 주목
한다면 진천천유역 또한 하나의 중심취락과 다수의 주변취락으로 이루어진
공동체 단위를 상정할 수 있겠다.

　금호강유역의 청동기시대 중기의 사회는 앞서 살펴본 바와 같이 취락규모
의 변이 폭이 클 뿐 아니라 취락내의 개별구조물의 복합도 또한 증가한다. 취
락의 규모는 주거지 50여 기 이상을 보유한 단위취락과 10여기 미만의 주거지
로 구성된 단위취락이 공존하고 있다. 이 시기에는 마을의 범위를 표시하거나,
상징적인 의미를 가진 공간으로서의 환호도 조성된다. 앞선 시기에 비해 기능
적인 측면이 강조된 개별 취락도 등장한다. 하류부의 서변동유적에서 출토된
목제도끼 자루는 동형식의 것이 5㎞거리에 있는 매천동유적에서 확인되고, 매

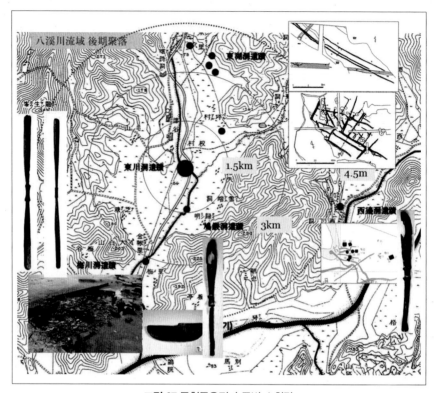

그림 37 동천동유적과 주변 소취락

천동유적의 목제절구공이와 유사한 안동 저전리유적의 하도 출토품의 사례로 본다면 목기의 생산과 유통과 관련한 연계망도 형성되었을 것이다. 중심취락과 주변취락과의 관계를 파악할수 있는 것은 팔거천유역의 동천동유적과 주변의 중소취락을 통해 알 수 있고, 남천유역의 옥곡동유적과 주변 옥산동유적, 율하천유역의 신서동유역과 주변의 동내동, 각산동유적과의 관계 등에서도 상정할 수 있다. 고령 봉평리의 석기제작장 유적과 인접한 곳에 있는 의봉산 주변 일대의 석기산지의 유적의 분포정형이나[42], 석기생산장(유구석부)으로 파악된 대구 연암산유적의 사례에서[43] 농경과 관련한 석기의 대량생산과 유통, 석기생산 전문공인집단을 상정할 수 있고 생산된 석기의 분배와 교환을 주도한 취락(중심취락)의 존재 또한 추정 가능한 사회이다. 중기에 이르러 이러한 취락들은 이전과는 달리 한층 넓은 지역에 통합력을 발휘하는 수준의 사회구조(읍락사회)를 발전시켰을 것이다.

전기말에서부터 확인되기 시작하는 경작유구와 목제 농경구 및 석부, 석도, 석착 등 농경 관련 석기가 이 시기에 많이 증가하는 현상으로 본다면 이 시기 이후 농경기술의 확대 및 보급, 기술의 진전에 따른 가경지의 확대, 동일 가경지로부터 더 많은 식량자원 획득 등 식량생산의 집약화를 통한(잉여생산물의 증가) 과정을 거치면서 주변취락과 구분되는 중심취락의 등장이 촉발되었을 것으로 판단된다. 대형장방형 주거지에서 소형의 방형·원형주거지로의 변화와 함께 지석묘, 농경지 등을 수반한 취락이 각지에서 등장하며, 입석과 같은 기념물의 조성, 환호(구)취락의 조성 등 취락분포정형이 복잡해져 있어 계서에 의한 사회의 운영을 추측 가능케 하므로 이전 시기보다 발전된 사회구조 즉 군장사회(chiefdom)라 할 수 있겠다. 이 시기는 취락간의 협업으로 입석과 지석묘와 같은 거석기념물이 본격적으로 조영되므로 단위취락들이 자기 완결적으로 존재하기보다는 중심취락과 주변취락의 관계 속에 긴밀한 연계망을 통해 지역공동체적인 복합 사회구조로 진전되고 있음을 알 수 있다.

---

42) 황창한, 2013, 「대구지역 청동기시대 석기생산 시스템 연구」, 『嶺南考古學』 67.
43) 尹容鎭外, 2011, 「大邱 燕岩山遺蹟 出土 石斧」, 『考古學論叢』, 경북대학교출판부.

4) 마을의 쇠퇴(청동기시대 후기의 양상)

　　금호강유역 청동기시대 후기의 취락양상은 앞 시기와 비교하면 그 사례가 많지 않아 취락구조를 살펴보는 데 어려움이 많다. 영남지역 전체를 보더라도 원형점토대토기가 출토된 취락 유적은 김해 대청유적, 김해 구산동유적, 합천 영창리유적, 사천 방지리유적, 청도 사촌리유적, 경주 화천리유적 등 그 수가 많지 않다.

　　금호강유역의 경우 경산 서부리유적, 경산 내리리유적, 대구 각산동유적, 대구 각산동912-6유적, 대구 칠곡3택지유적 등에서 원형점토대토기 출토된 주거지와 수혈 그리고 구 등이 확인되었다. 이 후 시기인 삼각형점토대토기 단계의 유적은 경산 대학리유적, 경산 경리440-5유적, 경산 임당동유적, 경산 경리440-5유적, 경산 옥산동300유적, 대구 신천동621-1번지유적 등이 있다. 주거지가 확인되지 않았지만, 이 시기의 무덤이 조성된 주요유적으로는 대구 신천동청동기유적, 대구 월성동유적, 대구 팔달동유적, 대구 평리동·만촌동유적, 대구 학정동유적 등을 들 수 있다.

　　영남지역의 예를 본다면, 주거지의 구조는 평면방형·원형·타원형계외 부정형의 형태가 주류를 이루는데 금호강유역 또한 이와 유사하다. 대구 각산동유적에서 후기의 주거지로 파악되는 3기의 주거지(2·3·11호)는 평면 방형이며 소결된 노지가 확인되지 않고, 주혈의 흔적도 분명하지 않다. 대구 각산동912-6유적은 10여기의 주거지로 구성된 취락이 확인되었는데, 구릉 중위사면을 따라 12기의 주거지가 눈썹모양(복원시 타원형 또는 방형)을 하고 배치되었다. 이러한 구조는 구릉사면을 'L'자형으로 굴착하여 나온 토양을 전면에 깔아 주거공간으로 사용하였으나 후대 유실되어 지금과 같은 모습으로 나타난 것으로 파악된다. 내부시설 중 주혈이 보이지 않은 것이 많고, 있더라도 정형성을

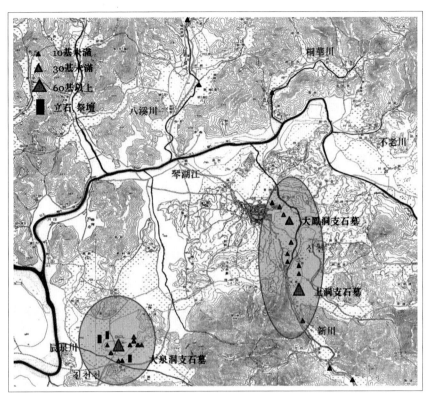

그림 38 금호강 하류역 무덤군의 분포도

찾기 어렵다. 그 외 후기의 유적들은 대부분 주거지는 확인되지 않고 수혈과 구 그리고 유물포함층만 확인된다.

유적의 입지는 앞 시기보다 전반적으로 낮은 구릉지나 그 사면에 분포하고 있고, 이어지는 삼각형점토대 시기에는 높은 구릉지로 유적의 입지가 변화한다. 영남지역의 대표적인 유적인 사천 방지리유적과 경주 화천리유적은 주변의 경관을 조망하기 좋은 곳에 취락이 입지하며, 주거군은 구릉의 중위사면에 조성된다. 특히 구릉 정상부 평탄지역에는 주거지가 입지하지 않고 공백지(마을 공동 의례공간)나 의례유구(소형환구)가 조성되었다는 공통점이 있다. 삼각형점토대토기 단계의 유적인 경산 임당동환호유적 또한 주변 경관을 조망하기 좋은 구릉상에 위치하며 환호 내부에는 주거지가 없이 공백지로 조성되었는데 취락지는 주변에 조성되었을 것으로 판단된다.

금호강하류역에 있는 신천동 621-1유적과 동일 구릉상에 있는 신천동 청동기유적, 그리고 대구 평리동·만촌동유적 등 은 모두 구릉지대에 유적이 조성되었다. 주변에서 다수 확인된 청동기시대 중기의 취락이 모두 평지인 것을 고려한다면 청동기시대 후기 이후 취락입지의 큰 변화가 있었음을 간취할 수 있다.

후기의 취락양상을 살펴보건대, 청동기시대 중기의 취락구조와 매우 다른 양상을 보여주는 것이다. 전시기에 성행하던 대규모 취락이 존재하지 않고, 묘역식지석묘의 조영이 중단되고 매장주체부만 조영되는 소형화된 무덤, 그리고 주거지의 형태가 정형화되지 않는 점이 그것이다. 취락의 입지 또한 평지보다는 구릉성 취락이 대부분이며, 중부지방의 경우 고지성 환구취락의 사례가 급증하고 있다. 전시기보다 의례행위의 흔적으로 이해되는 다수의 수혈과 구상유구 등의 확인 예가 많고, 영남지역의 다른 사례를 살펴보았을 때, 이 시기의 취락은 주거공간과 의례공간이 확실하게 구분되는 취락구조이며, 이 의례공간(제의장소)을 관리하고 유지하는 취락은 별도로 존재할 가능성이 크다. 또한, 여러 집단이 제의장소(환구)를 이용해 공동으로 제사를 지내는 형태[44]도 상정해 볼 수 있으며, 이러한 취락구조는 제장의 기능이 강화되었음을 의미하는 것으로 볼 수 있다. 구릉정상부에 단독으로 설치된 제의공간(환구, 제단, 공지, 주구상 유구 등)은 청동기시대 전·중기의 지신의례 또는 지석묘를 중심으로 한 시조 묘에 대한 개별적 조상숭배의례에서 천신숭배사상으로 변화

---

44) 이상길, 2006, 「祭祀와 勸力의 發生」, 『계층사회와 지배자의 출현』, 사회평론.

하는 것으로 파악할 수도 있겠다.[45]

청동기시대 후기의 주류세력은 점토대토기를 만들고 철기문화를 경험한 이주민들로 파악되는바, 이들은 한반도 정착과정에서 기존집단과의 갈등과 적응과정에서 새로운 문화를 생산하였을 것으로 추정된다.

---

45) 김권구, 2012, 「청동기시대-초기철기시대 고지성 환구(高地性 環溝)에 관한 고찰」, 『韓國古史學報』第76號.

【참고문헌】

권오영, 1997,「한국 고대의 취락과 주거」,『한국고대사연구』12, 한국고대사학회.

김광명, 2015,「大邱地域 靑銅器時代 巨石記念物과 무덤」,『청동기시대 대구지역의 취락과 사회』, (재)영남문화재연구원 제28회 조사연구회 발표요지.

김승옥, 2006,「청동기시대 주거지의 편년과 사회변천」,『한국고고학보』60, 한국고고학회.

김현식, 2013,「남한 청동기시대 서북한양식 주거지에 대한 고찰」,『영남고고학』66.

김권구, 2012,「청동기시대-초기철기시대 고지성 환구(高地性 環溝)에 관한 고찰」,『韓國上古史學報』第76號.

김병섭, 2011,「南江流域 下村里型住居址에 대한 一考察」,『慶南研究』4, 경남발전연구원.

金賢植, 2006,『蔚山式 住居址 研究』,釜山大學校大學院考古學科碩士學位論文.

나건주, 2006,「IV 考察」,『唐津 自開里遺蹟(I)』, 忠淸文化財研究院.

裵德煥, 2000,『嶺南地方 靑銅器時代 環濠聚落研究』,東亞大學校碩士學位論文.

宋滿榮, 1997,「中西部地方 無文土器文化의 全開」,『崇實史學』.

송만영, 2006,「남한지방 청동기시대 취락구조의 변화와 계층화」,『계층사회와 지배자의 출현』, 韓國考古學會.

安在晧, 1996,「無文土器時代 聚落의 變遷」,『碩晤尹容鎭敎授停年退任紀念論叢』.

安在晧, 2000,「韓國農耕社會의 成立」,『韓國考古學報』43.

安在晧, 2004,「中西部地域 無文土器時代 中期聚落의 一樣相」,『韓國上古史學報』43

安在晧, 2006,『靑銅器時代 聚落研究』, 부산대학교 대학원 고고학과 박사학위논문.

安在晧, 2009,「南韓 靑銅器時代 研究의 成果와 課題」,『동북아 청동기문화 조사연구의 성과와 과제』, 학연문화사.

安在晧, 2013,「韓半島 東南海岸圈 靑銅器時代의 家屋葬」,『韓日聚落研究』, 서경문화사.

유병록, 2009,「慶尙 南海岸의 松菊里文化」,『제주도 송국리문화의 수용과 전개』,제3회 한국청동기학회학술대회 자료집.

유병록, 2015,「대구지역 신천일대의 주거와 취락」,『청동기시대 대구지역의 취락과 사회』, (재)영남문화재연구원 제28회 조사연구회 발표요지.

柳志煥, 2012,「대구 진천천 일대 청동기시대 취락의 전개과정」,『韓國上古史學報』78.

류지환, 2015, 「취락과 무덤군의 상관관계로 본 청동기시대 대구 월배지역 취락의 전 개양상」, 『청동기시대 대구지역의 취락과 사회』, (재)영남문화재연구원 제28회 조사연구회 발표요지.

尹容鎭외, 2011, 「大邱 燕岩山遺蹟 出土 石斧」, 『考古學論叢』, 경북대학교출판부.

이석범, 2015, 「청동기시대 대구 금호강 이북지역의 주거와 취락」, 『청동기시대 대구지역의 취락과 사회』, (재)영남문화재연구원 제28회 조사연구회 발표요지.

이상길, 2006, 「祭祀와 勸力의 發生」, 『계층사회와 지배자의 출현』, 사회평론.

李秀鴻, 2012, 『青銅器時代 檢丹里類型의 考古學的 研究』, 釜山大學校大學院考古學科 博士學位論文.

이수홍, 2014, 「취락의 입지와 구성-취락의 입지」, 『청동기시대의 고고학3-취락편』, 서경문화사.

李眞旼, 2004, 「중부지역 역삼동유형과 송국리유형의 관계에 대한 일고찰」, 『한국고 고학보』54, 한국고고학회.

李亨源, 2007, 「盤松里 青銅器時代 聚落의 構造와 性格」, 『華城 盤松里 青銅器時代 聚落』, 한신대학교박물관.

崔憲燮, 1998, 『韓半島 中·南部地域 先史聚落의 立地類型』, 慶南大學校碩士學位論文.

河眞鎬, 2008, 『大邱地域 青銅器時代 聚落研究』, 慶北大學校碩士學位論文.

河眞鎬, 2009, 「대구지역 청동기시대 중심취락과 취락간 관계」, 『청동기시대의 중심취락과 취락 네트워크』, 한국청동기학회.

河眞鎬, 2013, 「洛東江中流域 青銅器時代 聚落의 變遷」, 『韓日聚落研究』, 서경문화사.

河眞鎬, 2013, 「대구지역 청동기시대 전기의 편년」, 『한국 청동기시대 편년』, 서경문화사.

河眞鎬, 2014, 「취락의 지역상-영남지역」, 『청동기시대의 고고학3-취락-』, 서경문화사.

황창한, 2013, 「대구지역 청동기시대 석기생산 시스템 연구」, 『嶺南考古學』67.

황창한, 2015, 「석기를 통해 본 대구지역 청동기시대 사회」, 『청동기시대 대구지역의 취락과 사회』, (재)영남문화재연구원 제28회 조사연구회 발표요지.

庄田愼矢, 2009, 『青銅器時代의 生産活動과 社會』, 학연문화사.

Colin Renfrew · Paul Bahn(이희준 역), 2006, 『현대고고학의 이해』, 사회평론.

청동기시대 묘제

김광명 경상북도문화재연구원

1. 묘제의 분포와 입지분석

우리나라에서 지금까지 확인된 청동기시대 묘제는 지석묘를 비롯하여 토광묘, 석관(곽)묘, 옹관묘, 주구묘, 석개토광묘 등이 있다. 이 가운데 청동기시대 가장 이른 시기부터 나타나는 묘제는 주구묘, 토광묘, 지석묘 등으로 알려져 있다. 청동기시대 전기에 나타나는 묘제의 일반적인 공통점은 수량이 그다지 많지 않다는 점이다. 금호강 유역에서 확인된 청동기시대 묘제도 역시 한반도의 일반적인 상황과 그 궤를 같이하고 있다.

지금까지 조사된 바에 의하면, 금호강 유역에서 확인된 청동기시대 묘제는 지석묘, 석관(곽)묘 등이 있다. 아직까지 금호강 유역에서는 청동기시대 전기 단계에 해당하는 주구묘와 토광묘가 확인된 예는 없고, 대부분 지석묘와 석관(곽)묘만 확인되었다. 그러나 금호강 유역에서도 언제든지 청동기시대 전기의 묘제가 조사될 가능성은 있을 것으로 예상된다.

여기에서는 금호강 유역에 분포하는 청동기시대의 묘제를 살펴보고, 이를 토대로 묘제의 편년과 출토유물 등을 따져 청동기시대 금호강유역에 존재하던 사람들의 생활상 일면을 복원하고자 한다.

먼저 금호강유역 묘제의 분포현황은 현행정구역상 금호강이 관류하는 금호강 상류역(영천지역), 금호강 중류역(경산지역), 금호강 하류역(대구지역)으로 구분하고, 水系와 地形을 고려하여 살펴보기로 한다. 다음으로 유적들의 분포현황이 시사하는 바를 고찰하고, 나아가 금호강유역이 타지역과 어떤 차이점을 가지고 있으며, 또한 묘제의 구조와 출토유물 등을 종합하여 청동기시대 금호강유역 묘제의 특성을 고찰하고자 한다.

1) 지석묘

지석묘는 우리나라 청동기시대의 대표적인 묘제로서 금호강 유역권에도 폭넓게 분포하고 있다. 지석묘는 상석이 지상에 드러나 있는 관계로 오래전부터 모든 연구자들의 관심의 대상이 된 유적이다. 그러나 80년대 들어서면서 각종 사회기반시설 확충사업과 도시개발사업 등으로 인해 가장 피해를 많이 입은 유적이기도 하다. 한편으로는 이로 인해 상당수의 지석묘가 발굴조사되어 지석묘에 관한 많은 연구가 진행된 계기가 되었고, 또한 지금까지 우리가 가지고 있던 지석묘에 관한 상식에 많은 오류가 있었음을 밝혀주기도 하였다.

지석묘는 금호강 유역의 상류부터 하류에 이르기까지 전유역에 걸쳐 골고루 분포하고 있다. 이 가운데 가장 많은 조사가 이루어진 곳은 금호강 하류역에 해당하는 대구지역으로 주로 대구분지의 북단쪽을 동서상으로 가로지르는 금호강의 남안쪽에 집중되는 양상을 보이고 있다. 여기서 고려할 점은 지석묘는 상석의 분포현황만 가지고 논의할 문제가 아니라는 점이다. 지석묘는 주변에서 상석을 갖추지 않은 주변에서 동시기의 청동기시대 묘제가 다수 나타나기 때문에 지석묘 상석을 포함한 주변의 석관(곽)묘의 분포양상을 동시에 파악해야만 한다.

이 가운데 지역별로 청동기시대 지석묘의 양상을 가장 잘 보여주고 있는 대표적인 유적 몇 가지를 금호강 상류역(영천지역), 중류역(경산지역), 하류역(대구지역)으로 구분하여 살펴보고자 한다.

(1) 금호강 상류역(영천지역)

영천지역은 금호강 중하류역과는 달리 일부 지역에 편중되어 지석묘가 분포하고 있는 현상을 보이고 있다. 특히 금호강의 일지류인 대창천 유역과 북

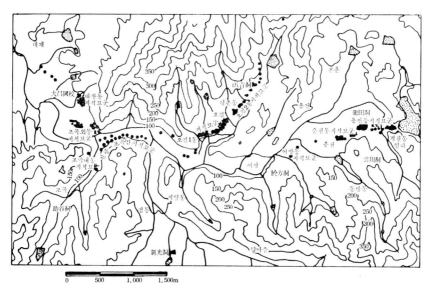

그림 1 영천 대창천유역 지석묘 분포도

안천 유역에 대부분의 지석묘가 밀집분포된 양상을 보이고 있다. 또한 영천지역은 분포하는 지석묘 수량에 비해 발굴조사된 예가 현저하게 적은 지역이기도 하다. 따라서 영천지역의 지석묘는 그 동안 조사된 지석묘(상석)의 분포현황을 가지고 그 양상을 추적해 보는 수 밖에 없다. 금호강 상류역의 지석묘는 1986년 조사보고된 보고서와 영천시 문화유적 분포지도를 참고로 하였다[1].

1) 鄭永和, 1986,『慶山 地表調査 報告』, 嶺南大學校博物館
　　영천시·대구대학교 박물관, 2001,『문화유적 분포지도 -영천시-』.

가. 大昌川流域의 지석묘[2)]

대창천 유역은 영천지역에서도 지석묘가 가장 많이 분포한 지역으로 조사 보고되어 있다. 특히 대창천 상류역에 해당하는 영천시 대창면 오길동 일대와 조곡동 일대에는 약 120여기에 달하는 지석묘가 밀집하여 분포하던 지역으로 알려져 있다.

〈영천 오길1동 1지구 지석묘 현황표〉

상석 번호	규모 (장×폭×고)	방향	상석 형태	상석 번호	규모 (장×폭×고)	방향	상석 형태
1호	240×170×56	북서–남동	편평석	13호	367×247×120	북–남	입체석
2호	120×73×85	동–서	입체석	14호	290×160×150	북서–남동	입체석
3호	200×190×23	북동–남서	편평석	15호	200×160×150	동–서	입체석
4호	225×220×50	북서–남동	편평석	16호	225×188×160	북동–남서	입체석
5호	84×50×66	동–서	입체석	17호	220×180×220	북–남	입체석
6호	150×150×44	·	편평석	18호	305×240×184	동–서	편평석
7호	167×165×145	북동–남서	입체석	19호	280×160×85	동–서	편평석
8호	128×110×82	북서–남동	입체석	20호	140×130×25	북동–남서	편평석
9호	230×157×170	북동–남서	입체석	21호	290×250×196	북서–남동	입체석
10호	310×200×160	동–서	입체석	22호	245×147×55	동–서	편평석
11호	270×190×135	북동–남서	입체석	23호	250×220×210	북동–남서	입체석
12호	170×130×87	동–서	입체석				

대창지역에서도 현 행정구역상 오길1동 1지구 지석묘군과 조곡동 2지구의 지석묘 분포현황이 눈에 띄게 두드러진다.

오길1동 1지구의 지석묘는 1986년 조사보고서에 의하면, 총 44기가 조사되

---

2) 이 지석묘 유적은 발굴조사된 유적의 수량이 아니라 지석묘 상석의 분포만을 따져서 작성된 것이다. 그러므로 발굴조사가 이루어지면 이 보다 훨씬 더 많은 수의 매장주체 부가 확인될 것으로 추정된다.

었으나 이 가운데 23기의 지석묘는 일 정한 방향성을 가지고 밀집하여 분포하 던 것으로 알려져 있다. 지석묘군의 전 체적인 방향은 북동-남서향을 띠고 있으 며, 18호지석묘 옆에서 유병식 마제석검 한 점이 발견되었다고 한다. 그리고 4호 지석묘는 상석 하부에 지석이 고여 있는 바둑판식 형태이다.

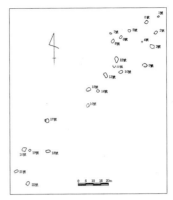

그림 2 오길1동 1지구 지석묘분포도

〈영천 조곡동 2지구 지석묘 현황표〉

상석 번호	규모 (장×폭×고)	방향	상석 형태	상석 번호	규모 (장×폭×고)	방향	상석 형태
1호	120×100×104	N–30°–E	입체석	15호	180×180×80	·	입체석
2호	230×200×90	N–S	편평석	16호	60×50×60	N–50°–W	입체석
3호	130×130×143	·	입체석	17호	80×60×40	W–E	입체석
4호	160×100×93	N–55°–W	편평석	18호	60×30×70	W–E	입체석
5호	230×220×190	N–40°–W	입체석	19호	90×25×70	W–E	입체석
6호	180×130×115	W–E	입체석	20호	90×45×75	W–E	입체석
7호	70×60×90(?)	N–30°–E	입체석	21호	100×95×80	N–S	입체석
8호	260×175×175	N–S	입체석	22호	200×160×110	W–E	입체석
9호	205×156×130	N–35°–E	입체석	23호	98×40×50	W–E	입체석
10호	198×100×110	N–40°–W	편평석	24호	85×40×11	N–S	입체석
11호	100×45×?	N–50°–W	입체석	25호	170×115×110	W–E	입체석
12호	100×90×80	N–50°–W	입체석	26호	140×60×18	N–S	입체석
13호	150×58×76	N–S	입체석	27호	220×150×160	W–E	입체석
14호	210×190×150	N–S	입체석	28호	80×30×70	W–E	입체석

영천 조곡동 2지구 지석묘군은 대창초등학교의 동남편에서 조곡교 방향으 로 길게 연결되는 지석묘군을 말한다. 총 28기의 지석묘 상석이 2열로 거의 남 동-북서 방향으로 열을 지어 분포하고 있었다. 또한 대창초등학교 뒷 편에 16

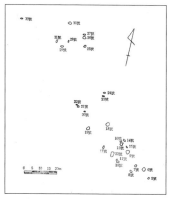

그림 3 조곡동 2지구 지석묘분포도

기의 지석묘가 확인되는 것으로 보아 아마도 대창초등학교가 들어서면서 많은 지석묘가 훼손되었을 것으로 추정된다. 그렇다면, 대창초등학교가 들어서기 전, 조곡동 대창초등학교 일대의 지석묘는 적어도 50여기 이상은 존재하고 있었을 것으로 추측된다.

나. 北安川流域의 지석묘[3]

북안천유역의 지석묘는 영천지역에서도 대창천유역 다음으로 많은 수의 지석묘가 분포하고 있다. 지금은 경지정리 등으로 인해 다수의 지석묘가 훼손되기는 하였으나 대부분 북안천의 상류역에 분포하는 것으로 조사되었다. 신대리 지석묘군의 경우 최대 27기까지 밀집분포하는 것으로 조사된 적이 있어 주목된다. 지석묘의 입지는 북안천변의 충적지, 구릉지, 곡간지 등 다양하게 확인되었다. 이를 표로 정리하면 다음과 같다.

〈북안천유역의 지석묘 현황표〉

연번	유적명	수량	입지	특징
1	고지리 지석묘군1	8기	북안천상류역 충적지	2열배치(팔암)
2	고지리 지석묘군2	7기	북안천상류역 구릉	
3	내포리 지석묘	1기	북안천상류역 충적지	
4	도천리 지석묘군1	3기	북안천상류역 곡간	
5	도천리 지석묘군2	3기	북안천상류역 곡간	

---

3) 영천지역 지석묘 분포현황은 영천시 문화유적분포지도 외에도 다음의 보고서를 참고하였다. 嶺南大學校 文化人類學科 FACT, 1998, 『永川市 北安面의 文化遺蹟』.

6	명주리 지석묘군	6기	북안천상류역 곡간	
7	북리 지석묘군	6기	북안천상류역 구릉정상부	10기 이상(?)
8	신대리 지석묘군	27기	북안천상류역 곡간	13기 잔존
9	유상리 지석묘1	1기	북안천상류역 충적지	
10	유상리 지석묘군2	22기	북안천상류역 곡간	
11	임포리 지석묘군1	2기	북안천상류역 충적지	
12	임포리 지석묘2	1기	북안천상류역 구릉	

다. 기타 지역

① 용산동 지석묘

영천 자양댐 건설로 인해 조사된 유적으로 금호강의 일지류인 자양천의 최
상류역에서 조사된 유적이다.[4] 당시 지석묘 상석으로 추정되는 7기의 지석묘
를 조사하였는데, 이 가운데 1호지석묘에서만 석관형의 소규모 매장주체부가
확인되었고, 나머지 상석 하부에서는 매장주체부의 흔적을 확인하지 못했다.

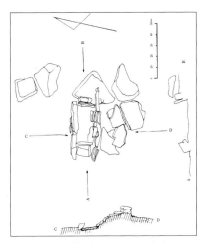

그림 4 영천 용산동 제1호 지석묘

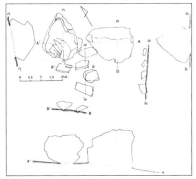

그림 5 영천 용산동 제3,4호 지석묘

---

4) 尹容鎭, 1978, 『永川龍山洞支石墓 發掘調査報告書』, 永川郡.

비록 매장주체부는 한 기 밖에 조사되지 않았지만 34호 지석묘를 제외하고 나머지 지석묘의 상석은 판석형으로 되어 있어 지석묘의 조건을 갖춘 것으로 판단된다. 1호를 제외한 상석 하부에는 대부분 강돌이 깔려 있었던 것으로 보아 제단식 지석묘의 일종은 아닌지 의심해 볼 만 하다. 지석묘 주변에서는 어떠한 유물도 발견되지 않았다.

1호지석묘 하부에서 조사된 매장주체부는 판석을 조립해서 만든 석관형으로 석관의 내부 길이가 40㎝ 정도에 불과하고, 유물은 출토되지 않았다.

〈영천 용산동 지석묘 조사현황표〉

유구명	상석규모(cm) (길이×폭×두께)	상석재질	상석형태	매장주체부 (길이×너비×깊이)
1호지석묘	150×110×45	역암	판석형	석관(40×15×10)
2호지석묘	160×80×50	역암	판석형	없음
3호지석묘	210×160×170	역암	부정형	없음
4호지석묘	210×180×130	역암	부정형	없음
5호지석묘	140×130×40	역암	판석형	없음
6호지석묘	120×75×45	역암	판석형	없음
7호지석묘	230×100×30	역암	판석형	없음

② 보성리 암각화지석묘

보성리 암각화지석묘는 영천시에서 은해사로 향하는 909번 지방도로변에 소재한 영천시 청통면 보성리 봉수마을에 위치하며, 경상북도 유형문화재 제286호로 지정·관리되고 있다. 본래 이 암각화는 마을 앞 산기슭에 묻혀있던 것을 마을 주민들이 바위의 형상이 마치 거북이를 닮았다 하여 길조로 여기고 마을 앞으로 옮겨놓아 관리하였다고 전한다.

암각화가 새겨진 바위는 그 형태가 장타원형으로 지석묘의 상석일 가능성이 높다. 상석의 규모는 길이 326㎝, 너비 134㎝, 높이 95㎝ 정도이다. 바위 상면에 새겨진 그림은 대부분 검파형암각화로서 서로 약간씩 다른 형태를 띠고 있으며, 17~18개의 성혈도 새겨져 있다. 상석에 새겨진 암각화는 현재 뚜렷하게 확인되는 것만 13점 정도이고, 중복되거나 불분명한 그림 10여 점 정도를 추가할 수 있다고 한다[5].

③ 양평리 지석묘

영천시 임고면 양평리에 소재한 지석묘로 해발 110m 정도의 야트막한 구릉 정상부에 입지하고 있다. 소위 제단식지석묘로 알려진 바 있는데, 정식 발굴조사가 이루어지지 않아 외형상으로 볼 때 제단의 형태를 갖춘 지석묘로 추정하고 있다[6].

상석은 여러 조각으로 깨진 상태여서 정확한 규모는 가늠키 어렵다. 상석 하부에는 평면형태가 원형인 토단이 구축되어 있다. 토단의 규모는 하단 직경 10m 정도, 상단 직경 7m 정도이고, 높이는 0.7~0.8m 정도이다. 정식 발굴조사가 이루어지지 않아 상석 하부에 매장주체주가 설치되었는지의 여부는 알 수 없지만, 외형상 확인되는 土壇으로 보아 제단식지석묘로 추정된다. 아직까지 우리나라에서 이와 같은 종류의 지석묘가 발견되지 않아 주목된다.

(2) 금호강 중류역(경산지역)

경산지역은 총 253기의 지석묘가 분포하던 것으로 조사·연구된 바 있다[7].

---

5) 이하우, 2009, 「암각화의 현상, 그리고 자원으로서의 암각화」, 『경북의 암각화-조사연구 및 활용방안 모색』.

6) 김광명·서길한, 2009, 「嶺南地域의 祭壇式 支石墓 硏究」, 『科技考古硏究』第15號, 아주대학교 박물관.

7) 金廣明, 2001, 『大邱·慶山地域의 支石墓 硏究』, 嶺南大學校大學院 碩士學位論文. 이

경산지역의 지석묘는 수계와 지형을 고려하면, 크게 오목천유역의 지석묘와 남천유역의 지석묘로 구분할 수 있다. 경산지역에서 지석묘가 가장 많이 분포하는 곳은 금호강의 일지류인 오목천의 상류역에 해당하는 용성지역과 남산지역 일대이다. 그 다음으로 지석묘가 많이 분포하는 곳은 경산지역의 서편에 치우쳐 남북상으로 흐르는 남천유역이라 할 수 있다.

특히 경산지역은 금호읍과 압량 일대 금호강의 남북안에 해당하는 넓은 충적평야지대(압량벌) 일원에는 지석묘가 전혀 확인되지 않는데, 이는 아마도 금호강 남안은 금호강의 잦은 범람으로 인해 지석묘가 분포할 환경적 여건을 갖추지 못한 것으로 이해할 수 있다. 경산지역에서 조사된 대표적인 유적을 수계별로 살펴보도록 한다.

가. 鰲木川流域의 支石墓

오목천유역권에 해당하는 지석묘는 크게 나누어 용성·자인지역과 남산지역으로 구분할 수 있는데, 모두 오목천 중상류역에 해당하는 곳이다. 특히 용성지역은 경산권역에서도 지형상 별도의 작은 분지로 이루어져 있고, 이 분지내에 다수의 지석묘가 분포하고 있어 주목되는 지역이다.

① 용성지역의 지석묘군

오목천의 최상류역에 해당하는 용성지역은 지형상 경산지역내에서도 별도의 작은 분지를 형성하고 있는 곳이라 할 수 있다. 용성지역은 경산지역내에

논문에서는 경산지역의 지석묘를 군집상태와 배치현황을 고려하여 경산지역의 지석묘를 26개의 소지역군으로 구분하고, 이를 다시 지형과 수계를 고려하여 8개의 군집으로 분류하였다. 경산지역 지석묘의 수량은 위의 논문을 참고하였다.

서도 지석묘가 가장 밀집분포하고 있는 지역으로 총 148기의 지석묘가 분포하는 것으로 알려져 있다. 이 가운데 오목천의 상류역의 남지류인 소하천 연안의 협곡평야에 열을 지어 분포하는 미산리-곡신리-곡란리를 연결하는 지석묘군(51기)과 오목천의 북지류인 소하천들의 연안에 열을 지어 분포하는 미산리-고죽리-도덕리로 이어지는 지석묘군(50기)이 가장 대표적이다.

이 지석묘들 가운데 발굴조사된 지석묘는 없고 1970년대 마제석검 1점이 주민들에 의해 발견된 바 있다.

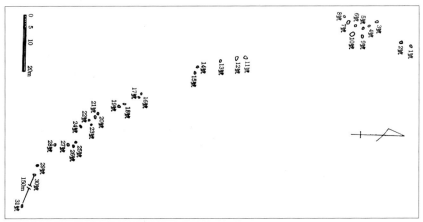

그림 6 경산 곡신리 지석묘분포도

〈경산 용성면 곡신리 지석묘 현황표〉

상석 번호	규모 (장×폭×고)	방향	상석 형태	상석 번호	규모 (장×폭×고)	방향	상석 형태
1호	350×140×190	N-40°-E	입체석	17호	235×145×45	N-30°-W	입체석
2호	280×140×15	N-60°-W	입체석	18호	430×190×120	N-30°-E	입체석
3호	265×180×110	N-40°-W	입체석	19호	240×180×140	N-20°-W	입체석
4호	240×120×200	N-30°-W	입체석	20호	270×200×55	E-W	편평석
5호	210×?×70	N-45°-W	편평석	21호	220×150×50	N-45°-W	편평석
6호	170×130×40	N-40°-W	편평석	22호	250×170×70	N-S	편평석

7호	440×220×110	N–25°–W	편평석	23호	140×80×100	N–45°–W	입체석
8호	200×40×?	N–45°–W	편평석	24호	210×150×60	N–45°–W	입체석
9호	?	?	입체석	25호	160×85×40	N–45°–W	입체석
10호	450×220×170	N–45°–W	입체석	26호	250×140×60	E–W	입체석
11호	250×150×160	N–45°–W	입체석	27호	290×190×150	E–W	입체석
12호	280×170×180	N–45°–W	입체석	28호	280×240×140	N–80°–W	입체석
13호	310×160×110	N–45°–W	편평석	29호	170×?×?	N–S	편평석
14호	190×130×60	N–45°–W	편평석	30호	220×180×30	N–S	편평석
15호	260×200×60	N–45°–E	입체석	31호	200×180×80	N–45°–E	편평석
16호	250×160×80	N–40°–W	편평석				

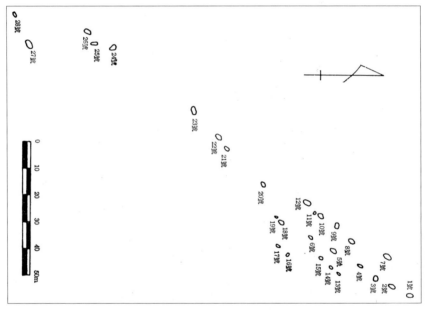

그림 7 경산 고죽2동 지석묘분포도

상석 번호	규모 (장×폭×고)	방향	상석 형태	상석 번호	규모 (장×폭×고)	방향	상석 형태
1호	240×210×120	남-북	입체석	15호	200×160×50	남-북	편평석
2호	335×217×110	북동-남서	입체석	16호	150×125×80	북서-남동	편평석
3호	235×216×100	동-서	입체석	17호	185×160×95	북동-남서	편평석
4호	275×125×65	북동-남서	편평석	18호	245×1900×?	북동-남서	편평석
5호	280×235×100	북동-남서	편평석	19호	?×130×100	북동-남서	편평석
6호	177×26×38	북동-남서	편평석	20호	230×150×130	북동-남서	입체석
7호	350×240×195	북동-남서	입체석	21호	250×210×130	북동-남서	입체석
8호	270×180×130	북동-남서	편평석	22호	320×240×130	북동-남서	입체석
9호	260×230×80	동-서	편평석	23호	350×220×170	북동-남서	입체석
10호	280×220×120	북동-남서	입체석	24호	310×210×120	북서-남동	편평석
11호	140×110×25	북서-남동	편평석	25호	310×130×80	남-북	편평석
12호	280×250×56	북동-남서	편평석	26호	320×190×155	북동-남서	입체석
13호	180×130×95	북동-남서	입체석	27호	410×190×115	북동-남서	입체석
14호	200×135×80	북동-남서	입체석	28호	170×110×135	북동-남서	입체석

② 자인지역의 지석묘군

이곳은 오목천의 중상류역에 해당하는 지역으로 북동편에 솟은 산지를 배경으로 남서쪽으로 펼쳐진 선상지 일원(신도리-읍천리)에 총 22기의 지석묘가 열을 지어 분포하고 있다.

③ 남산지역의 지석묘군

오목천의 상류역에 해당하는 곳으로 용성지역과는 용산에 의해 남서편에 해당하는 지역이다. 행정구역상 남산면 갈지리에서 시작하여 평기리-흥정리-연하리이어지는 협곡평야지대로 형성된 곳으로서, 총 40기의 지석묘가 분포하고 있는 것으로 확인되었다.

나. 南川流域의 支石墓

남천유역의 지석묘는 남천 상류역의 지석묘군과 남천 하류역의 지석묘로 크게 2대분 할 수 있다. 남천 상류역의 지석묘는 남천면 협석리-산전리-삼성리로 연결되는 남천변의 소규모 곡간지대에 분포하는 지석묘군(19기)이다. 남천 하류역의 지석묘는 소위 고산일대의 선상지상에 분포하는 지석묘군으로서 시지동-매호동-사월동지석묘군(24기)을 일컫는다[8]. 이 남천유역의 지석묘는 대규모 택지개발로 인해 다수의 지석묘가 발굴조사되어 경산지역 지석묘의 특성을 파악하는데 귀중한 자료를 제공하고 있다. 발굴조사된 지석묘를 남천의 상류역에서 하류역쪽으로 가면서 살펴본다.

① 삼성동 유적

남천의 상류역에 해당하는 경산시 삼성동에서 조사된 유적이다. 여기에는 본래 지석묘 상석으로 추정되는 암괴 3기가 있었고, 조사결과 상석 주변에서 석관(곽)묘 4기와 부석시설 등이 확인되었다.

특히 이 유적에서 주목할 점은 상석 하부에 매장주체부가 없는 소위 제단식(?)지석묘가 확인되었다는 점이다. 지석묘 상석은 모두 3기가 있었으나 3기 모두 그 하부에서 매장주체부는 발견되지 않았고, 묘역으로 추정되는 부석시설만 교란된 채 확인되었다. 비록 부석시설이 후대의 경작으로 인해 심하게 교란되기는 하였으나 여러 가지 정황으로 보아 이 3기의 상석은 지석묘인들이

---

8) 고산지역은 현재는 행정구역상 대구광역시 수성구(1980년 행정구역 개편)에 포함되어 있다. 그러나 고산지역은 엄격하게 지형과 수계를 고려하면, 대구분지와는 구분되어 있어 경산지역에 포함하여 논의를 진행코자 한다. 김광명, 2015, 「대구지역 청동기시대 거석기념물과 무덤」, 『청동기시대 대구지역의 취락과 사회』, 영남문화재연구원,

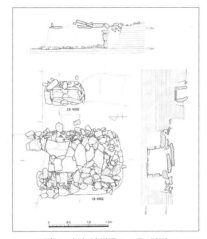
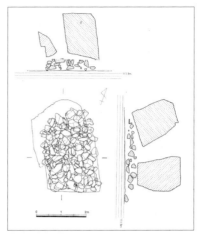

그림 8 경산 삼성동 1, 2호 석관묘 　　　**그림 9** 경산 삼성동 3호 지석묘

제단의 용도로 축조하였던 것으로 추정된다. 이와 유사한 형태의 청동기시대 제단으로 가장 가까운 거리에 있는 유적은 밀양 살내유적을 들 수 있다.

※ 청동기시대 제단에 대한 斷想

최근 들어 영남지역 곳곳에서 소위 '墓域式 支石墓' 혹은 '區劃墓'라 불리우는 청동기시대 석조건축물들이 다수 조사되고 있다. 평면형태가 장방형 또는 원형으로 축조된 이러한 석조건축물들은 특히 경남 해안지역에서 다수 확인되고 있어 주목된다.

우리나라에서 死者를 안치하는 목적을 가지고 주변에서 쉽게 구할 수 있는 재료를 사용하여 만든 구체적인 형태(틀)를 갖춘 묘는 청동기시대부터 나타나고 있다. 그런데 필자가 검토한 결과, 청동기시대의 지석묘는 처음 만들어지면서부터 매장주체부 뿐만 아니라 여기에 부가되는 시설로 볼 수 있는 묘역이 함께 만들어진다는 사실이다. 이 때의 묘역은 어떤 의미에서 보면, 매장주체부보다 더 중요한 의미를 지니게 된다. 매장주체부는 단순히 사자를 안치하고,

그에 따른 약간의 부장품을 소장하는 공간이라 할 수 있다. 그러나 묘역은 사자를 안치하고, 유물을 부장하기까지의 여러 과정을 아우르는 通過儀禮 뿐만 아니라 사자의 죽음과 관련된 집단의 전체적인 의례행위와 더불어 각종 의식을 행하는 장소로서 신성시되는 공간이라 할 수 있다. 더군다나 지석묘를 축조하는데에는 많은 인력과 비용이 수반되어야 하고, 또 오랜 시간이 소요된다는 점에서도 지석묘를 축조하는 과정은 집단 구성원 전체의 주요한 행사로 진행되었을 것이 분명하다. 특히 개석식 지석묘가 대다수인 한반도 남부지역은 지석묘 매장주체부와 더불어 묘역의 설치는 필수불가결한 요소로 자리매김했을 것이다. 따라서 墓와 墓域은 불가분의 관계에 있다는 사실을 알 수 있다. 지석묘에 관한 한, 묘역은 지석묘의 중요한 한 가지 속성(김광명 2005·윤호필 2009)으로 보는 것이 타당하다[9].

이와 같은 관점에서 필자는 지석묘 상석 하부에 매장주체부가 설치되지 않고 단순히 포석이나 부석시설만 갖춘 '묘역식 지석묘'를 '靑銅器時代 祭壇' 또는 '제단유구'로 호칭하는 것이 타당하다고 생각한다. 또한 지석묘는 처음부터 이러한 목적으로 축조되었을 가능성이 큰 것으로 추정하고 있다. 따라서 고대부터 있어왔던 社稷에 대한 각종 의례행위의 기원은 바로 청동기시대의 지석묘부터 있었다고 보고 싶다.

② 玉谷洞 유적

남천의 중류역에 해당하는 충적대지상에 조성된 유적으로 경산 서부택지개

---

9) 지석묘 뿐만 아니라 청동기시대 전기에 주로 나타나는 세장방형 또는 방형의 주구묘 역시 주구를 묘역의 의미로 해석한다면, 묘와 묘역은 동시다발적인 현상으로 이해하는 것이 타당하리라 생각한다.

발조성사업으로 인해 발굴조사된 유적이다. 지석묘 1기와 동시기의 석관묘 9기가 조사되었다.

지석묘 상석은 1기가 존재하고 있었고, 상석 하부에서 지하식 석곽형의 매장주체부가 확인되었다. 상석은 규모가 길이 325㎝, 너비 240㎝, 두께 92~108㎝ 정도이며, 상석의 평면형태는 타원형에 가깝다. 석곽의 내부 규모는 길이 208㎝, 너비 55㎝, 깊이 70㎝ 정도이다. 매장주체부에서는 유경식석촉 4점이 출토되었다. 이 지석묘는 상석 하부에 천석이 적석되어 있던 것으로 보아 아마도 본래 묘역을 갖추고 있었을 것으로 추정된다.

석관묘는 9기가 조사되었다. 조사된 석관묘는 모두 지하식 석관형으로 같은 형식을 띠고 있다. 즉 점판암재의 판석을 두께 10㎝ 내외로 절개하여 최하단석부터 평적하여 마치 벽돌쌓듯이 정연하게 축조하였다. 대부분 개석을 갖추었으며, 4호, 5호, 6호석관묘에서는 마제석검이 각각 1점씩 출토되었고, 9호석관묘에서는 유경식석촉이 6점 출토되었다.

이외에도 옥곡동유적은 위의 지석묘와 석관묘 외에도 동시기의 대규모 청동기시대 주거지가 조사[10]되어 경산지역 남천을 배경으로 조성된 청동기시대 생활양상을 알 수 있는 좋은 자료를 제공하고 있다.

※ 경산 옥곡동유적에 대한 斷想

경산 옥곡동유적에서 조사된 석관묘는 9기이다. 이 중 1~6호석관묘는 지석묘의 남쪽에 인접하여 군을 이루고 있으며, 7~9호석관묘는 일정한 거리를 두고 동-서향으로 나란하게 배치되어 있다. 석관묘는 대부분 묘광을 파고 점판암

---

10) 청동기시대 주거지는 총 277기가 조사되었고(Ⅰ,Ⅱ,Ⅲ구역 포함), 주거지의 조성연대는 청동기시대 전기부터 후기까지로 보고되었다.

재 판석을 1매 또는 여러 매를 사용하여 시상을 마련하였고, 벽석은 역시 점판암재 판석을 두께 10㎝ 이내로 다듬어서 네 벽을 모두 1매씩 사용하여 세우거나, 여러 매를 평적하여 축조한 형식이다. 석관의 규모를 살펴보면, 1~3호석관은 내부 길이가 70㎝, 너비 19~25㎝ 정도로 아주 소형에 속한다. 반면 4~8호석관은 내부 규모가 길이 135~155㎝ 너비 28~43㎝ 정도이다. 대부분의 석관은 개석을 사용한 것으로 추정되며, 석관 중에는 지석묘 하부구조로 만들어진 것도 있을 것으로 추정된다. 석관의 규모로 보아 1~3호석관은 만약 유아묘나 소아묘가 아니라면, 장법과 관련하여 세골장을 예상할 수 있으며, 4~8호석관의 경우 굴신장으로 추측해 볼 수 있을 것이다. 따라서 옥곡동유적의 청동기시대인들은 세골장 또는 굴신장을 이용하였던 것으로 추정된다.

유물은 석검 1점만 부장된 것이 4·5·6호석관, 석촉만 부장된 것이 9호석관, 부장유물이 없는 것이 1·2·3·7·8호석관이다. 출토된 석검 3점은 2점이 유병식이고, 1점은 유절병식이다. 그리고 석촉은 모두 유경식석촉이다. 출토유물로 보아 묘의 조성시기는 청동기시대 후기에 해당하는 것으로 보인다. 그러나 이와는 달리 청동기시대 주거지는 전기부터 후기까지의 주거형식이 모두 확인되었다. 이와 같이 주거지의 조성시기와 묘제의 조성시기가 크게 엇갈리는 양상은 금호강 유역권에서 나타나는 일반적인 현상이다.

③ 時至洞 支石墓群

남천의 하류역에 해당하는 곳에서 조사된 지역으로 금호강변에 솟은 고산에서 남쪽으로 뻗은 선상지 일대에 조성된 유적이다. 이 지석묘는 현 행정구역상 대구광역시에 속해 있으나 본래 지형상으로 보아 경산지역에 포함시키는 것이 타당하다. 시지지역이 대구지역으로 편입되어 대규모 택지조성이 이루어지면서 발굴조사된 유적이다. 시지동 지석묘군은 당시 상석의 분포상황

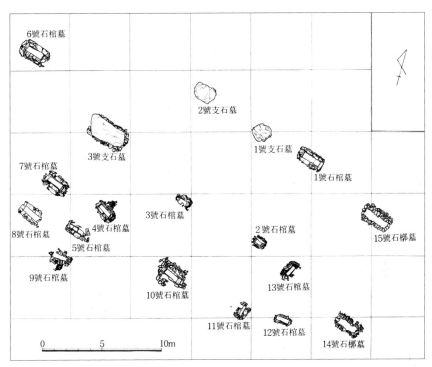

6號石棺墓

2號支石墓

3號支石墓

1號支石墓

1號石棺墓

7號石棺墓

3號石棺墓

2號石棺墓

8號石棺墓

4號石棺墓

5號石棺墓

15號石槨墓

9號石棺墓

10號石棺墓

13號石棺墓

11號石棺墓

12號石棺墓

14號石槨墓

0   5   10m

그림 10 시지동 지석묘군 | 유구분포도

을 고려하여 1군과 2군으로 구분하였다.

시지동 지석묘군1은 본래 지석묘 상석으로 추정되는 암괴 3기가 분포하고 있었다. 조사결과 3기의 상석 하부에서 각각 매장주체부가 확인되었고, 그 주변에서는 동시기의 석관(곽)묘 15기가 조사되었다.

시지동 지석묘1의 석관(곽)묘들은 대략 5열을 이루면서 배치되었다. 가장 북쪽의 2호지석묘, 1호지석묘, 1호석관묘, 15호석곽묘가 제1열을 이루고 있다. 다음 그 남쪽에 위 제1열의 방향과 평행하게 6호석관묘, 3호지석묘, 3호석관묘, 2호석관묘, 14호석곽묘가 제2열을 이루고 있다. 그 남쪽에 다시 위의 방향과 평행하게 7호석관묘, 4호석관묘, 10호석관묘, 12호석관묘가 제3열을 이루

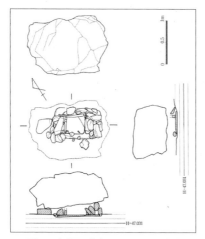

그림 11 시지동 지석묘군 Ⅰ-2호 지석묘

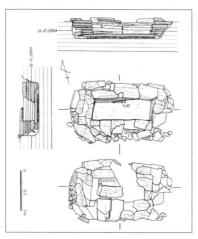

그림 12 시지동 지석묘군 Ⅰ-6호 석관묘

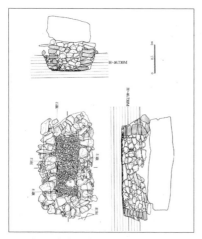

그림 13 시지동 지석묘군 Ⅰ-3호 지석묘

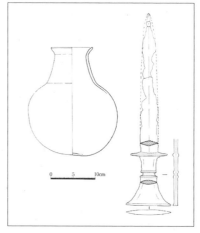

그림 14 시지동 지석묘군 Ⅰ-3호 지석묘 유물

고, 다시 이 열들과 평행하게 8호석관묘와 5호석관묘가 열을 이루면서 배치되었다. 그리고 앞의 열들과는 달리 직교하는 방향으로 13호석관묘와 11호석관묘가 열을 이루고 있다. 그리고 이 열들에 포함되지 않은 9호석관묘는 독립적으로 앞의 네 개의 열과 같은 방향의 장축을 가지며 배치되었다.

시지동 지석묘군2는 본래 입체형의 상석 1기가 분포하고 있었고, 매장주체부는 포석을 갖춘 지상식 석곽 1기가 확인되었다. 그리고 그 주변에서 석관묘와 석곽묘가 각각 1기씩 추가로 발견되었다.

④ 梅湖洞 支石墓群

매호동 지석묘군은 상석의 분포현황을 따지면 1~3군으로 구분할 수 있다. 1군은 지석묘 상석으로 추정되는 암괴 4기가, 2군은 1군에서 남서쪽으로 약 100m 떨어진 곳에 2기가 있었고, 3군은 상석 4기가 분포하고 있었다.

매호동 지석묘1군은 4기의 상석 하부에서 아무런 유구의 흔적을 찾을 수 없었고, 주변에서만 석관묘 2기가 조사되었다. 2군 역시 상석 하부에서 확인된

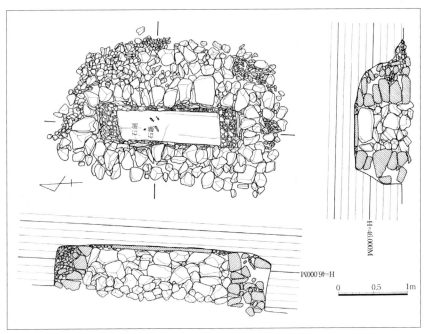

그림 15 매호동 지석묘군 II-3호 석곽묘

유구는 없었고, 주변에서는 석관묘 2기와 석곽묘 1기가 조사되었다. 3군은 상석 4기가 동-서방향으로 열을 지어 배치되어 있었는데, 상석 하부에서 지상식 석곽묘 2기와 지상식석관묘 2기가 확인되었고, 그 주변에서 6기의 석관(곽)묘가 추가로 발견되었다.

(3) 금호강 하류역(대구지역)

대구지역은 금호강의 하류역에 해당하는 지역으로 금호강 유역에서도 가장 많은 수의 지석묘가 조사되었다[11]. 주로 금호강의 일지류인 신천 유역(대구분지 중앙)과 대구의 서단쪽에 해당하는 월배 선상지 일원(진천천 유역)에서 다수의 청동기시대 묘제가 확인되었다. 그리고 금호강 북안의 북쪽에 솟은 팔공산에서 금호강을 향해 뻗은 수 많은 지릉들의 말단부인 소규모 선상지상에 지석묘군이 일부 분포하고 있다. 따라서 대구지역의 지석묘는 신천 유역권과 금호강 북안권, 그리고 월배 선상지 일대의 지석묘군 등 3대군으로 분류가 가능하다.

가. 新川流域의 지석묘

신천유역의 지석묘는 신천 상류역과 신천 하류역으로 구분할 수 있다. 입지상으로 보면, 신천 상류역은 신천 양안 주변에 마련된 소규모 곡간협곡지대에

---

11) 김광명, 앞의 논문. 2000년 당시 대구지역에는 총 159기의 지석묘가 분포하는 것으로 조사된 바 있다. 이 논문에서는 대구지역 지석묘의 분포현황을 고려하여 모두 11개의 소지역군으로 구분하였고, 이를 다시 지형과 수계를 고려하여 크게 4개소의 군집으로 분류하였다. 최근의 논문에서는 대구지역 지석묘를 크게 신천유역의 지석묘, 월배 선상지 일원의 지석묘, 금호강 북안의 지석묘 등 3개소로 분류하였다. 김광명, 2015,「大邱地域 靑銅器時代 巨石記念物과 무덤」,『청동기시대 대구지역의 취락과 사회』, 영남문화재연구원.

분포하는 지석묘로서 신천 중하류역 연안에 형성된 대규모 충적지대상에 분포하는 지석묘와는 그 성격을 달리하는 것으로 파악할 수 있다.

① 新川 上流域의 지석묘

신천 상류역의 지석묘는 가창 일대의 지석묘를 들 수 있다. 이곳은 대부분의 수계 상류역이 그러하듯이 양쪽의 산지들 사이에 형성된 소규모 협곡평야지대라 할 수 있는 곳이다. 발굴조사가 이루어진 지석묘가 없어 당시 상황을 유추하기에 어려움이 있다.

달성군 가창면 대일리와 냉천리로 이어지는 협곡대지상에 분포하는 지석묘군으로서 일종의 소규모 선상지상이라 할 수 있는 곳이다. 1990년대만 하더라도 약 40여기가 집중하여 분포하고 있었다. 냉천리 지석묘군 24기와 대일리 지석묘군 12기로 구분할 수 있다.

② 新川 中下流域의 지석묘

대구 분지의 중앙을 가로지르는 신천의 중하류역은 대구 분지의 중심부에 해당하는데, 신천변의 자연제방과 충적평야지대에 대규모 지석묘군이 분포하고 있으며, 하류역에 해당하는 칠성동 일원에서도 청동기시대의 석관묘가 소수 확인되었다. 칠성동 지석묘는 신천유역에서도 최북단에 조성된 지석묘로서 1973년 경북대 박물관의 발굴조사시 매장주체부가 확인되지 않은 것으로 보고되었다. 그러나 발굴조사보고서를 검토하면, 대부분의 상석 하부에 많은 천석과 할석들이 깔려 있었던 것으로 보아 이 것들은 지석묘의 묘역에 사용되었던 돌이었을 것으로 추정된다.

신천의 중하류역에는 현재까지도 지속적으로 새로운 유구가 확인되고 있는 실정이다. 발굴조사된 유적을 중심으로 검토해 본다.

• 梨泉洞 支石墓

이 지석묘는 일제강점기(1936년)에 발굴조사된 유적으로서 우리나라에서
최초로 조사된 지석묘유적으로서 그 가치가 매우 높다. 이후 1990년 경북대학
교 박물관과 영남대학교 박물관에 의해 재발굴조사된 유적으로도 잘 알려져
있다. 소위 지석묘 매장주체부의 배치가 '卍'자 형태로 배치되어 있어 주목되
는 유적이기도 하다.

조사된 매장주체부는 대부분 강돌과 다듬은 판석을 사용하여 축조하였으
며, 재발굴조사12)에서는 일제강점기 당시 발견하지 못했던 유구를 비롯하여
많은 유물들을 추가로 수습하여 일제강점기의 발굴조사에 오류가 있었음을

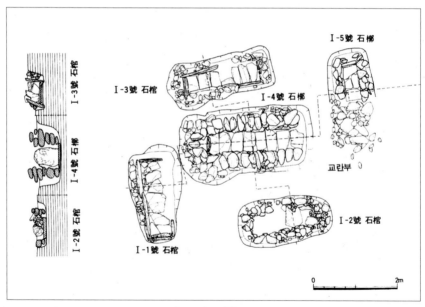

그림 16 대구 이천동유적

---

12) 尹容鎭 外, 1991,『大邱 大鳳洞 支石墓-再發掘調査報告』, 慶北大學校 博物館 / 嶺南
大學校博物館, 2002,『大邱 梨泉洞 支石墓』大鳳洞 第5區 支石墓 再發掘 調査報告-.

밝혀내기도 하였다. 이후 신천변 동서안의 자연제방상에 해당하는 이천동과 봉덕동, 상동 일대에서는 지석묘 매장주체부를 비롯한 동시기의 새로운 청동기시대 유구들이 지속적으로 조사되고 있다.

- 上洞 支石墓

그림 17 대구 상동유적

상동지석묘는 대구 분지를 남북상으로 가로지르는 신천 상류 동안에 분포한 유적이다. 본래 여기에는 지석묘 상석으로 추정되는 암괴 4기가 남아 있었고, 이 상석들 주변에서는 41기의 매장주체부가 조사되었다. 지석묘 하부구조로 추정되는 석곽들은 거의 연접되다시피 밀집 또는 중복되어 있어 이 유구들은 개별 묘역을 가지고 있었거나 혹은 공동 묘역 내에 함께 축조되었을 가능성이 매우 높다. 또한 개별 유구들이 심각한 밀집현상을 보이는 것으로 보아

본래 개별 유구 모두에 상석을 갖추었다고 추정하기에는 무리가 있다. 이밖에
유구간 중복현상을 보이거나 횡구식구조를 갖춘 유구도 있어 대구의 지석묘
연구에 귀중한 자료로 평가된다.

· 上仁洞 支石墓

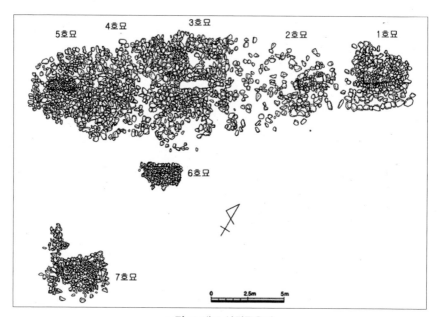

그림 18 대구 상인동유적

　상인동 지석묘는 지석묘 1기와 석곽 6기 등 모두 7기의 유구가 확인되었다.
이 가운데 1~5호석곽은 길이 26m, 폭 5m, 두께 50㎝ 내외 범위의 부석층에 연
결되어 축조되었는데, 각각의 석곽은 개별 묘역을 갖추고 있다. 상석을 갖춘
지석묘는 부석층의 남쪽 약 1.5m 떨어진 중앙부에 위치하고 있으며, 또 다른
석곽 1기는 부석층의 동쪽 끝에서 남동쪽으로 약 5m 떨어진 지점에 위치한다.

이와 같이 개별 묘역이 서로 연접하여 축조되거나, 공동 묘역 내에 매장주체부가 설치된 경우는 우리나라 전역에서 확인되고 있다.

예를 들면, 요동지역의 강상·루상무덤, 황해도 침촌리 지석묘, 오덕리 평촌 지석묘, 춘천 천전리 지석묘, 진안 안자동 지석묘, 산청 매촌리 지석묘, 거창 산포리 지석묘, 사천 이금동 지석묘 등이 그것이다.

나. 월배 선상지 일대의 지석묘

① 大泉洞 支石墓

월배 선상지 일원에서 조사된 유적이다. 여기에는 본래 지석묘 상석으로 추정되는 암괴 3기가 있었고, 조사결과 석곽(관)묘 68기가 확인되었으며, 동시기의 주거지도 다수 확인되었다. 청동기시대의 석관(곽)묘를 배치상태로 분류하면, 단독묘 3기와 군을 이루고 있는 A군 53기, B군 12기로 구분할 수 있다. 유물은 단독묘에서는 출토되지 않았고, A군과 B군의 16기에서 적색마연토기, 석검, 석촉 등 다수의 유물이 출토되었다.

② 辰泉洞 支石墓

사적 제411호로 지정된 진천동 입석유적의 남쪽에 인접하여 분포하는 유적이다. 규모가 가로 185㎝, 세로 210㎝, 높이 123㎝의 상석 하부에 길이 615㎝, 너비 480㎝의 묘역을 마련하였다. 묘역의 장축방향은 N-39°-E이다. 묘역 내부에는 석관 2기(1·2호)가 T자상으로 배치되었고, 묘역의 남쪽에 추가로 조성된 2기의 석관(3·4호)이 위치한다. 석관의 배치형태로 보아 1호와 2호는 묘역과 더불어 동시에 조성되었으며, 이후 3호→4호석관의 순으로 추가조성된 것으로 추정된다.

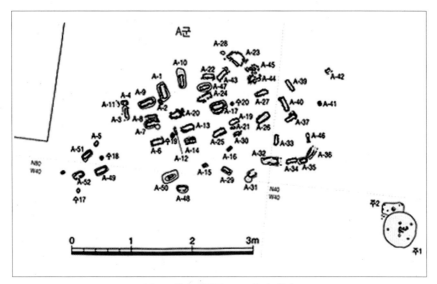

그림 19 대구 대천동 511-2유적 배치도

그림 20 대구 진천동유적

③ 辰泉洞 立石遺蹟

진천동 입석은 대구분지의 남쪽 경계를 이루는 대덕산에서 발원하여 서쪽의 금호강으로 합류되는 진천천변의 충적대지상에 위치한다. 입석은 하부에 조성된 석축기단의 중앙부에 위치하고, 형태는 부정형이다. 입석의 규모는 높이 2.1m, 너비 1.5m, 두께 1.1m 정도이다. 북쪽의 편평한 가공면의 우측에 성혈 6개가 있으며, 서쪽면에는 4개의 나선형문이 새겨져 있다. 입석은 조사 당시의 지표면에서 약 60㎝ 정도가 묻혀있는 상태였다. 석축기단은 평면형태가 장방형이며, 장축방향은 N-30°-E이다. 기단의 전체 규모는 서장변 길이 약 25m, 동장변 길이 약 20m, 북단변은 약 12.5m 정도이다. 판석을 사용하여 축조한 기단은 북쪽과 동쪽이 2~3단, 서쪽은 1단 정도 남아있었다. 유물은 기단 곳곳에서 무문토기편, 구순각목토기편, 적색마연토기편, 꼭지형 파수를 비롯하여 유구석부, 지석, 관옥형 토제품 등이 출토되었다.

이밖에도 진천동 입석 기단 주변에서는 5기의 석관묘가 발견되었다(현황표

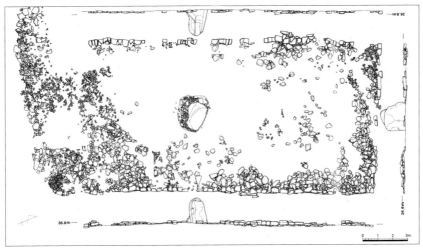

그림 21 진천동 입석제단

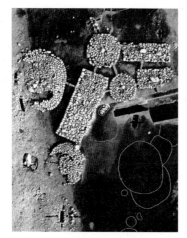

그림 22 산청 매촌리유적

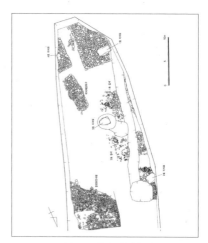

그림 23 밀양 신안유적

참조). 이 석관묘들은 입석기단에서 불과 5m 이내의 근접한 지점에 조성되었
으며, 연접된 것도 확인되었다.

〈진천동입석 주변 석관 현황표〉

연번	호수	규모(cm) 길이×너비×깊이	방향	출토유물	이격거리
1	1호석관	125×35×35	N−70°−W	없음	2m
2	2호석관	110×45×25	N−80°−W	없음	연접
3	3호석관	50×20×30	N−39°−E	없음	30cm
4	4호석관	171×34×30	남−북향	없음	4.5m
5	5호석관	·	N−66°−W	없음	4.5m

※ 진천동 입석제단과 주변 석관에 대한 斷想

우리나라에서 청동기시대 입석에 대한 발굴조사 예는 아주 드문 편이다. 어쨌든 대구 진천동 입석은 청동기시대 당시의 대구지역, 특히 월배선상지 일대의 상황을 알아 볼 수 있는 좋은 자료임에 틀림없다.

먼저 입석과 함께 축조된 석축기단, 그리고 기단 곳곳에서 확인된 각종 무문토기편은 조사보고서에서도 밝힌 바와 같이 이 입석이 청동기시대에 축조된 석조건축물이 분명하며, 祭儀가 이루어진 공간이었음을 시사하고 있다. 이 의견에 대해서는 또 다른 이론이 있을 수 없을 것이다.

필자는 석축기단과 그 중앙에 세워진 입석은 분명히 청동기시대 당시 제의를 지내기 위해 만들어졌고, 아주 신성시되던 공간이었다고 생각한다. 그래서 '立石祭壇'이라고 불러도 무방하리라 생각한다. 또 입석에 새겨진 동심원과 성혈은 그 가능성을 더욱 짙게 한다.

그렇다면, 입석제단 주변에 함께 조성된 석관묘는 어떤 해석이 필요할까. 이는 당시 집단에서 가장 신성시되던 장소 또는 그 인근에 묘를 조성할 수 있는 특권계층의 무덤이라고 보고 싶다. 그래서 필자는 입석제단을 고대 왕조시대의 표현을 빌려 '(社稷)祭壇'[13]으로 표현해도 괜찮을 것으로 생각하고 있다. 기본적으로 '壇'은 제사를 지내기 위해 흙이나 돌로 지상에 설치하는 구조물인 반면, '墓'는 지하에 조성되는 것이 원칙이다. 즉 진천동 입석은 청동기시대 진천동 일대에 마을을 조성하여 생활하던 집단(공동체)이 마을의 번영과 안녕을

---

13) 社는 地神, 稷은 穀神을 의미한다고 한다. 사전적인 의미로는 社는 고대 중국에서 토지의 수호신 또는 그 신에게 지내는 제사를 이르던 말로 예로부터 왕조시대에는 왕이나 제후가 사직단을 만들어 수시로 제사지내는 행위가 있었으며, 사직은 곧 국가 자체를 의미하기도 한다. 이기문(감수), 1994, 『동아 새국어사전』, 동아출판사.

기원하기 위해 만든 공동제의시설이고, 주변에 축조된 석관은 집단 전체가 신성시하던 공간 근처에 자신의 무덤을 조성함으로써 자신의 권위를 죽은 후에까지도 과시하고자 했던 집단내 특권계층의 무덤이라고 생각된다.

이러한 상황으로 유추해 보면, 한반도에서 古代부터 행해졌던 社稷에 대한 제사관념은 이미 선사시대(청동기시대)부터 있어왔으며, 일부 발전된 지역에서는 신석기시대에도 이러한 地神과 穀神[14]에 대한 제사행위와 제사공간이 있었던 것 같다[15]. 사실 기후라든가 여러 가지 사회현상들을 예측하기 어려웠던 선사시대나 고대에는 자연에 대한 경외심이나 두려움이 더욱이나 각별했을 것임은 자명하다. 따라서 자연에 대한 제사를 비롯한 여러 의례행위는 일상의 다른 무엇보다도 우선시되었을 것으로 예상하기란 어렵지 않다. 이런 이유로 집단의 리더나 통솔자는 공동체 주변에 여러 제의시설들을 건설하고, 여기에서 수시로 제사를 비롯한 각종 의식을 치러왔을 것이다.

다. 금호강 북안의 지석묘

① 新西洞 支石墓

대구의 북단쪽을 동서상으로 흐르는 금호강의 북안에서 조사된 유적이다. 여기에서는 상석을 갖춘 지석묘 4기, 상석 없이 매장주체부만 확인된 석관 44기 외에도 지석묘 상석 4기는 본래의 위치를 이탈한 것으로 확인되었다.

이 유적의 특징은 25×25m 정도의 범위에 청동기시대 석관묘 52기가 밀집

---

14) 꼭 지신과 곡신으로 지칭하지 않더라도, 천신 등 자연의 모든 경외시하던 것들 모두가 해당한다고 볼 수 있을 것이다.
15) 중국 동북지방에 있는 우하량유적이 바로 이에 해당한다고 볼 수 있다.

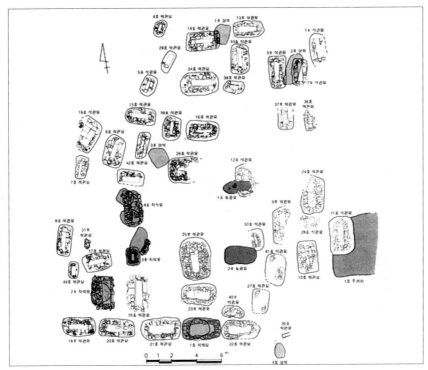

그림 24 대구 신서동 B-1구역 유구 배치도

하여 축조되었다는 점이다. 또 주변에서 함께 확인된 청동기시대 주거지와는 별도로 공동묘역을 마련하여 조성하였다는 특징이 있어 월배 선상지 일원의 대천동유적과 유사한 배치양상을 보이고 있다. 각각의 유구는 극도로 밀집하여 조성되었으나, 개별 유구간에 중복현상은 보이지 않으며, 동-서방향, 남-북방향으로 직교하는 방향성을 뚜렷하게 보여준다. 매장주체부가 특별한 방향성을 가지고 한정된 공간내에 밀집하여 분포한다는 점은 본 유적이 미리 의도된 기획하에 조성되었음을 시사하고 있다. 대구지역 신천변의 상동지석묘, 경산지역 시지·매호동지석묘와 유구의 배치양상에 있어 극히 유사한 점이 인정된다.

② 東內洞 支石墓

대구분지의 북단을 동서상으로 가로질러 흐르는 금호강의 북안에 위치한 유적이다. 유적의 입지는 북쪽에 솟은 팔공산에서 동쪽으로 뻗은 지맥중 하나인 조로봉(194.1m)에서 남쪽으로 흘러내린 지릉의 말단부에 해당하는 곳이다. 여기에서는 지석묘 1기와 동시대의 석관묘 4기가 조사되었다. 지석묘 상석 하부에서 매장주체부는 확인되지 않았고, 유물은 3호석관묘에서만 적색마연토기 1점이 출토되었다.

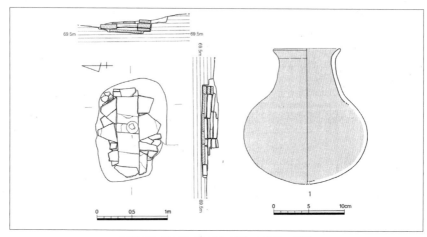

그림 25 대구 동내동 3호석관묘 및 출토유물

③ 동천동유적

금호강 북안에 입지한 유적으로 대규모 청동기시대 주거지와 더불어 동시기의 환호, 석관묘, 고상가옥, 하도, 수리시설 등 청동기시대 마을의 전모를 파악할 수 있는 많은 자료들이 조사되었다.

석관묘는 주거지 수량에 비해 현저히 적은 6기만 확인되었다. 조사된 석관묘는 모두 규모가 140㎝ 이내로 소규모라 할 수 있다. 석관묘는 청동기시대 취락의 외곽에 띄엄띄엄 일정한 거리를 두고 배치되었으며, 취락의 경계라 할 수 있는 지점에 조성된 특징을 보이고 있다[16].

〈금호강 북안 석관묘 현황표〉

연번	유구명	평면형태	출토유물	입지	비고
1	동천동 1호	ㅍ자형	석촉	충적대지	하도주변
2	동천동 2호	ㅍ자형	적색마연토기		주거군 외곽
3	동천동 3호	ㅁ자형	지석, 미완성석기		
4	동천동 4호	?			
5	동천동 5호	?			
6	동천동 6호	ㅍ자형	석촉, 적색마연토기		주거군 내
7	서변동 1호	ㅍ자형	적색마연토기	충적대지	
8	서변동 2호	ㅁ자형	적색마연토기		
9	서변동 3호	ㅁ자형			
10	서변동 4호	ㅍ자형			
11	서변동 5호	ㅍ자형			
12	서변동 6호	ㅍ자형	적색마연토기		
13	읍내동 1호	ㅍ자형		구릉	단독
14	연경동 1호	ㅁ자형		구릉	주거군 외곽
15	연경동 2호	?			
16	연경동 3호	ㅍ자형			
17	연경동 4호	?			
18	연경동 5호	ㅍ자형			
19	연경동 6호	ㅍ자형	석촉		

16) 이상길, 2000, 『청동기시대 의례에 관한 고고학적 연구』, 대구효성가톨릭대학교 박사학위논문. 환호나 구로서 공간이 구획되는 배치는 안(內)과 밖(外), 聖과 俗을 구분짓는 것으로, 이 양자의 경계에 해당하는 곳에 묘가 집중적으로 조성되며, 의례 또한 이 경계 지점에서 이루어진다고 한다.

④ 팔거천유역의 지석묘

금호강 중하류역의 북안에 남북방향으로 길게 칠곡분지를 관류하는 팔거천의 상류역에 소수의 지석묘가 분포하고 있다. 이곳은 현 행정구역상 칠곡군에 속하기는 하지만 팔거천 상류역에 해당하고 지형상으로 보아 금호강 유역권에 포함시키는 것이 타당하다.

팔거천의 최상류역에 해당하는 칠곡군 동명면 금암리 지석묘 5기와 기성리 지석묘군 2기가 분포하고 있다. 이 가운데 금암리 지석묘군 주변에서 마제석검과 석촉이 발견되었다고 전하고 있다.

※ 금호강 북안 묘제의 입지분석

위에서 검토했듯이 금호강 북안의 청동기시대 묘제는 석관묘가 주류를 이루고 있다. 물론 지석묘도 함께 조성되어 있지만 대규모 청동기시대 취락 주변에서는 동천동유적, 서변동유적처럼 석관(곽)묘가 다수 확인되는 상황이다.

금호강 북안에 조성된 지석묘의 입지는 신천 유역의 입지와는 확연히 차이가 난다. 즉 금호강 북안 유적의 입지는 그 북쪽에 형성된 팔공산의 지맥들에서 남쪽 금호강을 향해 뻗어내린 지릉들의 말단부 혹은 선상지의 선앙쯤에 해당한다고 볼 수 있다. 신천 중류역의 금호강변에 해당하는 경산지역의 대규모 충적평야일대(압량벌)나 대구지역의 금호강변 충적평야지대에 청동기시대 유적이 조성되어 있지 않은 것과는 대조적이다. 이러한 이유는 아마도 금호강의 범람이 이루어지는 범위에 해당하는 곳은 유적이 조성되지 못했던 것으로 여겨진다. 이런 이유로 금호강 북안은 금호강의 범람이 미치지 못하는 선상지의 선앙 쯤에 유적이 조성되었던 것으로 이해할 수 있을 것이다.

지석묘와는 달리 석관묘의 입지는 또 다른 양상을 보이고 있다. 동천동과 서변동의 예로 보듯이 대부분 충적대지상의 청동기시대 취락유적의 외곽에 분포하고 있다. 그리고 우연의 일치인지는 몰라도 석관묘의 수량이 유적별로 6기로서 동일하게 나타난다.

2. 묘제의 발생과 전개

1) 묘제의 발생

우리나라에서 묘의 발생은 신석기시대로 알려져 있지만, 구체적인 형태를 갖춘 묘는 청동기시대 들어서면서 본격적으로 나타나기 시작한다. 금호강유역 역시 한반도 전체의 상황과 다르지 않은 실정이다. 아직까지 구석기시대나 신석기시대의 묘제는 확인되지 않았고, 청동기시대의 대표적인 묘제인 지석묘와 석관묘는 다수 조사되어 보고된 상태이다.

우리나라 청동기시대의 편년은 조기-전기-중기(송국리문화)-후기로 설정하는 것이 일반적인 것 같다. 이 편년에 따르면, 지금까지 조사된 청동기시대의 묘제는 전기에 출현하는 것으로 보는 것이 일반적이다. 그런데 특이한 점은 전기단계의 묘가 그다지 많지 않다는 점이다. 전북 진안 안자동 1호지석묘, 합천 저포 8호지석묘 정도가 전기의 묘제로 인식되고 있고, 주구묘, 토광묘 등이 간헐적으로 전기에 조성된 것으로 나타나고 있다. 그러나 금호강유역에서는 아직까지 전기로 편년할 수 있는 묘제는 확인되지 않고 있다.

이렇게 볼 때, 금호강유역에서 지금까지 확인된 청동기시대 묘제의 편년은 전기쯤으로 볼 수 있을 것 같다. 가장 이른 시기의 묘제는 역시 지석묘로써 신천변의 대봉동유적에서 확인되었다. 일제강점기에 조사된 대봉동 제4구 지석묘에서 출토된 단도마연토기의 존재가 가장 이른 시기에 조성된 유구라는 것을 알려주고 있다.

2) 묘제의 전개와 소멸

　금호강유역에서 묘제의 발생은 앞서 언급했듯이 청동기시대 전기단계로 추정된다. 그러나 이 단계의 묘는 극소수에 불과하고, 대부분 청동기시대 중기에 편중되어 있다. 이러한 상황은 아직까지 전기단계의 묘가 발굴조사되지 않은 탓도 있겠지만, 중기에만 몰려있는 상황도 우리나라 다른 지역의 상황과도 그 궤를 같이하고 있기도 하다.

　금호강유역 지석묘의 전개과정을 확정할 만한 뚜렷한 증거는 발견되지 않는다. 예를 들자면, 금호강 하류역에서 발생하여 금호강 상류역으로의 이동이라든가, 혹은 금호강 상류역에서 중류역을 거쳐 하류역으로의 이동이라든가 하는 증거는 특정할 수 없는 실정이다. 금호강 상류역의 지석묘문화가 확실하지 않은 현상황에서 특정지역으로의 이동은 아직까지는 곤란하다. 그렇다면 금호강 전역에 걸쳐 적어도 청동기시대 중기에는 지석묘가 동시다발적으로 축조되었다는 사실은 부인할 수 없을 것 같다.

　이후 지석묘는 기원전후한 시점에 소멸되는 것으로 추정된다. 확신할 수는 없지만, 우리나라 고고학상 묘제의 전개과정을 보면, 지석묘 다음으로 나타나는 묘제는 목관묘이다. 지석묘가 어느 시점에 소멸되는지는 아직까지 불투명하지만, 목관묘의 등장은 기원전 2세기대인 것으로 밝혀지고 있다. 목관묘의 등장이 곧 지석묘 축조 중단을 의미한다고 확정할 수 없을 것이다. 단위지역별로 묘제의 등장과 수용의 시점이 일치한다고 보기 어렵다는 점에서 일정 정도의 기간은 시기가 다른 두 묘제를 혼용했을 가능성도 충분하다. 또한 단위지역별로 새로운 묘제의 수용 시점을 달리했을 가능성도 충분하다. 따라서 지석묘의 축조하한은 기원전후한 시점으로 추정코자 하며, 일부 지역은 이 보다 더 오래 지속되었을 가능성도 배제할 수 없을 것이다.

3. 금호강유역 청동기시대 묘제의 특성

1) 금호강 상류역(영천지역)

금호강 상류역에 해당하는 영천지역은 지석묘 수량에 비해 발굴조사된 예가 현저히 적은 지역이다. 지석묘의 매장주체부에 대한 구조라든가 출토유물에 있어 접근하기가 매우 어렵다. 따라서 영천지역은 주로 지석묘가 분포하는 입지를 분석하여 타지역과의 상황을 비교분석하고자 한다.

먼저 금호강 상류역의 일지류인 자양천의 상류역에서 조사된 지석묘는 7기이다. 용산동 지석묘의 입지는 자양천의 상류역에 조성된 소규모 선상지상에 분포하고 있다. 조사보고서를 검토하면, 7기의 상석 가운데 5·6·7호 지석묘의 상석은 두께가 30~45㎝ 정도의 판석형으로 지석묘로서의 조건을 갖추었다고 판단되며, 나머지는 괴석형이다. 1호지석묘 하부에서 소규모 석관 1기만 확인되었을 뿐, 나머지 상석 하부에는 천석들이 깔려 있었던 것으로 조사되었다. 지석묘의 여건을 갖추었을 것으로 추정되는 상석 하부에서 유구가 확인되지 않았다는 사실은 혹시 제단유구일 가능성도 배제할 수 없을 것 같다.

영천지역의 지석묘 분포현황과 입지를 분석해 본 결과, 지석묘의 분포는 주로 금호강의 일지류인 대창천 유역과 북안천 유역에 집중분포하는 양상을 보이고 있다. 이밖에 자양천, 청통천, 화북천 유역에도 간헐적으로 지석묘가 분포하기는 하지만, 영천지역의 지석묘는 90% 이상이 대창천 유역과 북안천 유역에 집중되고 있다. 그렇다면, 이 두 하천 유역이 지석묘를 축조하던 사람들이 가장 선호하는 지형을 갖추고 있었다고 보는 것이 타당할 것이다. 이들 두 하천변에서도 주로 상류역에 치우쳐 분포하는 경향이 보이는 것도 특징적이라 할 수 있다.

종합하자면, 금호강 상류역의 지석묘인들은 지석묘의 분포와 입지로 보아 금호강변의 대규모 충적평야지대는 잦은 범람으로 인해 그들의 주거영역이나 매장영역으로 활용하지 않았다는 사실을 알 수 있다. 그보다는 오히려 소하천 상류역의 곡간대지상이나 소규모 선상지상의 지형을 그들의 매장영역으로 활용하였다. 이러한 양상은 금호강 중류역의 경산 용성지역 또는 금호강 북안 팔거천유역 지석묘들의 입지환경과 동일함을 보여주는 경우이다.

2) 금호강 중류역(경산지역)

금호강 중류역에 해당하는 경산지역은 경북지역 내에서도 지석묘가 가장 많이 분포하는 것으로 알려져 있다. 그 중에서도 오목천과 남천의 상류역에 밀집분포하는 양상을 띠고 있다. 오목천과 남천의 하류역인 금호강의 중류역 남안쪽에 해당하는 넓은 평야지대라 할 수 있는 소위 압량벌 일대에는 지석묘가 전혀 확인되지 않는다. 이와 같이 금호강의 중류역 남안 대규모 충적평야지대에 지석묘가 분포하지 않는다는 사실은 인근의 대구분지의 중심부에 해당하는 신천유역에 지석묘가 많이 분포한다는 사실과 대조를 이루고 있어 주목된다. 이러한 사실은 다음과 같은 사항을 유추할 수 있게 한다.

먼저 본래 압량벌의 대규모 충적평야지대에도 지석묘가 조성되었으나 지석묘 상석이 후대의 고분축조 등에 재사용되었거나 혹은 농경지의 확장과 경지정리 등으로 인해 파괴되었을 가능성을 생각해 볼 수 있다. 그러나 여기에서 단 한 기의 지석묘도 발견되지 않는다는 사실은 당시 지석묘를 축조하던 사람들은 대부분 산지와 접한 선상지 일원이나 산지들 사이에 형성된 곡간지대에 살았으며, 현재 넓은 들을 형성하고 있는 압량벌 일대는 반복되는 금호강의 범람으로 인해 그들이 선호하던 지형이 아니었을 가능성을 생각해 볼 수 있다.

한편 고산지역 선상지 주변에는 지석묘 축조시기보다 후대의 유적인 삼국시대 취락유적과 고분군이 조성되어 있다. 이들의 상관관계를 유추해 보면, 먼저 삼국시대의 취락은 분지의 남쪽에 해당되는 깊숙한 선앙지역인 안산과 성암산에서 북쪽으로 평야지대를 향해 뻗는 능선들 사이에 위치하고 있다. 삼국시대의 고분군은 주변에서 모두 3개소가 확인되었는데, 동시기의 취락지 서편에 자리한 안산에서 북으로 뻗는 능선에 분포한 욱수동고분군, 취락지의 동쪽 성암산에서 북으로 뻗는 능선상에 위치한 중산동고분군, 소분지의 북편에 자리한 고산의 남쪽 자락과 그 하단부에 입지한 성동고분군이 그것이다.

초기철기시대의 유적은 현재 고산지역에서는 성동 무문토기산포지가 있고, 매장유구는 경산의 임당지역에서만 확인되었다. 성동 무문토기산포지는 남천과 금호강의 범람을 막아주는 고산 선상지의 선앙쯤에 해당하는데, 여기에서 무문토기와 석기들이 다수 수습된 바 있다. 중산동고분군의 북편 능선 말단부에서도 마제석부가 채집된 적이 있어, 이곳에도 동시기의 주거지들이 분포할 가능성이 있다. 이와 같은 주변의 여러 상황을 고려하여 고산지역의 선사시대부터 역사시대까지의 주거영역과 매장영역의 입지변화과정을 추론하면 다음과 같다.

먼저 지석묘가 축조되던 시기에는 선상지의 선단부가 활용되면서 이곳에 동시기의 주거지와 매장이 연접하여 이루어진다. 이후 능선 가까운 곳의 침수피해가 적은 곳으로 주거영역이 옮겨지게 되고, 매장영역은 이때 주거영역과는 조금 떨어진 구릉상으로 이동하게 된다. 그리고 삼국시대에 들어서면서 주거영역이 다시 선앙부로 나오게 되고, 이때의 매장영역은 평지에서도 쉽게 눈에 들어오는 구릉지가 선택된다. 이렇듯 이 지역 지석묘인들의 주생활근거지가 삼국시대의 넓은 평야지대를 낀 지역과는 달리 선상지나 곡간의 소규의 협곡지대, 소하천변의 소규모 충적지상에 집중되었다는 사실은 당시 지석묘를 축조하던 사람들의 생업과 밀접한 관련이 있었음을 부인할 수 없을 것 같다. 즉 지석묘인들의 생업과 관련하여 볼 때, 지석묘인들은 대규모 평야지대를 기반으로 하여 생활하였다기 보다는 비교적 자연재해가 적은 하천의 상류역에 집중하여 생활하였을 가능성을 보다 높게 인정하게 된다.

그리고 경산지역에서도 별도의 소분지라 할 수 있는 오목천 최상류역의 용성지역은 다른 어느 곳보다도 지석묘가 밀집분포하는 곳으로서 주목되는 지역이다. 이처럼 용성지역이 지석묘가 밀집분포하는 이유는 영천의 대창천 최상류역에 해당하는 대창지역에 지석묘가 밀집분포한 것과도 그 맥락을 같이 하고 있는 것으로 해석할 수 있다. 즉 대창지역이나, 용성지역은 각각 대창천과 오목천의 최상류역에 해당하는 곳으로 지석묘를 축조하던 사람들이 가장 선호하는 환경적 배경을 가졌던 것으로 이해할 수 있을 것이다. 즉 청동기시대 지석묘를 축조하던 사람들은 비교적 자연적, 환경적 재난이 적은 소하천 상류역의 협곡평야 일대를 배경으로 그들의 생업을 꾸려나갔을 것으로 생각된다.

3) 금호강 하류역(대구지역)

대구지역의 지석묘 입지는 경산지역과 별반 다르지 않은 면모를 엿볼 수 있다. 대구지역의 지석묘는 대규모 선상지라 할 수 있는 월배지역의 진천천 일대, 대구분지의 중심을 남북상으로 관류하는 신천 유역, 그리고 금호강 북안의 선상지 일대 등 3곳을 중심으로 분포하고 있다[17]. 이 가운데 신천 유역의 자연 제방 일대를 제외하고는 대부분 선상지 일원에 지석묘가 분포한다는 점을 알 수 있다. 이러한 지석묘의 입지는 해수면 변동곡선을 근거로 하여 대구지역 청동기시대의 주거입지를 파악한 논문[18]에서도 밝힌 바 있어 본고와 같은 맥락을 띠고 있는 것으로 보인다. 그리고 신천의 최상류역에 해당하는 가창 일대에도 비교적 많은 수의 지석묘가 존재하는데, 이러한 입지는 앞서 설명한 영천의 대창지역, 경산의 용성지역과 같은 곡간상의 협곡대지에 분포하고 있어 이런 지형도 역시 지석묘인들이 선호하였던 것으로 생각된다.

먼저 대구의 서단쪽에 해당하는 월배 선상지 일대의 지석묘를 살펴보자. 지금까지의 조사결과를 보면, 월배 선상지 일대는 구석기시대부터 철기시대에 이르기까지 시기의 단절없이 지속적으로 많은 유적들이 조성되었음이 확인되고 있다. 그중에서도 역시 청동기시대의 지석묘와 석관(곽)묘, 그리고 동시기의 주거지(취락)들이 가장 많은 점유율을 차지하고 있다. 이로 보아 청동기시대인들은 월배지역과 같은 선상지를 그들의 생활공간 뿐만 아니라 매장공간으로도 선호하였다는 사실을 알 수 있다.

지석묘에 한정하면, 아주 다양한 묘형들이 조성되었는데, 대다수가 지석묘와 그 주변에서 확인된 석관(곽)묘 등이다. 가장 최근의 연구에 따르면, 월배 선상지 일대의 청동기시대 묘는 총 176기가 조사된 것으로 확인되었다[19]. 월

---

17) 김광명, 2015, 「대구지역 청동기시대 거석기념물과 무덤」, 『청동기시대 대구지역의 취락과 사회』, 제28회 영남문화재연구원 조사연구회 발표자료집, 嶺南文化財硏究院.

18) 黃相一·尹順玉, 1999, 「大邱盆地의 先史 및 古代 人間生活에 미친 Holocene 自然環境 變化의 影響」, 『韓國考古學報』 41, 韓國考古學會.

19) 류지환, 2015, 「취락과 무덤군의 상관관계로 본 청동기시대 대구 월배지역 취락의 전개

배 선상지 일대는 대구분지 중앙의 신천유역의 지석묘와 더불어 금호강 유역에서 가장 많은 수의 지석묘와 동시기의 묘제가 발굴조사된 지역이다. 따라서 이 지역의 지석묘를 분석한다면 금호강 유역 묘제의 전반적인 상황을 파악하는데 커다란 도움이 될 것이다.

한편 대구지역 청동기시대 유적의 분포현황에 주목할 만한 점은 신천의 최상류역에 해당하는 가창일대를 제외하고는 신천 중하류역과 월배 선상지 일대는 지석묘와 석관(곽)묘 분포 외에도 무덤 주변에서 청동기시대의 대규모 취락이 함께 조성되어 있다는 점이다. 과연 이들 주거지에서 살던 사람들이 그들의 매장풍습으로 지석묘나 석관(곽)묘를 선택했는지의 여부는 확언하기 어려우나 일단 그 가능성은 배제하기 어려울 것 같다.

월배 선상지 일대가 주목되는 또 하나는 진천동 입석유적의 존재이다. 우리나라에서는 유일하게 입석 하부에서 청동기시대 제단으로 추정되는 장방형의 대규모 석축기단이 조사되었다. 이와 더불어 금호강유역에서 지석묘와 관련된 제단유구가 확인된 곳은 경산지역 남천 상류역에 조성된 경산 삼성리유적이 유일하다. 하지만, 삼성리유적과 진천동 입석제단의 예로 보아 앞으로 금호강유역에서도 경남지역에서 다수 확인된 거대한 제단유적들이 발견될 가능성은 충분하다.

그리고 대구지역은 아니지만 청동기시대 인골이 다량 검출된 평촌리유적을 주목할 필요가 있다. 평촌리유적은 현 행정구역상 대구광역시 달성군 평촌

과정」『청동기시대 대구지역의 취락과 사회』, 제28회 영남문화재연구원 조사연구회 발표자료집, 嶺南文化財研究院. 이 수치는 지석묘 하부구조를 포함한 주변에서 조사된 동시기의 석관(곽)묘를 모두 포함한 것이다.

리에 속하지만 엄밀하게 말하자면, 대구지역과는 지형상으로 뚜렷하게 구분되는 곳이다[20]. 평촌리유적 25기의 석관묘 중에서 확인된 인골은 15구 정도인데, 당시 지석묘인들의 신체정보에 대한 내용을 알 수 있는 좋은 자료가 많이 검출되었다. 특히 3호와 20호석관묘 2기에서 거의 완전한 인골이 노출되었는데, 신장은 170㎝ 정도로 추정된다. 전신 인골은 다리뼈가 꺾여진채 매장되어 굴장이 행해졌음을 확인할 수 있다. 21호와 25호석관에서도 인골이 검출되었는데, 역시 다리뼈 부분이 석관의 장축방향과 약간 틀어져 사방향으로 노출된 점으로 보아 역시 굴장이 행해졌던 것으로 판단된다. 그러나 이와는 달리 13호석관묘, 16호석관묘 등은 신전장으로 확인되어 동일집단내에서도 장법이 달랐음을 확인할 수 있다. 이외에도 어느 정도 신장의 크기를 가늠할 수 있는 인골도 확인되는데, 대부분 160㎝ 이상은 되었을 것으로 추정된다. 청동기시대 당시 사람들의 일반적인 신장이 160㎝ 이상인데도 불구하고 묘의 길이를 150㎝ 내외로 축조했다면, 이는 곧 굴장을 염두에 두고 묘를 만들었다는 의미가 될 수 있다. 또한 주목할 만한 현상은 15구의 인골 가운데 성별 확인이 가능한 10구의 성별이 모두 남성이라는 점이다. 단언할 수는 없지만 남성들만 석관(곽)이라는 묘제를 사용한 것이 아닌가 하는 추측도 가능하게 한다.

〈대구 달성 평촌리유적 인골 감식표〉

연번	인골명	감식 부위	성별	나이	신장
1	1호 인골	치아	판별 불가	12세~18세	추정 불가
2	3호 인골	전신	남성	30세~34세	173cm ± 5cm
3	7호 인골	치아	판별 불가	12세~18세	추정 불가

---

20) 따라서 본고에서는 대구지역의 영역권에서 제외하였다. 그러나 대구지역과 근접한 거리에 있어 동시기의 상황을 파악하는데 좋은 자료가 되기에 비교검토하여 다룬다.

4	11호 인골	치아	판별 불가	45세~55세	추정 불가
5	12호 인골	위턱 · 아래턱 일부 (치아 일부 포함)	남성	20세~24세	추정 불가
6	13호 인골	머리뼈, 아래턱 일부 (치아 일부 포함)	남성	25세~29세	추정 불가
7	15호 인골	머리뼈, 치아 일부 사지뼈 일부	판별 불가	25세~29세	추정 불가
8	16호 인골	머리뼈 일부(치아 포함), 위팔뼈 · 사지뼈 일부	남성	45세~55세	추정 불가
9	17호 인골	머리뼈 및 위 · 아래턱 일부, 허벅지뼈 몸체 일부	남성	30세~34세	추정 불가
10	20호 인골	전신	남성	30세~34세	173cm
11	21호 인골	머리뼈 일부, 허벅지뼈 일부	판별 불가	50세 이상	추정 불가
12	22호 인골	치아	남성	30세~34세	추정 불가
13	25호 인골	머리뼈 일부, 치아	남성	12세~18세	추정 불가
14	6호 인골	아래턱과 치아	남성	35세~45세	추정 불가
15	28호 인골	치아, 위팔뼈, 허벅지뼈, 정강뼈, 종아리뼈	남성	30세~34세	추정 불가

(달성 평촌리유적 보고서에서 전재)

그런데 대구지역에서 조사된 석관묘의 크기를 분석해 보면, 150㎝ 이내의 것들이 대부분인 것으로 확인되고 있다. 위에 언급한 평촌리유적의 경우 총

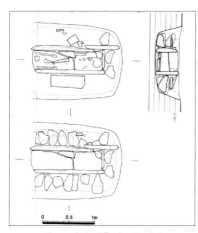

그림 26 달성 평촌리 13호석관묘

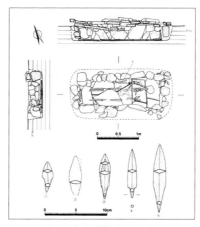

그림 27 달성 평촌리 16호석관묘

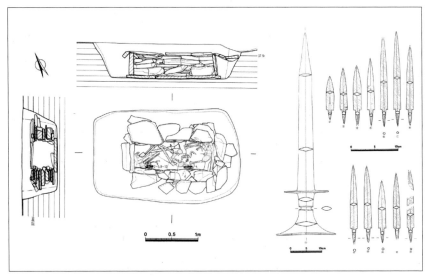

그림 28 달성 평촌리 20호석관묘 및 출토유물

25기의 석관(곽)묘가 조사되었는데, 이 가운데 규모(길이)가 150㎝ 이하의 것이 18기에 달한다.

금호강 북안에서 조사된 동천동 석관묘 6기도 규모가 140㎝ 이내로 축조되었다. 역시 금호강 북안의 신서동유적에서 대규모 청동기시대 석관(곽)묘가 확인되었다. 신서동 석관(곽)묘는 총 44기가 조사되었는데, 월배 선상지의 대천동유적과 아주 유사한 배치형태를 보이고 있다. 조사된 석관(곽)묘 가운데 규모가 150㎝ 이내의 유구는 32기나 된다. 또한 길이 100㎝ 이내의 소형 석관도 12기에 달한다. 주목할 점은 길이 180㎝ 이상의 대형묘도 4기가 확인되었는데, 이 유구들은 모두 강돌로 쌓아서 만든 석곽형의 구조를 갖추고 있다는 특징이 있다. 그리고 이들 대형 유구에서 역시 유물의 출토량이 비교적 많은 편이다.

월배 선상지의 대천동유적에서는 석관(곽)묘 68기가 조사되었다. 이 중 규모가 150㎝ 이내의 유구는 40기에 달하고, 규모가 100㎝ 이하의 소형 석관도

24기나 확인되었다. 대천동유적도 신서동유적과 마찬가지로 석곽의 규모가 180㎝ 이상 되는 대형유구가 8기 확인되었는데, 이 유구들은 모두 강돌이나 할석을 사용하여 마치 삼국시대 수혈식석곽묘와 같이 쌓아서 만든 석곽형의 유구이다. 그리고 이들 대형 유구에서는 소형 석관묘보다는 비교적 많은 유물들이 부장되어 차별화되는 양상을 보이고 있다.

이런 상황으로 유추하건데, 청동기시대 석관(관)묘의 크기는 피장자의 성격과 밀접한 관련을 가질 수 밖에 없을 것 같다. 특히 얇은 판석을 사용해서 만든 상형석관보다는 강돌이나 할석을 사용하여 만든 석곽형의 유구는 좀 더 상위계층의 묘로 사용되었을 가능성이 있을 것으로 추정된다. 비록 일반적인 상황은 아니겠지만, 이런 대형 석곽형의 유구들은 지석묘의 매장주체부로 사용되었을 가능성이 높은 것으로 추정하고 싶다. 이런 이유는 천석을 쌓아서 만든 석곽형의 유구가 얇은 판석을 조립해서 만든 석관형의 유구보다는 아무래도 무게가 상당한 상석을 지탱하는데 있어 구조적으로 유리하기 때문이었을 것이다.

또한 석관의 규모로만 본다면, 대구지역 청동기시대 장법의 한 형태를 유추해 볼 수 있을 것 같다. 즉 대구지역 청동기시대인들의 장법은 굴장과 신전장을 혼용하였던 것을 알 수 있다. 한편 석관의 규모가 1m 이하의 것들이 다수 확인되는 것으로 볼 때, 이 석관들이 유아나 소아의 묘일 수도 있지만, 만약 그렇지 않다면, 세골장의 가능성을 상정해 볼 수 있을 것이다. 이러한 상황들로 보아 청동기시대 대구지역과 경산지역에서는 주로 굴장 또는 세골장이 일반적인 장법으로 사용되었음을 알 수 있다.

그리고 달성 평촌리유적에서 확인된 인골들의 출토상황을 검토해 보면, 동일집단 내에서도 굴장과 신전장이 함께 사용되었음을 알 수 있다. 이러한 사례는 서로 다른 종족들이 모여서 하나의 집단을 이룬 경우가 아닌가 하는 생각을 해 본다. 이 경우는 비록 평촌리유적 하나의 사례이기는 하지만 청동기시대 장법을 통해 집단의 구조에 접근할 수 있는 좋은 정보를 제공하고 있다는 점에서 특별하게 눈여겨 볼 만 하다.

이밖에 월배 선상지의 진천동에서는 複式石棺이라는 특이한 묘형이 조사되었다. 바로 3호석관이 그것인데, 판석을 세워서 만든 상형석관으로 A관 B관은 간벽을 두고 공유하여 축조하였다. B관에서 두개골, 치아, 대퇴골 등의 인골이 검출되었으며, 분석결과 피장자는 150~160㎝ 정도의 신장에 20세 전후의 여성으로 판별되었고, 두 석관의 피장자 관계를 병으로 동시에 사망한 母子關係로 추정하고 있다. 이와 같은 복식석관은 한반도 남부지역보다는 북부지역에서 많이 조사보고되어 있는데, 어느 정도 형태의 차이는 있지만 강계시 공귀리석관묘, 황해도 연탄군 송신동 20·22·31호석관묘 등을 예로 들 수 있다.

다음으로 석관(곽)묘의 구조를 살펴보자. 소위 상형석관이라는 것은 일반적으로 석관의 네 벽을 모두 한 매씩의 얇은 판석을 사용하여 축조한 형태를 일컫는다. 이외에도 양 단벽은 1매의 판석을 세우고, 양 장벽은 수 매의 판석을 사용한 경우도 있다. 그리고 이와는 달리 양 장벽은 얇은 판석을 사용하고 단벽은 강돌을 사용하여 쌓은 형식, 네 벽을 모두 강돌로 쌓은 형식, 얇은 판석을 수 십매 평적하여 축조한 형식 등 다양한 축조형태의 묘형이 확인되었다. 석관(곽)의 바닥축조방법도 아주 다양하게 나타나고 있다. 석관의 바닥 전체에 자갈을 깐 형식, 바닥 전체에 판석 수 매를 연결하여 깐 형식, 판석을 징검다리식으로 깐 형식, 바닥 전체를 1매의 판석을 깐 형식, 생토 바닥인 경우 등 여러가지 형식의 바닥축조방식이 확인되고 있다. 이런 여러 가지 형식의 구조가그 묘의 등급을 결정짓는 요인이라 할 수는 없겠지만, 분명히 우리가 알지 못하는 어떤 의미를 내포하고 있음은 분명하다. 그러므로 석관(곽)묘만 하더라도 아주 다양한 형식으로 분류할 수 있기 때문에 우리는 청동기시대의 이러한 다양성에 좀 더 관심을 가질 필요가 있다.

　이와 같이 금호강 하류역의 월배 선상지 일대는 청동기시대 우리나라의 취락과 무덤, 그리고 제단유구 등 청동기시대의 모든 양상을 파악할 수 있는 다양한 자료들이 드러나고 있다. 지금까지의 양상도 일찌감치 도시화가 진행되면서 많은 유적들이 훼손되었다는 점을 감안한다면, 이제 청동기시대 연구의 시작은 지금부터라고 해도 과언이 아니다. 따라서 월배 선상지 일대는 앞으로 더 다양한 청동기시대의 정보들이 나타날 가능성이 많은 지역으로 지속적인 관심과 연구가 뒤따라야 할 것이다.

4. 종합

　금호강 유역의 청동기시대 묘제는 지석묘, 석관묘, 석곽묘 등이 확인되었다. 이 가운데 지석묘와 석관묘가 가장 많은 수를 차지하고 있다. 우리나라 청동기시대 이른 시기에 나타나는 주구묘와 토광묘는 아직 확인되지 않고 있다. 그러나 이와는 달리 청동기시대의 이른 시기에 해당하는 주거지는 다수 확인된 바 있다. 이러한 상황으로 미루어 보건데, 머지 않아 타지역과 마찬가지로 금호강 유역에서도 청동기시대 이른 시기의 묘제가 발견될 것으로 예상할 수 있다.

　금호강 유역에서 청동기시대 묘제가 확인되는 곳은 대부분 금호강 유역 여러 지류들의 상류역에 해당하고, 금호강 유역 연안에 펼쳐진 대규모 충적평야지대나 하류역은 잦은 범람으로 인해 청동기시대 사람들의 생활영역이나 매장영역으로는 부적합했던 것으로 추정된다. 이로 인해 금호강을 형성케 하는 제지류들의 상류역과 금호강의 범람이 미치지 않았던 선상지 일대가 청동기시대인들의 주생활무대로 이용되었거나 매장공간으로 활용되었음을 확인할 수 있었다. 특히 월배 선상지 일대는 비록 금호강 하류역에 해당하기는 하지만, 대구의 남단에 형성된 대규모 산지에서 북서쪽으로 뻗은 선상지상의 지형을 띠고 있어 금호강의 범람이 미치지 못했던 것으로 생각된다.

　또한 우리나라 남해안지역에서 많이 확인되고 있는 청동기시대의 제단유구는 남천 상류역의 경산 삼성동유적에서 확인되었고, 비록 지석묘는 아니지만 월배 선상지 일대의 진천동에서 입석제단이 확인된 바 있다. 이외의 지역에서도 앞으로 새로운 발굴조사가 이루어지게 되면 제단유구들이 추가로 발견될 것으로 예상된다.

그리고 청동기시대 석관묘의 경우 규모가 길이 150㎝ 이내이거나 길이 1m 이내의 소형도 다수 확인되는 것으로 보아 청동기시대 금호강 유역에서의 장법은 굴신장 또는 세골장이 주로 행해졌던 것으로 보인다. 그리고 월배 선상지 일대에서는 한반도 남부지역에서는 그 예가 드문 복식석관이 조사되기도 하였는데, 이러한 복식석관은 주로 한반도 북부지역에서 많이 확인된 바 있다.

지금까지 우리나라의 고고학 편년상으로 보면, 청동기시대의 묘제는 지석묘가 빠른 양상을 보이며, 석관묘는 이보다 약간 늦은 시기에 출현하는 것으로 추정된다. 금호강 유역 역시 이와 별반 다르지 않은 양상을 보이고 있다. 그러나 금호강 전 유역이 균등하게 조사되었다고 볼 수 없기 때문에 단지 작금의 상황에서만 유추해 볼 뿐이다.

금호강 유역에서 구석기시대의 존재를 알려주는 고고학적인 사례는 월배 선상지 일대가 유일하다. 그러나 경북 내륙지역에서도 구석기시대의 유물들이 지속적으로 확인되는 것으로 보아 차후 금호강 상류역이나 중류역에서도 발견될 가능성이 매우 높다. 그리고 경부고속도로 확장구간 조사중 경산 평산리에서 발견된 신석기시대의 유물로 보건데, 금호강 유역은 적어도 신석기시대부터 사람들이 삶의 터전으로 이용하였음을 알 수 있는 좋은 사례라 할 것이다. 앞으로 더 많은 선사시대의 유적이 조사된다면, 금호강을 터전으로 살아가던 우리 선조들의 모습을 보다 더 생생하게 재현해 낼 수 있을 것으로 기대해 본다.

【참고문헌】

-논문-

姜仁求, 1980,「達城 辰泉洞의 支石墓-複式石棺과 屈身葬의 新例」,『韓國史研究』28, 韓國史研究會.

金廣明, 2001,『大邱·慶山地域의 支石墓 研究』, 嶺南大學校 大學院 碩士學位論文.

_____, 2003,「嶺南地域의 支石墓社會 豫察」,『嶺南考古學報』33, 嶺南考古學會.

_____, 2003,「경북지역의 지석묘」,『지석묘 조사의 새로운 성과』, 제30회 한국상고사학회 학술발표대회, 한국상고사학회.

_____, 2005,「청동기시대 영남지역의 무덤과 제사」,『영남의 청동기시대 문화』, 第14回 嶺南考古學會 學術發表會, 嶺南考古學會.

김광명·서길한, 2009,「嶺南地域의 祭壇式 支石墓 研究」,『科技考古研究』第15號, 아주대학교 박물관.

김광명, 2015,「대구지역 청동기시대 거석기념물과 무덤」,『청동기시대 대구지역의 취락과 사회』, 제28회 영남문화재연구원 조사연구회 발표자료집, 嶺南文化財研究院.

金權九, 1999,「제6장. 한국의 지석묘(경상북도)」,『한국 지석묘(고인돌)유적 종합조사 연구(Ⅱ)-분포, 형식, 기원, 전파, 및 사회복원』, 문화재청·서울대학교박물관.

_____, 2011,「무덤을 통해 본 청동기시대 사회구조의 변천」,『무덤을 통해 본 청동기시대 사회와 문화』, 제5회 한국청동기학회 학술대회자료집, 한국 청동기학회.

김병섭, 2009,「密陽地域 墓域式 支石墓에 대한 一考察」,『慶南研究』創刊號, 경남발전연구원 역사문화센터.

_____, 2013,「남강유역 청동기시대 무덤의 전개양상」,『남강유역 선사·고대 문화의 보고 평거동 유적』, 2013년 경남발전연구원 역사문화센터 학술대회 발표요지.

金承玉, 2004,「용담댐 무문토기시대 문화의 사회조직과 변천과정」,『湖南考古學報』19, 湖南考古學會.

_____, 2006,「墓域式(龍潭式) 支石墓의 展開過程과 性格」,『韓國上古史學報』第53號, 韓國上古史學會.

_____, 2006,「송국리형 문화의 지역권 설정과 확산과정」,『금강:송국리형문화의 형성과 발전』, 湖南·湖西考古學會.

_____, 2006,「분묘 자료를 통해 본 청동기시대 사회조직과 변천」,『계층사회와 지배자의 출현』, 韓國考古學會.

金若秀, 1986,「琴湖江流域의 支石墓研究」,『人類學研究』第3輯, 嶺南大學校 文化人類學研究會.

김용성 역, 2006,「9장 종묘제사에서 분묘제사로」,『한대의 무덤과 그 제사의 기원』, 학연문화사.

金載元・尹武炳, 1967,『韓國支石墓研究』, 國立博物館.

金 賢, 2006,「慶南地域 靑銅器時代 무덤의 展開樣相에 대한 考察」,『嶺南考古學』39, 嶺南考古學會.

나희라, 2007,『고대 한국인의 생사관』, 지식산업사.

盧爀眞, 1986,「積石附加支石墓의 形式과 分布」,『翰林大 論文集』第4輯, 翰林大學校.

류지환, 2015,「취락과 무덤군의 상관관계로 본 청동기시대 대구 월배지역 취락의 전개과정」,『청동기시대 대구지역의 취락과 사회』, 제28회 영남문화재연구원 조사연구회 발표자료집, 嶺南文化財研究院.

朴榮九, 2011,「東海岸地域 靑銅器時代 무덤의 變遷」,『韓國靑銅器學報』第9號, 韓國靑銅器學會.

배진성, 2011,「墳墓 築造 社會의 開始」,『韓國考古學報』80, 韓國考古學會.

배덕환, 2008,「晉州 耳谷里遺蹟의 靑銅器時代 墳墓에 대한 一考察」,『東亞文化』4, 동아세아문화재연구원.

석광준, 2003,『각지 고인돌무덤조사 발굴보고』, 백산자료원.

宋在皓, 2006,『靑銅器時代 聚落研究』, 釜山大學校 大學院 博士學位論文.

_____, 2012,「墓域式支石墓의 出現과 社會相-韓半島 南部의 靑銅器時代 生計와 墓制의 地域相」,『湖西考古學』26, 湖西考古學會.

嗚江原, 2012,「東北아시아 속의 韓國 靑銅器文化圈과 複合社會의 出現」,『東洋學』第51輯, 檀國大學校 東洋學研究所.

_____, 2012,「靑銅器文明 周邊集團의 墓制와 君長社會-遼東과 吉林地域의 支石墓와 社會」,『湖西考古學』26, 湖西考古學會.

禹明河, 2012,『嶺南地域 墓域支石墓의 展開』, 嶺南大學校 大學院 碩士學位論文.

윤호필, 2009,「靑銅器時代 墓域支石墓에 관한 研究」,『慶南研究』創刊號, 경남발전연구원 역사문화센터.

_____, 2009,「청동기시대의 무덤 및 매장주체부 재검토」,『韓國靑銅器學報』第伍號,

韓國靑銅器學會.

이동희, 2007, 「支石墓 築造集團의 單位와 集團의 領域」, 『湖南考古學報』26.

이상길, 2006, 「區劃墓와 그 社會」, 『금강:송국리형 문화의 형성과 발전』호남
· 호서고고학회 합동학술대회 발표요지.

_____, 1996, 「청동기시대 무덤에 대한 일시각」, 『碩晤尹鎔鎭敎授停年退任紀念論叢』,
碩晤尹鎔鎭敎授停年退任紀念論叢 刊行委員會.

_____, 1995, 「支石墓의 葬送儀禮」, 『古文化』第45輯, 韓國大學博物館協會.

이석범, 2015, 「청동기시대 대구 금호강 이북지역의 주거와 취락」, 『청동기시대 대구
지역의 취락과 사회』, 제28회 영남문화재연구원 조사연구회 발표자료집,
嶺南文化財硏究院.

李盛周, 1999, 「경상남도」, 『한국 지석묘(고인돌)유적 종합조사연구』, 문화재청 · 서울
대학교박물관.

_____, 2012, 「儀禮, 記念物, 그리고 個人墓의 발전」, 『湖西考古學』26, 湖西考古學會.

李秀鴻, 2006, 「嶺南地域 地上式 支石墓에 대하여」, 『석헌 정징원교수 정년퇴임기념논
총』, 釜山考古學硏究會論叢刊行委員會.

李榮文, 2003, 『全南地方 支石墓 社會의 硏究』, 韓國敎員大學校 博士學位論文.

이청규, 2010, 「청동기시대 사회성격에 대한 논의-남한에서의 고고학적 접근」,
『考古學誌』第16輯, 韓國考古美術硏究所.

_____, 2011, 「요동과 한반도 청동기시대 무덤 연구의 과제」, 『무덤을 통해 본
청동기시대 사회와 문화』, 第5回 韓國靑銅器學會 學術大會, 韓國靑銅器學會.

이형원, 2011, 「청동기시대 분묘공간 조성의 다양성 검토」, 『무덤을 통해 본 청동
기시대사회와 문화』제5회 한국청동기학회 학술발표회, 한국청동기학회 · 경
남발전연구원 문화재센터.

장철수, 2006, 『옛무덤의 사회사』, 웅진출판사.

조미애, 2014, 「경주 전촌리 초기철기시대 구획묘 유적」, 『2013년 연구조사발표회』,
영남지역문화재조사연구기관협의회.

平郡達哉, 2013, 『무덤 자료로 본 청동기시대 사회』, 서경문화사.

하문식, 2013, 「遼南지역의 돌무지무덤 연구」, 『先史와 古代』38, 韓國古代學會.

河眞鎬, 2008, 『大邱地域 靑銅器時代 聚落研究』, 慶北大學校 文學碩士學位論文.

하진호, 2012, 「대구지역 청동기시대 전기의 편년」, 『청동기시대 광역편년을 위한 조기
~전기문화 편년』, 제6회 한국 청동기학회 학술대회자료집, 韓國靑銅器學會.

許玉林, 1994,『遼東半島石棚』, 遼寧省文物考古研究所.

한송이, 2010,「남해안지역 묘역식 지석묘에 대한 일고찰」,『慶南研究』3, 경남발전
　　　연구원 역사문화센터.

－보고서－

慶南考古學研究所, 2003,『泗川 梨琴洞 遺蹟』.

慶尙北道文化財研究院, 2010,『달성 평촌리·예현리 유적』.

慶南發展研究院, 2007,『密陽 新安 先史遺蹟』.

東亞細亞文化財研究院, 2007,『晉州 耳谷里 先史遺蹟』Ⅰ.

大東文化財研究院, 2008,『大邱 上仁洞 98-1遺蹟』.

申鐘煥, 2000,『大邱 上洞支石墓 發掘調査報告書』, 國立大邱博物館·大邱廣域市
　　　壽城區.

李白圭·鳴東昱, 2000,『辰泉洞·月城洞 先史遺蹟』, 慶北大學校博物館·大邱廣域市
　　　達西區.

尹容鎭, 1999,『永川 龍山洞支石墓 發掘調査報告書』,

尹容鎭 外, 1990,『大邱의 文化遺蹟-先史, 古代』, 大邱廣域市·慶北大學校 博物館.

尹容鎭 外, 1991,『大邱 大鳳洞 支石墓-再發掘調査報告』, 慶北大學校 博物館.

林孝澤 外, 1987,『居昌, 陜川 큰돌무덤』, 東義大學校 博物館.

嶺南文化財研究院, 2002,『大邱 東內洞 遺蹟』.

嶺南文化財研究院, 2003,『大邱 辰泉洞 遺蹟』.

嶺南文化財研究院, 2009,『大邱 大泉洞 511-2番地遺蹟』Ⅰ·Ⅱ.

嶺南大學校博物館, 1999,『時至의 文化遺蹟Ⅰ-調査槪況, 支石墓 外』.

嶺南大學校博物館, 2002,『大邱 梨泉洞 支石墓』-大鳳洞 第5區 支石墓 再發掘
　　　調査報告-.

李相吉·金美暎, 2006,『馬山 架浦洞 靑銅器埋納遺蹟』, 慶南大學校 博物館.

鄭永和, 1986,『慶山 地表調査報告』, 嶺南大學校 博物館.

韓國文化財保護財團·韓國土地住宅公社, 2009,『慶山 玉谷洞 遺蹟』Ⅰ~Ⅳ.

韓國文化財保護財團·韓國土地住宅公社, 2012,『大邱 新西洞 遺蹟』Ⅰ·Ⅱ.

Ⅲ. 읍락과 국의 형성

원삼국시대 목관묘 | 신영애

원삼국시대 목관묘의 부장유물 | 방선지

경상북도문화재연구원학술총서 *1*

금호강유역
초기사회의
형성

원삼국시대 목관묘

신영애 경상북도문화재연구원

1. 목관묘 현황

초기철기~원삼국시대를 가장 함축적으로 표현하는 목관묘와 그 부장품을 대상으로 금호강유역 사회발전과정을 파악하고자 이글을 작성하게 되었다. 연구방법은 금호강유역 목관묘 현황을 파악한 후, 분석에 적합한 공간적·시간적 기준을 마련하기 위해 지형·지리에 기초해 권역을 구분하고 기존 연구성과를 바탕으로 편년틀을 세워 단계를 구분한다. 그 후, 위계구조를 파악하면 당시 사회구조를 유추해 볼 수 있으리라 판단해 목관묘와 그 부장품을 분석하고 유의미한 자료를 추출하여 목관묘를 위계화 한다. 위계화 된 목관묘의 단계 및 권역별 변화상을 파악하여 금호강유역 목관묘 단계 사회발전과정의 일면을 밝힌다.

1) 입지 및 분포현황

금호강유역은 영천에서 발원해 경산과 대구를 거쳐 낙동강으로 합류되는 금호강과 그 지류에 의해 드넓은 평야가 형성되어 있고 사방이 수계로 연결되는 교통의 중심지이다. 목관묘가 조성된 유적은 이러한 금호강유역에 고루 분포한다. 하류에서 상류로 가면서 수계별로 살펴보면 칠곡 이언천변에 심천리·사수동유적, 팔거천변에 학정동·팔달동유적, 대구 진천천변에 월성동유적, 신천변에 대현동유적, 율하천·금호강변에 각산동·신서동유적, 매호천·금호강변에 가천동유적, 경산 남천변에 옥산동·옥곡동유적, 오목천변에 임당·신대리·광석리유적, 대창천변에 내리리유적, 영천 고현천변에 화룡리유적, 금호강변에 완산동유적, 고촌천변에 용전리유적, 북안천변에 임포리유적 등 20개소 유적이 분포한다.

　이 유적들은 대체로 금호강과 그 지류에 인접한 산록 말단부 완사면 내지는 저구릉 사면에 입지하고 있어 주변에 넓게 형성된 충적지나 교통로인 하천을 내려다보며 조망할 수 있고 외부로도 쉽게 드러난다. 유사한 입지에 유적들이 조성된다는 것은 목관묘 축조집단이 서로 동일한 조건의 묘역을 선호했음을 의미하고, 외형적으로 드러나는 봉분을 조성한 묘역이 외부에 쉽게 띄는 장소에 입지한다는 것은 축조집단의 권역을 나타내는 기능이 입지조건에 포함되었음을 나타내는 것이다. 예외로 대구 월성동유적이 선상지 선단부 평탄면에 입지하고 영천 용전리유적이 금호강 지류에서 떨어진 좁은 곡간 내 위치하고 있어 시야가 좁을 뿐만 아니라 외부에도 쉽게 드러나지 않아 다른 유적과 입지상 차이를 보이고 있다.

　유적 내 목관묘는 1기가 단독으로 조성되거나 군집을 이루며 분포한다. 단독으로 확인된 목관묘 가운데 대구 대현동, 대구 가천동(성), 영천 화룡동, 영천 용전리 목관묘[1]는 주변으로 전면 조사가 이루어지지 않은 상태여서 보고자도 조사가 확장될 경우 관련 유구가 확인될 가능성이 높다고 판단하고 있다. 이외 경산 옥산동 무덤은 시굴조사 범위까지를 조사범위로 파악한다면 독립묘로 판단되고, 칠곡 심천리 목관묘는 2기가 조성되어 있지만 사면을 달리

---

1)　영천 용전리 목관묘를 독립묘로 판단하는 연구자도 있다. 하지만 보고자도 완주 갈동 유적과 같이 일정한 거리를 두고 무덤이 조영되었다고 판단하고 있으며, 인근 경주 사라리유적도 130호를 중심으로 반경 40m 외곽에 다른 목관묘가 배치되어 있는 것을 보더라도 용전리 목관묘 주변으로 다른 목관묘가 조성되었을 개연성은 높다고 판단된다. 하지만 입지로 볼 때 대구 팔달동유적이나 경산 임당유적 같은 대규모 목관묘군이 조성되기는 어렵다.

해 180m 정도 이격되어 독립묘로 볼 수 있다. 일반적으로 목관묘 등장시기에는 독립묘로 조성되다가 이후에 군집화 되는 것으로 알려져 있는데 이들 무덤에서 출토된 유물이 무문토기호, 원형점토대토기 등으로 군집화 된 무덤에서 출토되는 유물보다 이른 시기여서 금호강유역은 일반적인 양상과 동일하다고 할 수 있다.

군집을 이루는 유적은 10기 내외의 소규모에서 100여기 이상 대규모까지 조성기수의 격차가 크고, 한 지점에 밀집분포하거나 구릉별로 입지를 달리하면서 나뉘기도 하고 동일 입지에서 일정거리를 두고 떨어져 소군집을 이루기도 한다. 소군집으로 무덤군이 나뉘는 경우 시간의 흐름에 따라 무덤조성 위치가 이동되었을 가능성과 서로 다른 축조 집단에 의해 동시기에 조성되었을 가능성을 생각할 수 있다.

군집화 된 유적 내 무덤간 배치 간격은 3~25m 정도로 소규모 유적이 대규모 유적에 비해 배치 간격이 더 넓은 경향성[2]은 확인되지만 대체로 5~10m 범주에 속하고 유적마다 일정한 등간격을 이루기도 한다. 이렇듯 무덤간 배치 간격이 차별화되지 않고 어느 정도 일정하다는 것은 봉분[3]이 조성된 묘역범위가 비슷했음을 나타내고 묘역범위로 피장자간 우열을 따질 수 없음을 의미한다. 팔달동유적은 일반적인 양상에서 크게 벗어나지는 않지만 무덤간 배치 간격이 좁고 인접 배치되는 예가 확인되어 봉분 중복현상을 추측할 수 있는데 이는 친연관계에 있는 무덤을 인접 배치한 것으로 판단된다. 봉분중복은 짐작

---

2) 무덤의 규모나 부장품으로 볼 때 묘역범위의 차이라기보다는 밀집도에 의한 여유 공간의 차이로 판단된다.

3) 김용성은 목관묘 군집에서 그 사이의 간격이 적어도 5m 정도 이상인 점을 감안해 봉토는 대략 길이 9m 내외, 너비 6m 내외로 짐작하고 있다.(김용성, 2011,「신라 형성기 묘제와 경주지역 사회」,『신라 형성기의 유적』, 한국문화재조사연구기관협회.)

되지만 무덤 간 중복현상은 팔달동유적은 물론 타 유적에서도 보이지 않는다. 단 예외로 대구 사수동 4·5호가 나란히 붙어 병혈합장 되어 있다. 지금까지 영남지방에서 합장 목관묘가 확인된 예는 극히 드물고 주로 호서지방에서 나타나는데 낙랑 목관묘문화 파급과 연관된 것으로 파악되고 있다.

목관묘 군집 규모나 형태가 어떻든 군집화는 무덤 사용이 확대되었음을 의미하고 100여기 이상의 대규모 조성은 축조집단의 결집이나 세력 집중을 보여주는 것이다. 그리고 대규모 군집을 조성한 주체로는 다수의 취락을 상정하는 것이 합리적이라고 판단된다.

2) 권역 및 단계 구분

금호강유역은 광의의 대구분지[4] 내 낙동강 이동지역에 속하고 동서로 길게 이어지면서 하나의 큰 권역을 이루는데 지형·지리적으로 하류역의 대구권, 중류역의 경산권, 상류역의 영천권 등 3개 권역으로 구분된다.

대구권은 서쪽 경계가 낙동강, 북쪽 경계는 낙동강에서 성산(221m), 명봉산(402m), 도덕산(660m), 문암산(427m)으로 이어지고, 남쪽 경계는 낙동강에서 대덕산(600m), 앞산(658m), 용지봉(634m)으로 연결된다. 동쪽 경계는 용지봉에서 북쪽으로 이어지면서 무학산(225m), 두리봉(250m), 모봉(150m)으로 연결되어 대구권과 경산권을 양분한다. 대구권은 금호강유역 내 가장 넓은 충적지대가 펼쳐져 있으며 이언천, 팔거천, 동화천, 월배천, 달서천, 신천 등의

---

4) 광의의 대구분지는 행정구역상으로 현 대구 시역을 가운데 두고 동쪽의 경산시, 영천시와 서쪽의 옛 달성군과 성주군에 해당되는 곳을 포괄하는 하나의 완전한 대지형 단위이다.

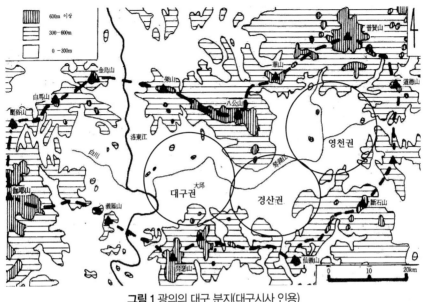

그림 1 광의의 대구 분지(대구시사 인용)

금호강 지류를 포함한다. 경산권은 분지 지형으로 서쪽 경계는 대구권의 동쪽 경계로 하고, 남쪽 경계는 용지봉에서 안산(470m), 삼성산(554m), 금박산(418m)으로 이어지고, 동쪽 경계는 금박산에서 대창천으로, 북쪽 경계는 낙동강에서 초례산(637m)으로 연결된다. 경산권 중앙부는 금호강과 그 지류인 매호천, 욱수천, 남천, 오목천 등의 퇴적작용에 의해 형성된 평야가 넓게 펼쳐져있다. 영천권은 북쪽의 보현산(1,124m), 서쪽의 팔공산(1,193m)과 동쪽의 운주산(806m)이 솟아 있고, 남쪽 경계에는 금박산(432m), 구룡산(675m), 사룡산(685m) 등이 솟아 있어 지역 전체가 하나의 분지 지형을 이룬다. 분지의 중앙에는 금호강과 그 지류인 청통천, 신녕천, 고현천, 자호천, 고촌천, 북안천, 대창천 등이 흐르며 하천 유역에 비옥한 평야를 형성하고 있다.

목관묘 유적은 3개 권역 중 경산권에 가장 많이 분포하고 있으며 다음으로 대구권, 영천권 순으로 확인된다. 대구권은 하류역으로 가장 넓은 충적평야가

그림 2 금호강유역 목관묘유적 및 청동기유적 분포도

형성되어 있고 낙동강으로 합류되는 교통의 요지임에도 불구하고 경산권에 비해 유적 수가 적은 이유는 경산권보다 일찍 도시화되는 과정에서 많은 유적이 파괴되면서 나타나는 현상으로 볼 수 있으며 이는 대구도심에서 확인된 다수의 청동기유적이 뒷받침하고 있다. 영천권은 4개소 유적에서 목관묘 6기만 조사되었으나 목관묘 단계 가장 탁월한 무덤인 용전리 목관묘와 어은동 청동기유적이 확인되는 점으로 볼 때 앞으로 목관묘가 추가 확인될 가능성이 높다. 따라서 현재 나타나는 유적 수나 규모가 목관묘 조성 당시를 그대로 반영한다고 볼 수는 없다.

금호강유역에서 조사된 목관묘를 비교검토하기 위해서는 동일한 시간축이 필요함으로 축적된 편년연구 성과를 참고로 시간축을 설정하고자 한다. 고고자료 가운데 시간성을 가장 잘 반영하는 것이 토기이며 목관묘에서 출토된 토기에 대한 연구성과가 축적되어 개략적인 변화와 상대편년에 대해서는 대체로 통설이 마련된 상태이다. 하지만 세부적인 단계구분과 절대연대에 대해서는 아직까지 이견이 있다.

본고에서는 선행연구 가운데 김용성[5]이 생산기술력 변화에 따라 단순 무문토기 단계, 무문토기와 와질토기 공반 단계, 순수 와질토기 단계로 구분한 3단계 구분안과 경북지역 와질토기 유물군 변화를 기준으로 세부 편년한 이원태[6]의 토기편년 안을 받아들여 금호강유역 목관묘를 단계 구분하겠다.

1단계는 단순 무문토기단계로 이원태의 1기와 그 이전에 조성된 목관묘가 이 단계에 속한다. 기종은 점토대토기, 두형토기, 흑도장경호, 조합식우각형파수부호, 주머니호 등이며 기형은 저부에 굽이 부착된 평저라는 특징이 있다. 2단계는 무문토기와 와질토기가 공반하는 단계로 이원태의 2~5기에 해당되며 무덤 부장품은 무문토기에서 와질토기로 대부분 대체되나 생활토기는 여전히 무문토기가 사용되는 단계로 볼 수 있다. 기종은 조합식우각형파수부호, 주머니호가 지속적으로 부장되면서 와질제로 바뀌고 단경호가 추가된다. 기형은 저부에서 굽이 사라지면서 평저나 완만한 환저로 바뀌고 경부는 완만하게 내경 내지 외경한다. 3단계는 순수 와질토기단계로 이원태의 6~9기에 해당되며 이전 단계에 생활토기로 주로 남아있던 무문토기는 연질토기로 변화한다. 기종은 2단계에서 그대로 이어지면서 조합식우각형파수부호에 대각이 부착되고 기형은 저부가 완연히 환저를 이루면서 경부는 각이 큰 곡선을 이루며 외반하는 특징이 있다.

절대연대는 이원태, 이청규, 이희준[7] 안을 종합해 조양동 5호는 기원전 1세기 전엽, 조양동 38호, 다호리 1호는 기원전 1세기 중·후엽, 사라리 130호는 기

5) 金龍星, 1996, 「土器에 의한 大邱·慶北地域 古代墳墓의 編年」, 『韓國考古學報』35, 韓國考古學會.
6) 이원태, 2011, 「慶北地域 前期 瓦質土器 研究」, 동국대학교 석사학위논문.
7) 李淸圭, 2002, 「嶺南지역의 靑銅器에 대한 論議와 解釋」, 『嶺南考古學』30.
   이희준, 2011, 「경주 황성동유적으로 본 서기전 1세기~서기 3세기 사로국」, 『신라문화』.

표 1. 권역별 단계구분(이원태 2011 수정 보완)

단계	대구권			경산권			영천권	비고(경주)	
	점토대토기	주머니호	조합식우각형파수부호	점토대토기	주머니호	조합식우각형파수부호	주머니호	주머니호	조합식우각형파수부호
Ⅰ	①②⑤	③	④	⑭⑯⑰		⑮		㉚	㉛
Ⅱ	⑥	⑦⑧⑩	⑨⑪		⑱㉑㉑	⑲	㉘㉙		㉝
Ⅲ		⑫	⑬		㉓㉔㉖	㉓㉕㉗		㉞	㉟

〈 심천리(①), 월성동Ⅰ-11호(②), 팔달동 45호(③④)·86호(⑤)·64호(⑥)·48호(⑦)·47호(⑧)·85호(⑨)·96호(⑩⑪)·112호(⑫), 사수동 3호(⑬), 임당 조영ⅠB-7호(⑭)·F2-34호(⑮)·F2-33호(⑯)·조영ⅠB-4호(⑰)·AⅠ-148호(⑱⑲)·AⅠ-91호(⑳)·AⅠ-89호(㉑)·CⅠ-29호(㉗), 신대리 111호(㉒)·670-1호(㉓)·74호(㉔)·98호(㉖), 가천동(㉕), 화룡동(㉘), 용전리(㉙), 조양동 5호(㉚㉛)·38호(㉜㉝), 사라리 130호(㉞㉟) 〉

원후 1세기 중·후엽으로 보면서 각 단계에 대응시키면 1단계는 기원전 2세기 중엽부터 기원전 1세기 전엽, 2단계는 기원전 1세기 중엽부터 기원후 1세기 전엽, 3단계는 기원후 1세기 중엽에서 기원후 2세기 전엽에 해당된다. 최근 기존 편년안을 소급하는 견해가 있어 편년안이 상향조정될 가능성은 있다.[8]

표 2. 편년표

단계	연대	토기조합	대표유구	비고
I 단계	B.C. 2C 중엽 ~ B.C. 1C 전엽	무문토기	팔달동 45 · 57호, 임당F지구	조양동 5
II 단계	B.C. 1C 중엽 ~ A.D. 1C 전엽	무문+와질토기	팔달동 90 · 100호, 임당A1-121 · 135, 임당E-132, 용전리	조양동 38호, 다호리 1호
III 단계	A.D. 1C 중엽 ~ A.D. 2C 전엽	와질토기	신대리 1 · 75호	사라리 130호

금호강유역 목관묘 1단계는 새로운 묘제인 목관묘가 유입되어 청동기와 철기가 등장하는 등 부장품의 변화도 함께 나타나는 단계로 유적은 대구권과 경산권에 분포한다. 2단계는 목관묘가 가장 많이 축조되며 목관묘문화가 발전하는 단계로 새로운 제작기법의 와질토기가 등장하고 철제 부장품이 현저하게 증가한다. 유적은 대구권, 경산권, 영천권 모두 확인된다. 3단계는 순수와질토기 단계로 후반에는 초기 목곽묘가 등장하면서 묘제가 목곽묘로 변화되는 과도기에 해당된다. 유적은 2단계와 마찬가지로 전 권역에서 확인된다.

지금까지 금호강유역 목관묘는 20개소 유적에서 458기[9]가 조사보고 되었

---

8) 정인성, 2011, 『원삼국시대 연대론의 제문제』, 세종문화재연구원 개원 2주년 기념초청강연회.
9) 목관을 사용하지 않았거나 사용유무가 불확실해 토광묘로 분류되는 무덤 중에서 목관묘와 형태, 규모, 부장품 조합이 유사한 무덤은 목관묘 범주에 포함해 분석하였다. 토광묘는 관을 사용한 무덤에 비해 수적으로 소수이지만 1~3단계까지 꾸준히 축조된다.

다. 이 가운데 출토유물로 단계를 파악할 수 있는 무덤은 353기이며 현황은 <표 3>과 같다. 그 외 100여기는 부장품이 출토되지 않았거나 유물이 부장되었더라도 시기를 파악할 수 없는 무덤이다.

표 3. 단계별 목관묘 현황

권역	유적명	총 기수	단계별 기수		
			I단계	II단계	III단계
대구권 (6개소 156기)	대구 칠곡 심천리	2	2	–	
	대구 사수동	15	–	3	5
	대구 학정동[10]	17	–	7	2
	대구 팔달동	102	37	42	4
	대구 월성동	19	19	–	–
	대구 대현동	1	1	–	–
경산권[11] (10개소 296기)	대구 각산동	3	–	3	–
	대구 신서동(동내동)[12]	58	17	18	16
	대구 가천동(성)[13]	1	–	1	–
	대구 가천동(영)	3	–	–	3
	경산 옥산동	1	1	–	–
	경산 옥곡동	6	–	–	3
	경산 임당동	94	15	54	8
	경산 신대리	115	–	11	66
	경산 광석리	6	–	2	2
	경산 내리리	9	–	6	–
영천권 (4개소 6기)	영천 화룡동	1	–	1	–
	영천 완산동	2	–	–	2
	영천 임포리	2	–	1	–
	영천 용전리	1	–	1	–
		458	92	150	111

10) 최근조사에서 목관묘가 추가되어 모두 51기이다.(嶺南文化財硏究院, 2015. 08,「경북 대학교 임상실습동 조성사업부지 내 유적 발굴조사 학술자문회의 자료」)

11) 행정구역상 대구에 속하는 4개소 유적은 지형·지리 구분에 따르면 경산권에 속한다.

12) 3개 기관으로 나뉘어 조사되었으나 단일유적으로 판단된다.(영남문화재연구원, 2002, 『大邱 東內洞遺蹟』, 경상북도문화재연구원, 2011,『대구 신서혁신도시 B-1 3북구역 유적』, 韓國文化財保護財團, 2012~2013,『大邱 新西洞 遺蹟 I·II·III·IV·V』)

13) 가천동(성)은 성림문화재연구원에서 조사한 유적, 가천동(영)은 영남문화재연구원에서 조사한 유적을 가리킨다. 두 유적은 약 1㎞ 정도 떨어져 있다.(嶺南文化財硏究院, 2004,『大邱 佳川洞遺蹟』, 聖林文化財硏究院, 2011,『大邱 佳川洞 新羅墓群』)

2. 자료분석 및 위계화

금호강유역 사회발전과정을 밝혀내기 위한 일환으로 목관묘 단계 사회구조를 유추하기 위해서는 우선 위계구조를 파악할 필요가 있다. 하지만 문헌자료에 명확하게 위계구조가 제시되어 있지 않기 때문에 고고자료를 이용해 임의의 위계구조 틀을 설정해 그 당시 사회를 해석해야 한다. 그러기 위해서 목관묘와 목관묘에서 출토된 부장품을 분석해 위계를 반영하는 속성을 추출하고 그 속성을 기준으로 등급을 구분해 위계구조를 추론해보고자 한다.

1) 자료분석

(1) 목관묘 구조

목관묘에서 파악할 수 있는 기본적인 속성은 관을 안치하기 위해 굴착한 묘광의 형태와 규모, 그리고 목관의 형태 및 규모이다. 묘광은 길이, 너비, 깊이, 면적 등의 규모를 파악할 수 있고 장단비를 통해 형태를 검토할 수 있지만, 목관은 규모를 측정할 수 있을 만큼 양호한 상태로 잔존하는 것이 많지 않기 때문에 형태를 대상으로 하였다.

먼저 묘광 길이는 측정 가능한 408기에 대한 빈도분포도<그림 3>에 따라 선이 꺾이는 값을 기준으로 180㎝이하를 소형, 181~260㎝을 중형, 261㎝이상을 대형으로 구분할 수 있다. 대개는 중형에 속하고 시간에 흐름에 따라 점차 소형이 줄고 대형이 증가한다. 위와 같은 방법으로 묘광 너비를 살펴보면 빈도분포의 흐름이 명확하지 않아 서열화 또는 그룹화 기준을 설정하기 어렵고

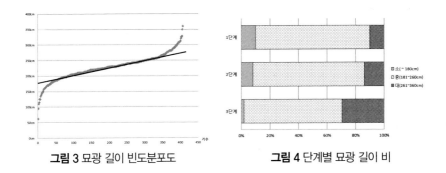

그림 3 묘광 길이 빈도분포도   **그림 4** 단계별 묘광 길이 비

단계별 변화양상도 눈에 띄지 않는다. 묘광 깊이는 유실상태가 무덤마다 달라 동일 조건이라고 볼 수는 없지만 점차 깊어지는 경향성은 파악된다. 묘광 면적은 길이와 유사한 빈도분포 형태로 나타나고 1단계에서 3단계로 가면서 대형 비중이 점차 높아진다. 묘광 평면형태를 보여주는 장단비 또한 빈도분포 형태가 유사하게 나타나기는 하지만 단계별로 살펴보면 길이와 면적만큼 변화의 경향성이 파악되지는 않는다. 대개 목관묘 단계에서 유물부장공간이 확대되는 목곽묘 단계로 전환되면서 묘광 너비가 넓어져 평면형태가 세장방형에서 장방형으로 바뀌고 면적이 넓어진다고 알려져 있다. 하지만 금호강유역 목관묘에서 이러한 변화양상이 시간의 흐름에 따라 점진적으로 일관성을 가지며 진행되지는 않는 것으로 파악된다. 묘광 길이 또는 면적과 유물부장양의 관계를 살펴보면 소형에 비해 대형 목관묘에 유물이 다수 부장되는 예가 더 많지만 규모 대비 유물부장양이 비례관계를 보이지는 않는다.

이처럼 목관묘 규모에서 어느 정도 변화의 방향성은 파악할 수는 있으나 위세차를 적극적으로 반영할 만큼의 차이가 확인되지 않고 중간 값이 대부분을 차지한다. 그리고 피장자의 신분이나 위세를 반영한다고 생각되는 부장품과도 상관관계가 부족하기 때문에 목관묘 규모는 위계화에 적합한 속성이라고

할 수는 없다.[14]

목관묘는 목관 형태에 따라 판재로 조립한 판재관과 통나무관으로 구분되고 목관 외부에 돌을 채운 적석식과 무적식으로 나뉘기도 한다.

목관 형태를 단계별로 보면 1단계는 통나무관과 판재관이 같은 비율로 이용되다가 2~3단계로 가면서 점차 통나무관이 줄고 판재관 중심으로 변화한다. 대구권과 경산권은 통나무관과 판재관이 함께 확인되지만 영천권에서는 판재관만 확인되고, 광석리나 옥곡동유적처럼 소규모 무덤군에서도 판재관만 사용된다. 이는 권역별 혹은 유적별 특징이라기보다는 목관묘가 소수만 확인되어 나타나는 현상으로 판단된다. 관 형태와 무덤 규모의 관계를 살펴보면 판재관을 사용한 무덤의 묘광 규모가 약간 더 크게 나타나는데, 판재관이 통나무관에 비해 크게 만들기 용이하고 관 규모에 따라 묘광을 굴착한 때문으로 생각된다. 관 형태에 따른 부장품의 성격이나 수량에는 차이가 확인되지 않는다. 따라서 목관 형태는 시간의 흐름에 따라 판재관 중심으로 변화하기는 하지만 무덤을 조성한 집단이나 피장자에 따른 선호도 또는 위세에 따른 차이는 크지 않다고 볼 수 있다.

적석목관묘는 목관 외부에 돌을 채우거나 목개 상부를 할석을 이용해 적석한 것으로 팔달동유적을 중심으로 1~2단계에서 확인되다가 무덤군의 조영이 끝나가는 3단계는 더 이상 확인되지 않는다. 이는 금호강유역의 적석목관묘는 팔달동유적의 특징적인 묘제 구조였음을 의미한다. 팔달동유적 적석목관묘는

---

14) 무덤 깊이와 넓이는 조성 당시 피장자의 힘과 일부 상관관계가 있다고 생각하는 견해가 있다.(신용민, 2008, 「다호리유적 목관묘 시기의 묘제」, 『茶戶里 遺蹟 發掘 成果와 課題』, pp.118~125.) 이는 영천 용전리목관묘 같은 탁월한 몇몇 무덤에 적용되나 전체 목관묘로 일반화 시킬 수는 없다.

무덤 규모면에서 대형과 중형이 주로 확인되어 중형과 소형이 많이 확인되는 무적석목관묘보다 조금 우위에 있기는 하지만 부장품에서 차이를 찾아 볼 수 없어, 적석유무는 위세차라기보다는 무덤축조 방식이나 계통 차이로 보는 것이 타당할 것 같다. 하지만 이러한 세부적인 차이를 계보가 다른 외래묘제의 유입이나 이주민집단의 계통적인 차이와 직접 연결시키기는 어렵다는 견해[15]도 있다. 여하튼 금호강유역 출현기 목관묘는 관 형태나 적석여부 등 내부구조가 다양하지만 점차 단순해지면서 공통성을 띠게 된다. 무덤축조 방식에서 다양성이 줄고 통일성이 높아진다는 점은 매장관념이 통일화되어간다는 것으로 금호강유역의 집단 간 통합도가 높아졌다고 볼 수 있다.

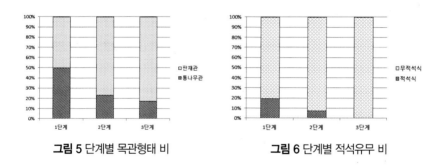

그림 5 단계별 목관형태 비   **그림 6** 단계별 적석유무 비

목관묘 구조 가운데 특징적인 요갱(腰坑)은 묘광 바닥에 수혈을 굴착해 목관을 안치하기 전 의례행위와 관련된 부장품을 매납하는 공간으로 전(全) 단계, 전 권역에서 모두 나타나는데 3단계 신대리유적에 집중적으로 설치된다. 요갱에는 세형동검과 같은 위세품을 비롯해 10여점 이상 유물이 다량 부장되기도 하지만 흔적만 남아 있거나 부장품이 없는 예도 있어 피장자의 위세와

---

15) 이재현, 2003, 『弁·辰韓社會의 考古學的 硏究』, 부산대학교 박사학위논문.

직접적인 상관관계를 나타낸다고 볼 수는 없다. 하지만 요갱이 설치된 무덤은 비교적 규모가 커서 적석식과 마찬가지로 경향성은 확인된다.

목관묘 침향(枕向)은 일반적으로 동향이라는 사실이 알려져 있으며 금호강 유역도 동서향이 장축이 될 수 있도록 사면과 평행하거나 직교되게 무덤이 조성되어 있다. 목관묘가 조성된 구릉사면 방향을 보면 서사면이 다수를 차지하고 있어서, 등고선과 직교되게 무덤을 축조할 경우 자연스럽게 침향이 동향이되는 구릉을 선택하였음을 알 수 있다. 이처럼 금호강유역 목관묘 축조집단들은 방위를 기준으로 침향을 정하는 매장관념을 갖고 있어 이전 지석묘 축조집단들이 하천방향과 같은 자연지형에 따라 침향을 정하는 것과 차이를 보인다.

목관묘의 관 형태, 적석유무, 요갱유무, 침향 등 구조 및 형태에서도 규모와 마찬가지로 경향성은 파악할 수 있지만 무덤간 뚜렷한 차이는 확인되지 않아 위계차가 크게 반영되지 않은 것으로 볼 수 있다.

(2) 부장품

목관묘를 위계화 할 수 있는 속성으로 구조 및 규모 이외에 부장품이 있다. 부장품은 무덤 축조집단의 내세관(來世觀)과 조영관(祖靈觀)을 반영하는 것으로 피장자가 살아있을 당시의 사회적 지위와 신분을 죽은 후에도 그대로 누리라는 염원에서 피장자 곁에 넣어 준 것으로 해석되고 있다. 성격별로는 의기류, 무기류, 농공구류, 장식 및 장신구류, 용기류 등으로 구분되고, 재질별로 청동제품, 철제품, 토제품을 중심으로 옥제품, 목제품, 석제품 등으로 나뉜다. 부장위치는 크게 목관 내, 목관 상면, 충전토 내, 충전토 상부, 목개 상부 및 봉토 내로 구분된다.

좀 더 자세히 살펴보면 의기류는 동경, 동탁 등 의례행위에 사용되었다고 추정되는 유물이고, 무기류는 동검, 동과, 동모, 철검, 철모, 철촉 등이다. 농공구류는 동부, 동사, 주조철부, 단조철부, 판상철부, 철도자, 철착, 철사, 철겸 등이고, 마구류는 주로 재갈이다. 장신구류는 대구, 동포, 동천, 동환, 경식 등이고, 장식구류는 동검이나 철검의 부속구로 검파두식, 검촉, 칼집장식구 등이다. 용기류는 토기와 칠기가 있다. 재질별로 청동은 의기, 무기, 장신구, 장식구로, 철은 무기, 농공구, 마구로 제작되고 용기류는 주로 흙으로 만들어지고 있어 부장품의 성격과 재질은 밀접한 관련이 있다고 볼 수 있다.

목관 내 부장되는 유물은 주로 청동제 의기, 무기, 장신구, 장식구, 철제 무기 등으로 피장자의 신분이나 권위를 상징하는 위세품 성격이 강한 유물이 피장자와 함께 목관 내 부장된다. 충전토 내 또는 상부, 목관상면에는 철제 농공구와 용기인 토기가 주로 부장된다. 목개 상부나 봉토 내에는 주로 단경호나 조합식우각형파수부호 같은 크기가 큰 토기가 부장된다.

또한, 부장품은 출토위치와 성격에 따라 피장자의 위세품과 매장시 행해진 의례행위를 위한 유물로 구분될 수 있는데 청동기와 철기는 주로 피장자와 함께 목관 내부에 부장되는 위세품으로 보고 있으며 토기는 주로 의례행위에 따른 공헌품로 보고 있다. 유물의 성격, 재질, 부장위치를 함께 살펴보면 의기성이 강하고 피장자의 신분이나 권위를 상징하는 유물은 청동으로 제작되면서 주로 피장자와 함께 관내에 부장되고, 용기로 위세품의 성격이 약한 토기는 피장자와 떨어져 관외에 주로 부장된다.

금호강유역 목관묘 부장품의 수량은 2천점 이상으로 부장품이 전혀 없는 무덤부터 용전리 목관묘처럼 100여점 이상 다량 부장된 무덤까지 편차가 크게 나타나고, 성격에 따라 의기류가 가장 적게 부장되고 용기류가 900여점으로 부장량이 많다. 재질별로 청동제품이 100여점으로 가장 적고 철제품, 토제품 순으로 수량이 증가한다.

이처럼 부장품은 성격이나 재질별로 부장위치와 수량에 뚜렷한 차이가 확인되고 무덤 간 부장품 수량에도 큰 격차가 나타난다. 이러한 격차는 피장자의 지위나 신분차를 반영하는 것으로 이해할 수 있어 부장품의 성격이나 재질, 그리고 수량은 피장자의 위계화에 적합한 속성이라 할 수 있다. 기존 연구 성과에 따르면 목관묘 단계는 무덤의 입지, 구조나 규모에서는 뚜렷한 차이가 없지만 부장품에서는 종류와 양이 풍부해지면서 개별 무덤마다 현격한 차이가 나타나는데, 금호강유역 목관묘와 그 부장품 분석 결과와도 일치한다.

2) 위계화

목관묘 단계 무덤을 위계화[16]한 기존 연구에서 유적의 입지, 규모, 부장품의 질과 양, 위세품의 부장유무 등이 주요 기준이 되어 왔으며 동경이나 동검 같은 유물이 부장된 탁월한 무덤을 지배자묘로 판단해 단적으로 비교한다거나 유구와 유물의 질과 양을 자의적으로 선별하고 해석해 비교하는 것이 대부분이었다. 하지만 자료를 구체적으로 제시하면서 객관화시키지 못해 타당성을 확보하는데 미흡한 점이 있었다.

앞서 분석한 자료에 따르면 유적의 규모, 부장품의 질과 양이 유적간 그리고 개별 무덤간 편차도 크고 일반적인 위계구조 형태인 피라미드형으로 서열화도 가능한 유효한 속성으로 파악되었다. 이 속성으로 최대한 구체적이고 객

---

16) 위계화란 지위나 계층 따위의 등급이 이루어짐을 의미한다. 즉 경제적, 문화적, 사회적, 직업으로 인해 신분 혹은 계층이 나뉘게 된 조직·집단질서, 개인에 있어서의 권력적·신분적·기능적 상하, 서열관계가 정돈된 피라미드형의 체계(신분적 계층적 질서)를 뜻한다.(홍두승·구해근, 2008, 『사회계층·계급론』, 다산출판사, pp.56-76.)
　　분묘를 계층화(위계화) 한다는 것은 분묘에서 출토되는 유물의 질과 양, 그리고 그 분묘의 규모를 가지고 표지적인 기준을 만들어 이 기준에 의해 작업한다는 것을 의미한다.(金龍星, 1998, 『新羅의 高塚과 地域集團』, 춘추각, pp.52-59)

관화 된 기준을 마련하기 위해 금호강유역에서 조사된 모든 목관묘와 전체 부장품을 대상으로 명시적 기준에 따라 서열을 측정하고 위계화 하여 목관묘 단계 사회의 위계구조를 밝혀보고자 한다.

부장품의 질은 의기, 무기, 장신구 등 피장자의 신분이나 권위를 반영하는 위세품의 성격을 띠는 유물로 가늠할 수 있으며 재질과 직접적인 연관성을 가진다. 재질에 따라 부장품은 청동기, 철기, 토기로 크게 구분되고 여기에 옥기, 목기, 석기 등이 일부 추가된다.

청동기는 기본적인 원료가 대외교류를 통해 확보되어야 하는 희소성이 강한 유물이고 제작과정도 고도의 전문기술이 필요하기 때문에 유력 개인이나 지배 집단 간의 거시적 네트워크를 통해 유통되었을 것이다. 따라서 목관묘 단계 피장자의 신분이나 권위를 상징하는데 가장 유효한 부장품 재질로 판단된다. 부장위치도 목관 내 피장자와 함께 위세품으로 부장되는 예가 많아 목관 외부에 의례단계에서 부장되는 철기와 토기보다 우위에 있다고 할 수 있다.

철기는 목관묘 단계에 새로이 유입되는 유물로 초기에는 철기의 소유가 신분을 과시하는 위세품으로 상징적인 의미를 가진 것으로 이해된다.[17] 또한 석기나 청동기에 비해 재질이 강하나 철광석산지의 분포가 한정적이고 원료 철을 생산하는 제련과 정련 과정은 높은 기술력을 요하기 때문에 청동기와 마찬가지로 피장자의 위세를 나타내는데 유효한 유물이다. 하지만 원료 확보가 청동기보다 용이하고 부장위치에서도 청동기와 달리 관 내 보다는 외부에 부장되는 예가 많아 철기가 보다 하위에 있다고 할 수 있다.

토기는 원료 수급이 용이하고 제작 과정이 금속기만큼 고도의 전문적 기술

---

17) 이청규, 2015,『다뉴경과 고조선』, 단국대학교 출판부, p.157.

을 요하지 않아서 위세품이라기 보다는 의례용기로 파악되어 청동기나 철기 보다는 격이 떨어지는 부장품으로 볼 수 있다.[18]

이처럼 부장품 재질로 볼 때 원료 수급이 용이하지 않고 기술의 발전과 생산력 증가를 뒷받침하는 금속기가 격이 높은 유물로 볼 수 있으며 그 중에서도 청동기가 철기보다 우위에 있다고 할 수 있다. 따라서 청동기를 포함한 부장품조합이 그렇지 못한 조합보다 우위에 있을 가능성이 높고 다음으로 철기를 포함한 조합, 그리고 토기로 이루어진 경우를 그 다음으로 들 수 있다.

피장자의 생전 지위를 유물 수량만으로 판단하기는 다소 무리가 있지만 여타 무덤과 비교했을 때 상대적으로 양이 많다면 그것은 피장자의 물자 동원력을 의미하므로 일정한 의미를 가진다고 할 수 있어 부장품의 질과 함께 피장자의 위세를 서열화 시키기에는 충분한 요소로 판단된다.

부장품의 질과 양은 따로 떼어내어 생각할 수 없으며 모두 피장자의 위세를 반영하는 것으로 두 요소를 동시에 고려하면 피장자의 위세를 더욱 객관적이고 종합적으로 파악할 수 있다고 판단해 부장품의 재질과 수량을 각기 서열화한 후 객관적인 기준에 따라 그룹을 만들고 각기 상위 그룹부터 매치시켜 상·중·하 등급을 설정하였다. 이때 등급화 하는 대상에 최대한 동일한 조건을 부여하기 위하여 평면상 유실된 무덤을 제외하고 일부 유적이나 무덤에서만 확인되는 목개 상부 유물은 수량화에서 제외하였다[19]. 또한 부장품의 재질에 따

---

18) 대부조합식우각형파수부호를 위세품으로 보는 견해도 있다.(이원태, 2012, 「목관묘 출토 대부조합우각형파수부호의 출현과 의미」, 『嶺南考古學』.)

19) 유물부장위치는 보고서를 기준으로 하였다.
목개 상부 부장품은 피장자 중심이 아닌 분묘 축조자 중심의 의례행위에 공헌되는 유물로 간주되고 있다.(鄭賢鎭, 2015, 『한반도 남부 점토대토기 단계 목관묘 매장의례의 연구』, 慶北大學校 碩士學位論文.)

라 피장자의 위세를 반영하는 정도가 다름을 감안해 두 가지 이상 재질로 제작된 유물은 서로 다른 재질의 조합으로 판단하고 각기 수량화하였다. 예를 들어 청동제 검파두식이 부착된 철검은 청동기 1점, 철기 1점으로 하였다. 이런 기준으로 선별된 무덤은 403기이며 유물은 모두 2188점이다.

부장품의 재질에 따라 가장 우위에 있는 청동기와 그 외 다른 재질의 유물 조합을 A급, 철기 및 철기에 토기나 기타 재질의 유물 조합을 B급, 토기 혹은 토기에 기타 재질의 유물 조합을 C급, 유물이 부장되지 않은 것을 D급으로 구분하고 등급화의 한 축으로 한다.

부장품 수량에 따른 빈도분포도는 <그림 7>과 같다. 이 도면에 의하면 7점과 14점을 기준으로 분포단위가 크게 3개 그룹으로 나뉘므로 부장품 수량에 따라 서열화 된 등급을 14점 이상은 a급, 7~13점은 b급, 0~6점까지는 c급으로 구분하고 등급화의 또 다른 축으로 한다.

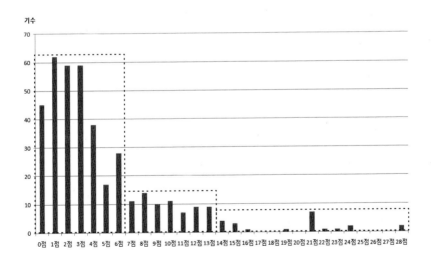

그림 7 부장유물 수량 빈도분포도

부장품의 재질과 수량 등급을 동시에 비교한 것이 <표 4>이다.

· 부장품 재질
　　A급 = 청동기(+철기+토기+기타)
　　B급 = 철기(+토기+기타)
　　C급 = 토기(+기타)
　　D급 = 無

· 부장품 수량
　　a급 = 14점 이상
　　b급 = 7~13점
　　c급 = 0~6점

표 4. 부장품 재질과 수량 등급표

점수 ＼ 재질	A 청동기 (+철기+토기+기타)	B 철기(+토기+기타)	C 토기(+기타)	D 無
a(14점 이상)	Aa(20기)	Ba(3기)	Ca(0기)	Da(0기)
b(7~13점)	Ab(27기)	Bb(43기)	Cb(2기)	Db(0기)
c(0~6점)	Ac(15기)	Bc(105기)	Cc(143기)	Dd(45기)

　　부장품의 재질과 수량은 모두 피장자의 위세를 반영하는 요소로, 두 요소 모두 등급이 높은 부장품의 피장자가 위계가 높고 그와 반대로 두 요소 모두 낮은 등급의 피장자는 낮은 위계에 속한다고 볼 수 있다. 그래서 재질과 수량 조합을 3개 그룹으로 나누어 1등급은 Aa그룹, 2등급은 Ab, Ac, Ba, Bb, Ca그룹, 3등급은 그 외 나머지 그룹으로 설정하였다. 이렇게 설정된 등급은 1등급을 정점으로 피라미드 형태를 이루고 있어 위계화에 적합하다고 할 수 있다.

　　등급별로 부장품을 살펴보면 1등급은 청동의기, 청동무기, 철제마구, 칠기 등 위세품의 성격이 강한 유물이 2·3등급에 비해 많이 부장되고, 2등급은 청동장신구가 1·3등급에 비해 많이 부장된다. 그리고 3등급은 토기와 경식이 3개 등급 가운데 가장 많이 부장되고 청동의기, 청동무기, 철제마구는 부장되지 않다. 유적 내 등급별 배치상태를 살펴보면 1등급의 입지가 우위에 있거나 특정 등급이 일정공간에 모여 타 등급과 분리되는 현상은 나타나지 않아 배치상 등급간에 차별성은 없는 것으로 파악된다. 3개 등급 모두 조성된 유적에서는 대개 각 등급끼리 혼재되어 있으면서 1~2등급은 서로 일정거리를 두고 배치되어 있는 양상이다.

유적별로 살펴보면 1~3등
급까지 모두 확인되는 팔달
동, 신서동, 임당, 신대리유적
이 있는가 하면 사수동유적
처럼 3등급만 확인되는 유적
도 있고 전체 묘역이 조사되
었다고 할 수는 없으나 용전

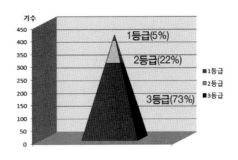

그림 8 등급비

리 목관묘처럼 탁월한 1등급만 확인된 예도 있다.

사회구조를 밝혀내기 위한 수단으로 서열화하여 등급을 구분해 위계화 했
지만 이런 위계가 그 당시 사회구조의 분화 정도를 명확하게 표현하면서 각
계층과 대응된다고 할 수는 없어 등급에 따른 성격을 단정할 수는 없다. 하지
만 소수의 상위등급인 1등급은 유적 내 혹은 유적을 포함한 지구나 지역 내 유
력자나 최고 우두머리로 수장급, 제사장급으로 보아도 무리가 없을 것이다. 청
동무기, 청동장신구, 오수전, 철검, 판상철부 등 위세품을 포함해 다량의 유물
이 부장되는 팔달동 90호, 임당 조영1B-7호·AⅠ-121호, 용전동 목관묘가 대표
적인 무덤이다. 2등급은 1등급과 동일한 부장품 조합을 보이지만 무기의 비중
이 낮고 장신구의 비중이 높아 1등급의 성격과는 차이가 있었을 것으로 판단
된다. 대다수를 차지하는 3등급은 위세품이 거의 부장되지 않고 대개 6점 이
내 소량의 유물만 부장되므로 무덤을 조성할 수 있는 피장자 중에서는 하위계
층에 속한다고 볼 수 있다.

3. 변화양상

　지금까지 금호강유역 목관묘사회 위계구조를 파악하기 위해 자료를 검토하고 유효한 속성이라고 판단되는 부장품의 질과 양을 기준으로 목관묘를 위계화 하였다. 여기서는 위계화 된 목관묘의 단계별·권역별 변화양상을 파악해 시간의 흐름에 따른 위계구조의 변화양상을 살펴보고자 한다. 등급설정과 단계구분이 모두 가능한 무덤은 모두 315기로 현황은 아래 그림과 같다.

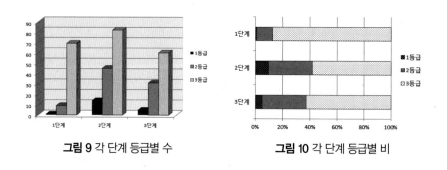

그림 9 각 단계 등급별 수　　　　　　　　　　**그림 10** 각 단계 등급별 비

1) 단계별 양상

　3개 등급 모두 각 단계에서 확인된다. 1단계는 3등급 비중이 월등히 높고 1~2등급은 소수인데 비해 2~3단계는 1~2등급의 비중이 높아진다. 이는 피장자간 격차가 시간이 흐를수록 커졌음을 의미한다.

(1) 1단계

금호강유역 목관묘 1단계는 새로운 묘제인 목관묘가 유입되어 앞서 유행하던 지석묘, 석관묘가 여전히 잔존하면서 여러 형식의 묘제가 공존하다가 점차 목관묘 중심으로 변화하고 청동기와 철기가 등장하는 등 부장품의 변화도 함께 나타나는 단계이다.

부장품은 저부에 굽이 부착된 토기, 철제 무기와 농공구, 청동제 무기와 공구 등이다. 토기는 삼각형점토대토기 단계의 무문토기가 중심이며 태토, 기형, 소성방법 등에서 새로운 와질토기 제작기술이 완성되지 않은 단계이다. 철기는 초기 유입품이 부장되는 점에서 청동기와 마찬가지로 위세품의 성격을 띠고, 부장수량이 적어 본격적으로 제작이 이루어졌다고 볼 수는 없다. 청동기는 기종이 무기 중심으로 단순하며 유입품인 철기와 마찬가지로 피장자의 위세를 반영한 것으로 파악된다.

유적은 금호강 하류역과 중류역에 고루 분포하고 아직까지 상류역에서는 확인되지 않고 있다. 대구권은 영남북부에서 금호강유역으로 들어오는 교통로 추정되는 칠곡 이언천과 팔거천변, 대구중심부를 양분하는 신천변, 그리고 진천변에 위치한다. 이언천변 심천리유적은 유물로 볼 때 1단계에서도 이른 시기로 판단되며 독립묘에 가까운 배치양상을 보인다. 팔거천변의 학정동유적은 최근 이른 시기의 두형토기와 장경호가 출토되는 목관묘가 추가 조사되어 팔달동유적과 함께 팔거평야에 기반을 두고 대규모 무덤군을 조성한 취락집단으로 주목받고 있다. 팔달동유적은 팔거천과 금호강이 합류되는 교통요지에 조성된 대규모 무덤군으로 유입초기 철제품인 주조철부와 단조철부가 다수 출토되어 목관묘사회 형성단계 양상을 파악할 수 있는 유적이다. 신천변의 대현동에서는 비록 목관묘 1기만 조사되었지만 1단계 유물로 추정되는 간두령, 동탁이 출토된 신천동 청동기유적이 위치한 구릉에 함께 분포하고 있어 단일유적으로 볼 수 있다. 따라서 신천동 일대에 이 단계 목관묘가 다수 조성되었을 개연성은 높다. 진천변의 월성동유적은 이 단계에만 집중적으로 무덤이 조성된 유적으로 선상지 선단부 평탄면에 분포하고 있어 대개는 사면에 분포하는 타 유적과 입지상 차이를 보인다.

경산권 유적은 중앙에 임당유적, 외곽에 신서동유적과 옥산동유적이 분포한다. 임당유적은 목관묘 유입기 유물로 추정되는 동부와 철부 등이 출토되어 팔달동유적과 함께 금호강유역 목관묘사회 형성기 양상을 파악할 수 있는 유적이다. 신서동유적은 금호강을 사이에 둔 임당유적을 조망할 수 있는 산지 말단부 평탄면에 조성된 유적으로 이 단계 경산권 내에서 가장 많은 무덤이 밀집분포하고 있다. 1·2등급이 함께 조성되면서 비율도 높은 임당유적과는 달리 1등급은 없고 3등급 위주로 조성되어 있어, 대체로 규모가 큰 유적에 상위 등급 무덤이 다수 조성되는 것과는 다른 양상을 보인다. 이는 신서동유적은 전 묘역이 조사되고 임당유적은 전면 조사가 이루어지지 않았기 때문으로, 발굴조사가 진행되지 않은 임당에 1단계 무덤이 조성되어 있을 가능성이 높다. 옥산동 무덤은 요갱이 설치된 토광묘로 심천리유적처럼 1단계에서도 이른 시기로 판단되며 독립묘에 가까운 배치양상을 보인다. 영천권에서는 아직까지 목관묘가 확인되지 않고 있다.

무덤 분포양상을 보면 팔달동유적과 신서동유적은 다수의 무덤이 한 지점에 밀집분포하고, 월성동유적은 2개 지점으로 나뉘어져 분포한다. 그리고 임당유적은 1~5기가 군을 이루어 5개 지점에 산발적으로 분포하는데, 이런 분포양상 차이는 무덤을 축조한 집단의 성격차로 이해할 수 있다.

1단계 유적은 규모로 본다면 1~2기 무덤이 조성되거나 10여기에서 30기 이상 조성되어 유적 간 차이가 확인되고 개별 유적 중에서는 40여기가 조성된 팔달동유적이 가장 우위에 있다. 등급을 살펴보면 1등급은 임당유적에서 1기

1단계

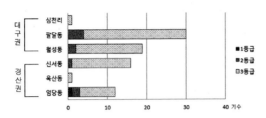

2단계

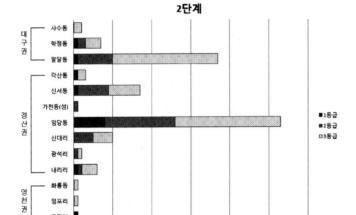

3단계

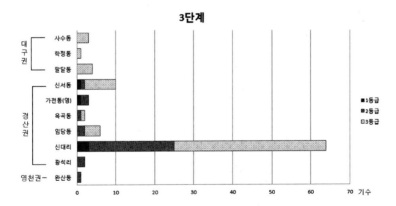

그림 11 각 단계 유적별 1~3등급 수

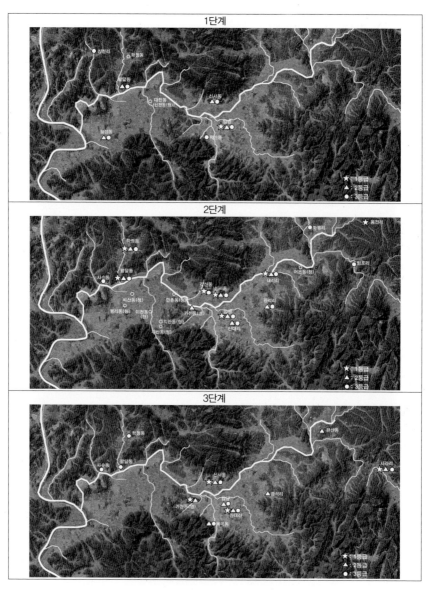

그림 12 각 단계 유적별 1~3등급 분포

만 확인되고, 2등급은 팔달동, 월성동, 신서동, 임당유적에서 각각 4기, 2기, 1
기, 2기가 확인되어 1·2등급에 해당되는 중상위등급 비율은 임당유적이 가장
높고 중상위등급 수량은 무덤 수가 많은 팔달동유적에서 많이 나타난다.

이 단계는 지석묘사회에서 목관묘사회로 전이되는 단계로 이주민과 대외교
류를 통해 유입된 발달된 청동기와 새로운 초기철기문화를 바탕으로 1등급과
같은 유력 개인이 등장하면서 위계구조가 형성되기 시작하고 임당동이나 팔
달동유적 같은 세력집단이 대두되는 단계로 볼 수 있다.

(2) 2단계

이전보다 목관묘 수가 증가하고 세 단계 가운데 가장 많은 무덤이 축조되는
단계이다. 증가 요인은 지속적인 이주민 유입에 따른 인구증가도 있겠지만 이
보다는 지석묘와 석관묘 등 기존 묘제가 더 이상 조영되지 않고 목관묘 중심
으로 전환된 것이 더 큰 요인으로 작용한 것으로 판단된다. 부장품은 새로운
제작기법의 와질토기가 등장하고, 철촉, 철겸, 도자, 재갈 등이 더해지면서 기
존의 단조철부의 수량도 현저하게 증가한다. 수량이 증가하는 철제 부장품으
로 철의 본격적인 제작, 철제도구 사용에 따른 생산력 향상, 철제 무기 등장으
로 인한 세력화 등을 추정할 수 있다. 그리고 의기성이 강한 동경과 동모, 동과
가 추가되면서 동포, 동환 등 장신구와 동경재가공품, 동전 등의 다양한 청동
기가 부장되고, 칠제 용기와 칠선자(임당·신대리유적 중심) 등이 확인되어 위
세품도 이전 단계보다 질적, 양적으로 큰 차이를 보이면서 피장자간 격차가
심화되고 몇몇 피장자에 집중되는 양상으로 나타난다. 이러한 양상은 사회분
화의 진전과 유력자의 출현을 짐작케 한다.

대구권에서 학정동과 팔달동유적이 1단계에 이어 지속적으로 조성된다. 그
리고 이언천과 금호강의 합류지점에 형성되어 대구시가지를 조망할 수 있는

산 사면에 사수동유적이 추가 조성된다. 팔달동유적은 무덤 수량도 1단계보다 증가하고 1등급을 포함한 상위등급 비율도 높아져 대구권 내 금호강 북안에 위치한 유적들 중에서 여전히 중심적인 위치를 차지한다. 사수동유적은 이 단계에 조성된 무덤수가 3기 정도로 소규모이고 피장자의 등급도 모두 3등급이여서, 대규모 무덤군으로 상위등급이 다수 포함된 팔달동이나 학정동유적에 비해 하위집단이 조성한 유적으로 볼 수 있다. 이외 대구분지 중심부에는 이 단계에 속하는 다수의 청동기유적이 존재한다.

경산권은 신서동과 임당유적이 계속 조영되고 새로이 각산동, 가천동(성), 광석리, 내리리, 신대리유적 등 경산권 외곽을 따라 유적이 추가 조성된다. 신서동유적은 1단계와 비슷한 무덤수가 축조되지만 상위등급 비중이 높아진다. 임당유적은 이전 단계 무덤이 입지하던 구릉사면에서 동쪽으로 확장되면서 신대리유적까지 이어지는데 시간적으로도 연결되어 단일유적으로 파악된다. 임당·신대리유적은 무덤수량이 급증하면서 밀집분포하고 1·2등급의 비중도 높아져 1단계에 이어 여전히 경산권의 중심 집단으로 보다 세력이 강해진 모습을 보인다. 각산동유적은 금호강 북안 완사면에 입지하고 동쪽으로 2㎞ 정도 떨어져 신서동유적이 위치한다. 1·3등급 무덤 3기가 조성되어 있으며 이 단계에만 무덤이 조성된다. 인접한 신서동유적과 이격거리나 규모를 고려할 때 그 하위집단이 조성한 유적으로 볼 수 있다. 가천동(성)유적은 금호강 남안에 접한 구릉 완사면에 2등급 무덤 1기가 조성되어 있으며 남동쪽으로 약 1㎞ 떨어진 가천동(영)유적과 관계를 살펴봐야 할 유적이다. 광석리유적은 경산분지 동쪽 경계에 조성되어 있는 소규모 유적으로 2·3등급 무덤 1기씩 확인된다. 내리리유적은 1~3등급 모두 조성된 소규모 유적으로 경산권과 영천권 경계에 해당되면서 금호강 남안에 접한 구릉 능선에 조성되어 있다.

이렇듯 대구권과 경산권은 1단계부터 조성되어 온 대규모 유적을 중심으로 소규모 유적이 권역 외곽으로 확산되는 양상이다.

영천권은 이 단계에 들어서 화룡리, 용전리, 임포리유적이 확인된다. 화룡리유적은 고현천과 신녕천의 합류지점에 인접한 산지 말단부 완사면에 무덤 1기가 조성되어 있고 임포리유적은 북안천변 완사면에 무덤 2기가 조성된 소규모 유적으로 무덤 등급도 3등급만 확인된다. 두 유적 모두 3단계 무덤은 확인되지 않아 단기간에 소수의 무덤만 조성된 유적으로 볼 수 있다.

용전리유적은 목관묘 1기만 조사되었으며 타 유적과 달리 좁은 곡간 내 조성된 특징이 있다. 묘광은 바닥에 요갱이 설치되었으며 규모는 길이 325㎝, 폭 165㎝, 깊이 275㎝로 타 목관묘와 비교해 월등함을 보인다. 부장품 또한 동경, 동탁, 동제과초, 동과, 오수전 등 위세품인 한계(漢系) 유물, 판상철부, 주조철부, 환두도자 등 70여점에 이르는 철기 등 모두 100여점 이상으로 금호강유역을 넘어 영남지방 목관묘 중에서도 탁월한 목관묘이다. 용전리유적 보고자는 목관묘 주인공이 철을 매개로 주변지역과 교류를 하던 것으로 추정하면서 교류루트는 상주-대구-영천-경주, 즉 금호강유역을 매개로 경북북부지역과 경주·포항을 연결하는 내륙루트일 가능성이 높다고 판단하고 있다. 피장자는 탁월한 개인 유력자임에는 틀림없으나 유적의 입지가 대규모로 일정한 군을 이루기는 어려운 곳이여서 어떤 강력한 세력집단이 용전리에 고정적으로 존재했다고 보기는 힘들다.

이 단계는 1단계에 비해 유적 수가 증가하면서 규모도 커지고 상위등급 비율도 높아진다. 또한 이전에는 1~3등급 모두 확인되는 유적이 임당유적 1개소였지만 2단계에는 6개소로 증가한다. 등급별로 보면 13개소 유적 가운데 1등급이 확인되는 곳은 7개소로 모두 14기의 1등급이 확인되고, 그 가운데는 용전리 목관묘와 같은 탁월한 무덤도 확인된다. 이는 1단계보다 우세한 피장자가 증가했음을 의미하고 무덤 간 격차가 커지면서 분화가 심화되었다고 볼 수 있다.

무덤 분포양상을 보면 팔달동과 신서동유적은 이전 단계와 비슷한 양상을 보인다. 임당·신대리유적은 지점을 달리해 몇 개 군으로 나뉘면서 밀집분포한다. 다른 소규모유적 몇 개가 합쳐진 듯 한 양상을 보이는데 이는 몇 개 집단에 의해 임당·신대리유적이 조성되었다고 추정할 수 있겠다. 소규모 유적을 조성한 집단보다 많은 무덤을 축조할 수 있는 집단이 여럿 모여 임당·신대리유적을 조성했다는 것이다. 이는 그만큼 임당·신대리유적이 1단계보다 월등히 더 세력이 강력해졌음을 나타낸다.

이 단계는 목관묘문화가 크게 발전하면서 확대되는 단계로 이전 단계부터 진행된 사회분화가 더 심화되어 개별 무덤간, 유적간 위계차가 뚜렷해진다. 그리고 권역 내 중심부나 주요 지점에 위치한 대규모 유적 주변이나 외곽으로 소규모 유적이 확산된다.

(3) 3단계

목관묘가 지속적으로 조성되면서 목곽묘가 등장[20]해 병존하는 단계이다. 기원후 1세기 중엽부터 2세기 전엽까지로 중국은 후한(後漢)이 성립하고 낙랑은 위축기[21]에 접어드는 시기이다.

---

20) 목곽묘는 2세기 중엽부터 축조되면서 목관묘를 대체한다는 것이 일반적인 통설이나 그보다 이른 시기에 축조되면서 목관묘와 병행한다는 자료(대구 신서동유적, 경주 덕천리유적)가 제시되어 초기 목곽묘 출현시기를 기원후 1세기 전엽으로 보는 견해도 있다.(안병권, 2012, 「영남지역 초기목곽묘 연구」, 영남대학교 석사학위논문.)

21) 낙랑군 역사를 1기:漢四郡 설치시기(漢武帝 치세), 2기:전성기(B.C.87~A.D.30), 3기:위축기(A.D.30~A.D125년), 4기:침체기(A.D.126~A.D.189년), 5기:부흥기(A.D.189~A.D275년), 6기:퇴락기(A.D.276~A.D.313년)로 구분한다.(권오중, 2009, 「'樂浪史' 時代區分 試

부장품 중 토기는 모두 와질토기로 대각이 부착된 기종이 등장하고 철기는 무기, 농공구, 마구 등 성격별로 부장비는 이전 단계와 비슷하지만 전체적인 수량이 줄어들고 철부 중에서 단조철부의 비중이 높아지는 특징이 있다. 청동기는 신대리유적을 중심으로 장신구가 증가하지만 검부속구가 간소화되고 의기와 무기가 줄거나 부장되지 않는 등 수량이 감소한다. 이는 청동기가 위세품으로서 기능이 축소되면서 다른 유물로 대체되었거나 3단계 금호강유역 집단의 대외교류 정도가 낮아졌다고 할 수 있다. 이 시기 외래에서 유입된 위세품이 동남해안 중심으로 출토되면서 대외교류 교역망의 중심권이 대구권에서 이동[22]한다는 견해에 주목하면 후자일 가능성이 높다.

무덤 규모는 길이, 깊이, 면적 등을 전반적으로 고려하면 3단계 무덤이 가장 크다고 할 수 있다. 규모가 커진 요인은 자체적인 변화나 다른 묘제의 영향 등이 있을 수 있는데, 개별 무덤 당 부장품 수량비가 2단계보다 낮은 것으로 보아 더 많은 유물을 부장하기 위해 규모가 커졌다고 할 수는 없다. 그러면 목관묘보다 규모가 큰 목곽묘의 영향일 수 있는데 금호강유역 출현기 목곽묘(신서동유적)는 기존 목관묘와 비교해 규모가 그다지 크다고 할 수 없어 한 가지 요인으로 이해하기는 힘들다.

유적은 경산권을 중심으로 대구권 금호강 북쪽에 분포하고 영천권에서 완산동유적이 확인된다.

대구권 북쪽 이언천과 팔거천 인근에 분포하는 사수동, 학정동, 팔달동유적은 무덤수가 모두 10기 이내의 소규모이면서 3등급만이 조성되어 이전 단계와

論」『韓國古代史硏究』53. 한국고대사학회.)

22) 權志瑛, 2006, 「木棺墓에서 木槨墓로의 轉換樣相에 대한 檢討」『嶺南考古學』38號.
　　김영민, 2003, 「삼한후기 진한세력의 성장과정연구」『신라문화』23號.

비교하면 세력이 많이 약화되었음을 짐작할 수 있다. 이외 대구권 중심부는 무덤이 확인되지 않았지만 가까운 경산권과 비교해보더라도 그보다 훨씬 넓은 분지 내 평야가 공백지대가 되었을 가능성은 희박하고 이전 단계 청동기유적이 다수인 점과 출토유물이 대부분 격이 높은 위세품인 점을 감안하면, 유적이 단절되지 않고 3단계까지 연속적으로 조성되었을 개연성이 대단히 높다.

경산권에는 신서동, 가천동(영), 옥곡동, 임당·신대리, 광석리유적이 분포한다. 이전 단계와 마찬가지로 중심부에 위치한 임당·신대리의 대규모 유적을 중심으로 외곽에 소규모 유적이 분포하는 양상을 보인다. 단 임당·신대리유적의 중심이 임당동에서 신대리로 옮겨진다. 대구권과 비교하면 중심부에 위치한 임당·신대리유적은 물론이고 외곽에 분포한 유적에서도 1·2등급이 높은 비중을 차지하고 있어 3등급만 확인되는 대구권과 차이를 보인다. 이처럼 지금까지 확인되는 자료로는 금호강유역 목관묘 3단계는 신대리유적을 중심으로 하는 경산권이 다른 권역보다 세력이 강하다고 할 수 있다.

영천권 완산동유적은 금호강 남안에 형성된 충적지대와 만나는 산지 말단부 사면에 조성되어 있으며 목관묘 2기가 조사되었다.

3단계 양상을 이전 단계와 비교해 보면 전반적으로 유적 수와 규모가 축소되고 개별 무덤의 등급에서도 1등급 비중이 낮아진다. 부장품 수량도 전반적으로 줄어들 뿐만 아니라 피장자의 신분이나 지위를 반영하는 위세품도 감소한다. 이는 이전 단계보다 금호강유역 집단 세력이 약해지고 대외교류를 통한 위세품 확보가 줄어들었음을 의미한다고 볼 수 있다. 이런 양상은 영남지방 전역에 걸친 일반적인 것이 아니라 금호강유역의 특징으로 경남지방은 여전히 대외교류를 통해 확보한 위세품이 다수 부장되고 목관묘 조성도 활발히 진행된다. 따라서 이전 단계 대외교류의 중심적 역할을 해온 금호강유역이 중심지역으로서의 기능을 상실한 것으로 보인다. 3단계 또 다른 특징적인 양상을 경산권의 사례로 보면 권역 내 외곽에 위치하는 신서동과 광석리유적 같은 중소규모 유적은 수가 줄고 규모가 축소되는데 반해 권역 내 중심적인 위치에 있는 임당·신대리유적 같은 대규모 유적은 오히려 규모가 커진다. 이는 중소 무덤군이 줄거나 축소되는 만큼 대규모 무덤군으로 편입, 결집되는 양상으로도 볼 수 있어 이전 단계보다 중심적인 위치에 있는 대규모 유적을 중심으로 통합력이 높아졌다고 이해할 수 있다.

2) 권역별 양상

(1) 대구권

금호강 하류역의 대구권은 영남지방 주요 교통로인 금호강과 낙동강이 합류되는 교통의 결절지에 해당되는 권역으로 유역 내 가장 넓은 충적지대가 펼쳐져 있다. 목관묘 유적은 주로 금호강 북안에 분포하며 1단계부터 3단계까지 지속적으로 조성된다. 대구권 중심부에는 대현동 목관묘 1기만 조사되었지만 위세품으로 사용된 다량의 청동기가 출토된 신천동, 만촌동, 비산동, 평리동 청동기유적으로 볼 때 분지 중앙에도 다수의 목관묘 유적이 조성되었을 것이다.

금호강 북안에 위치한 유적은 영남북부지역에서 금호강유역으로 들어오는 주요 교통로에 인접해 조성된 심천리, 팔달동, 학정동, 사수동유적이다. 심천리 목관묘는 교통로인 이언천변에 인접해 2기가 분포하고 부장품은 목관묘 유입초기에 해당되는 동검과 원형점토대토기가 출토되었다. 유입초기 유물을 소량 부장한 소수의 무덤이 주요 교통로에 인접해 분포하는 양상으로 볼 때 이주민이 일시적으로 정착해 조성한 무덤으로 추정된다.

팔달동유적은 금호강과 팔거천이 합류되는 교통의 요지에 조성되어 있으며 유입단계부터 3단계까지 지속적으로 100여기 이상의 무덤이 조성되는 대규모 무덤군이다. 1~2단계는 각각 40여기의 무덤이 조성되어 주변 무덤군보다 수적 우위를 차지하다 3단계에 급격히 수가 줄어든다. 학정동유적 또한 1단계부터 3단계까지 50여기 이상이 지속적으로 조성된 무덤군이다. 사수동유적은 2단계부터 조성되는 소규모 무덤군이다. 개별 무덤 등급을 살펴보면 팔달동유적의 중상위 등급 무덤이 학정동과 사수동 유적보다 많은 것으로 파악된다. 세 유적 가운데 교통의 요지에 입지해 지속적으로 대규모 무덤군으로 조성되고 중상위 등급의 무덤 숫자도 많은 팔달동유적을 상위 집단으로, 학정동과 사수동유적은 그 하위에 있던 집단으로 볼 수 있다. 물론 부장품에서도 팔달동유적이 풍부한 청동기와 유입초기 철제품이 출토되어 우월함을 보인다. 세 유적은 4㎞ 정도 근거리에 위치하거나 팔거평야에 함께 기반을 두고 있어 상호 연계되어 있었을 것이고 주도적인 역할은 상위 집단인 팔달동유적이 담당했을 것이다.

대구권 중심부는 조사된 목관묘 수가 적지만 청동기유적에서 출토된 청동기가 권역 내 대규모 무덤군인 팔달동유적은 물론 인근 경산 임당유적, 영천 어은동유적 청동기와 비교해 오히려 우월한 모습을 보이고 있어 대구권 중심에 이 권역 중심집단으로 기능하는 무덤군이 존재했을 가능성은 충분하다.

또한 대구권은 조사된 무덤 자료가 부족함에도 불구하고 월성동유적을 포함한 1단계 무덤 수가 경산권보다 많이 조성되고 영천권은 아직까지 1단계 유적이 확인되지 않고 있다. 이는 금호강유역 목관묘문화 유입초기 경로가 경북북부지역에서부터 대구, 경산으로 이어질 가능성을 제시하는 것으로 생각된다.

(2) 경산권

금호강 중류역의 경산권은 대구권과 영천권을 이어주는 경산분지 일대로 분지 내 넓은 충적평야가 형성되어 있다. 목관묘 유적은 분지 중앙에 위치한

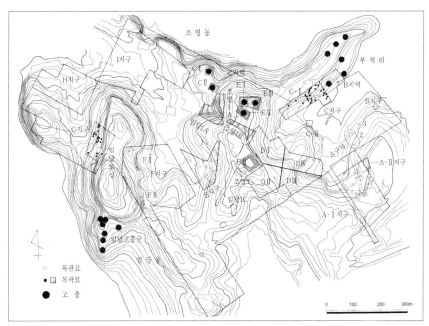

그림 13 임당유적 분묘 분포도

임당·신대리유적을 중심으로 외곽을 따라 신서동, 가천동, 광석리, 내리리유적이 분포한다. 이 가운데 1~3단계까지 연속해서 무덤이 조성되는 유적은 임당·신대리유적과 금호강 북안에 신서동유적이다. 그 외 유적은 대개 2단계와 3단계에 단발적으로 조성된다.

임당·신대리유적은 동쪽에 오목천과 서쪽에 남천을 두고 북으로 금호강을 향해 뻗은 저구릉들에 200기 이상의 목관묘가 조성된 대규모 무덤군으로 금호강유역 내 단연 돋보이는 유적이다. 각 단계마다 경산권 내 타 유적보다 월등한 수적 우위를 차지하고 개별 무덤 등급에서도 중상위등급 비율이 높다. 특히 1단계부터 3단계까지 1등급이 지속적으로 확인되는 유적은 금호강유역에서 임당·신대리유적이 유일하다.

임당·신대리유적은 단계별로 여러 지구에 나뉘어 목관묘가 조성된다. 1단계는 조영1B, E지구, F I 지구, F II 지구, G지구에 분포하고 이 가운데 일정한 군을 이루는 3개소 이상은 별개 집단이 조성한 묘역으로 추정된다. 2단계는 대규모 군집을 이루는 A지구와 E지구가 대표적이다. 두 지구는 500m 정도 떨어진 서로 다른 구릉사면에 동시기에 조성된 것으로 추정되어 축조집단의 성격이 달랐을 가능성이 높다. A지구는 중상위등급 무덤이 다수 조성되고 다양한 청동제품과 철제품이 부장된다. 특히 어은동과 신서동유적 출토품과 유사한 마형동기가 부장되어 주변 유적과의 교류양상을 파악할 수 있다. 철제품은 판상철부와 주조철부가 복수로 부장되거나 시상대로 사용되어 판상철부는 1점씩만 부장되고 주조철부는 전혀 부장되지 않은 E지구와 차이를 보인다. E지구는 A지구와 비교해 부장양상 차이만이 아니라 무덤 수도 작고 상위등급 비중도 낮다. 예컨대 A지구는 2단계 임당·신대리유적 중심 집단으로 E지구는 그 하위집단으로 볼 수 있다.

표 5. 임당 · 신대리유적 II단계 목관묘 현황

	임당 · 신대리	II단계 총 기수	등급별 기수		
			1등급	2등급	3등급
1	임당 A지구	31	6	13	11
2	임당 E지구	20	2	5	13
3	신대리	11	–	5	5

3단계는 신대리에 목관묘가 군집을 이루는데 이 군집은 분포 위치에 따라 다시 소군집으로 나뉜다. 유적 남단에는 철제품과 무기류를 부장하지 않고 마형대구, 호형대구, 동천 등 청동제 장신구를 부장하는 무덤들이 일정한 군을 이루기도 한다.

이렇듯 여러 군집으로 나뉘는 것은 복수 집단에 의해 무덤이 조성되었음을 짐작케 한다. 각 조성집단을 취락에 대응시킨다면 임당·신대리유적은 일정의 취락과 그 주변에 연계된 다수의 취락으로 이루어진 읍락으로 볼 수 있다. 또한 유적의 규모 및 지속성, 상위등급 무덤 수, 부장품의 질과 양으로 볼 때 경산권 내 중심 읍락임에는 틀림이 없을 것이다.

경산권 외곽에 분포하는 유적 가운데 신서동유적은 임당·신대리유적 다음으로 많은 수의 목관묘가 조성되어 있다. 권역 내 중심부가 아닌 외곽에 위치하면서 지속적으로 일정 규모 이상의 무덤군이 조성된 양상은 대구권의 팔달동유적과 비견될 만 하다. 신서동유적에서 서쪽으로 2㎞ 정도 떨어져 있는 각산동유적은 소규모로 단기간에 무덤이 조성되어 있어 신서동유적보다는 낮은 수준의 집단이 조성한 것으로 이해할 수 있다. 가천동, 광석리, 내리리, 옥곡동유적 등 외곽에 분포하는 유적은 2단계부터 시작해 소규모로 조성되고 부장품의 질과 양에 있어서도 중심부에 위치한 임당·신대리유적에 크게 못 미친다.

경산권 내 중심 집단인 임당·신대리유적과 그 주변 집단과의 관계는 어떠했을까? 서로 독립적으로 존재하지 않고 상호 연계되어 일정한 관계를 맺고 있었을 것은 쉽게 상정할 수 있다. 그 사례로 한경(漢鏡)을 재가공한 동경재가공품을 들 수 있다. 지금까지 영남지방에서 출토된 동경재가공품 8점 중에서 7점이 임당·신대리유적에서 출토되어[23] 임당·신대리유적의 특징적인 부장품임을 알 수 있는데, 이 동경재가공품이 가천동유적에서 추가로 확인된 것이다.[24] 검 주변에서 출토되는 양상 또한 임당·신대리유적과 유사해 동일한 방식으로 부장된 것임을 알 수 있다. 기본적으로 대외교류를 통해서만 확보할 수 있는 위세품을 동일한 방식으로 부장한다는 사실은 상호 연계되어 있었다는 것을 쉽게 짐작케 한다. 가천동유적 이외의 타 유적도 상황은 비슷했을 것이다.

---

23) 朴知英, 2014, 「한반도 남부 출토 前漢式鏡의 유통체계」, 경북대학교 석사학위논문.
24) 박지영에 의하면 소형 이체자명대경의 재가공품일 가능성이 높다고 한다.

(3) 영천권

금호강 상류역인 영천권은 경주·포항의 동해안 권역과 금호강 중하류역을 이어주는 권역으로 대구·경산권과 비교해 충적지가 좁고 곡간지가 많은 곳이다. 목관묘는 서로 다른 수계에 위치한 4개소 유적에서 6기가 조사되어 단기간에 소수만 조성되는 양상을 보인다. 그 가운데 금호강유역 내 가장 탁월한 무덤인 용전리 목관묘가 조성되고 다수의 청동기가 출토된 어은동 청동기유적이 있다.

용전리 목관묘는 규모와 부장품의 질과 양에서 금호강유역뿐만이 아니라 영남지방의 타 목관묘와도 현격한 차이를 나타내며 탁월함을 보인다. 무덤 주인공은 다량의 한계(漢系)유물과 철제 부장품의 성격으로 볼 때 주변지역 또는 영남지방을 넘어 대외교류를 담당하던 유력자로 추정된다. 하지만 유적의 입지가 지속적으로 대규모 무덤군을 조성하기 어려운 곳으로 용전리유적이 중심집단으로서 역할을 했다고 보기는 어렵다.

어은동 청동기유적은 목관묘 부장품으로 추정되는 한경(漢鏡), 방제경(倣製鏡)과 동물형의 대구, 그리고 소형의 말, 사슴머리 등의 장식과 단추형 장식 등 다량의 청동기가 출토되었다. 한경과 방제경의 조합은 평리동청동기유적과 유사하고 무기류가 전혀 출토되지 않은 것은 신대리 72·80·90·670-1호와 유사하다. 무기류가 전혀 부장되지 않고 청동제 의기와 장신구만 부장되는 점은 이 무덤 주인공이 제사장적 성격을 지닌 것으로 볼 수 있다.

4. '國'의 형성

  금호강유역에 목관묘가 조성되던 원삼국시대 영남지방에는 지역정치체인 '國'이 존재했다는 사실이 문헌기록에서 확인되고 고고자료를 통한 연구에서도 논증이 되고 있다. '國'은 '어느 정도 집단의 통합을 유지하고 대표하는 개인이 존재하는 정치체'[25] 또는 '일정한 우두머리가 지배하는 지역집단 혹은 정치체'[26]로 정의된다. '國'은 복수의 읍락으로 구성되었으며 이 가운데 중심적인 읍락이 국읍이고, 읍락은 다시 몇 개의 취락으로 구성되었다는 것이 일반적이다.[27] 이러한 '國'은 지역·시기를 달리하며 형성되고 그 경계도 고정된 것이 아니라 시기에 따라 확장되거나 축소되는 등 변동이 있었을 것이다. 과연 금호강유역은 어떤 양상이었을까?

  앞서 금호강유역 목관묘를 분석한 결과, 개별 무덤의 입지나 규모에서 차별성은 보이지 않지만 부장품의 질과 양에서는 피장자간 격차가 나타나고 그 격차는 피라미드상으로 3개 등급으로 나누어 위계화 할 수 있었다. 이 가운데 1등급 무덤은 대외교류나 고도의 기술 확보를 통해 획득할 수 있는 청동제·철제 위세품을 다수 부장하고 있다. 임당 조영1B-7호, A-Ⅰ-74호, A-Ⅰ-121호와 신대리 1호, 팔달동 90호 등을 사례로 들 수 있고 이 무덤의 주인공은 그가 속

---

25) 權五榮, 1996, 「三韓의 '國'에 대한 硏究」, 서울대학교 박사학위논문.

26) 李淸圭, 2000, 「'國'의 形成과 多紐鏡副葬墓」 『先史와 古代』14, 한국고대학회.

27) 權五榮, 1996, 「三韓의 '國'에 대한 硏究」, 서울대학교 박사학위논문.
   李熙濬, 2000, 「삼한 소국 형성 과정에 대한 고고학적 접근의 틀- 취락 분포 정형을 중심으로」, 『韓國考古學報』43, 한국고고학회.

한 집단이나 그 주변 집단까지 아우를 수 있는 우두머리 내지는 유력자라고 할 수 있다. 1등급의 유력자는 유적마다 존재여부와 숫자에서 차이가 나타나는데 대체로 소규모 유적보다 대규모 유적에 그 수가 많다.

목관묘 유적은 무덤군의 규모에서도 차별성이 확인된다. 심천리, 각산동, 화룡동유적처럼 1~3기 정도 무덤이 단발적으로 조성되는 유적이 있는가 하면 임당·신대리유적처럼 전단계에 걸쳐 200여기 이상이 밀집분포하는 대규모 유적이 있다. 그리고 팔달동이나 신서동 유적처럼 그 중간정도 규모의 무덤군도 있다. 이렇게 규모에서 차별화된 유적은 상호 평등한 관계에 놓여 있다기보다는 상하 위계구조를 형성하고 있었다고 보는 편이 타당할 것이다. 유적 규모와 유적 내 1등급 유력자 수가 대체로 비례관계로 나타나기 때문에 규모에 따른 상하 위계관계를 뒷받침하고 있다. 대규모 유적은 다시 소군집으로 나뉘기도 하는데 이 소군집간에도 앞서 본 임당 A지구와 E지구와 같은 위계관계를 상정할 수 있다.

위계관계에 놓인 유적 조성집단은 대외교류를 통해 획득할 수 있는 위세품이나, 고도의 기술을 보유한 특정 집단만이 제작할 수 있다고 생각되는 청동제품과 철제품을 염두에 두면 어떠한 형태로든 상호 관계망을 형성하고 있었을 것이다. 그리고 그 관계망을 주도적으로 관리하는 집단은 그렇지 못한 집단보다 상위에 있으면서 관계망의 정도가 높은 주변집단들과 공동체를 형성했을 것이다. 예를 들면 희소한 동경재가공품과 마형동기가 여러 유적에서 출토된 경산권은 다수의 유물이 출토된 임당·신대리유적을 중심으로 1~2점 출토되는 중소규모 유적이 일정한 위계구조 하에 관계망을 형성한 공동체로 상정할 수 있다. 또한 대구권 금호강 북안의 팔달동, 학정동, 사수동유적은 일정한 범위 내 근접해 동시기에 조성되고 있어 상호 인식하에 연계되어 있었음은 틀림이 없을 것이다. 그리고 교통의 요지에 입지하면서 대외교류를 주도한 팔달동유적을 중심으로 공동체를 형성하고 있었을 것이다.

이와 같은 공동체는 내부적으로 어느 정도 위계적 구조를 갖춘 취락분포정형을 보이면서 대외적으로는 전체적으로 한 단위로서 일정한 자치성을 갖는 취락의 집합체인 정치체[28]로 볼 수 있어 금호강유역에 일정 수준의 '國'이 형성되어 있음을 알 수 있다.

경산권의 임당·신대리유적은 여러 지구로 나뉘어 조성된 각각의 무덤군을 취락에 대응시키면 다수의 취락으로 이루어진 읍락이라고 할 수 있어 당시 '國'을 구성한 읍락 중의 하나로 볼 수 있다. 또한 근·원거리 교류 또는 교역을 통해 확보할 수 있는 청동제 부장품과 다수의 철제 부장품이 임당·신대리유적에 집중되고 있는 점에서 읍락 중에서도 중심읍락에 대응시킬 수 있다.

경산권 내 각 목관묘 조성집단을 취락에 대응시켜 취락분포정형 모식도에 대입한다면 <그림14>와 유사할 것으로 추정된다.

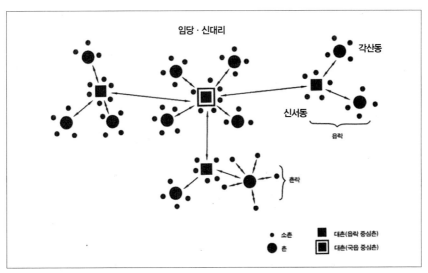

그림 14 경산권 목관묘 2단계 취락분포정형 모식도(이희준 2000 참고)

28) 이희준, 2000, 「대구 지역 古代 政治體의 형성과 변천」, 『영남고고학』 26.

대구권과 영천권도 정도는 동일하지 않더라도 그 양상은 경산권과 유사했을 것으로 생각된다.

금호강유역에서 수장급인 상위등급 목관묘가 다수 포함된 대규모 무덤군이 형성되고 그 군집묘를 중심으로 주변으로 소규모 무덤군이 확산되면서 취락 간 위계구조가 확립되어 '國'이 형성되는 시기는 목관묘 2단계에 해당된다. 이 단계는 목관묘 유적이 금호강유역 전역에 분포하면서 권역 내 중심부나 중요 교통로에 위치한 임당이나 팔달동유적 같은 상위집단을 중심으로 각 권역 또는 금호강유역 대내외로의 교류 확대로 형성된 공동체가 읍락체계를 갖추어 '國'으로 성장한 것으로 파악된다. 기원전 1세기 중엽 이후 형성된 금호강유역 지역정치체인 '國'은 시간이 흐름에 따라 상위집단을 중심으로 하위집단이 결집하는 양상을 보이며 지속적으로 발전한다.

【참고문헌】

權伍榮, 1996, 「三韓의 '國'에 대한 研究」, 서울대학교 박사학위논문.

權志瑛, 2006, 「木棺墓에서 木槨墓로의 轉換樣相에 대한 檢討」『嶺南考古學』38號.

金龍星, 1996, 「土器에 의한 大邱·慶北地域 古代墳墓의 編年」『韓國考古學報』35.

金龍星, 1998, 『新羅의 高塚과 地域集團』, 춘추각.

김용성, 2011, 「신라 형성기 묘제와 경주지역 사회」『신라 형성기의 유적』, 한국문화재
　　　조사연구기관협회.

申東照, 2007, 『嶺南地方 原三國時代 鐵斧와 鐵矛의 分布定型 研究』, 慶北大學校
　　　大學院 考古人類學科 文學碩士 學位論文.

안병권, 2012, 「영남지역 초기목곽묘 연구」, 영남대학교 석사학위논문.

李盛周, 1993, 「1~3세기 가야 정치체의 성장」『韓國古代史論叢』5.

이원태, 2011, 「慶北地域 前期 瓦質土器 研究」, 동국대학교 석사학위논문.

이원태, 2012, 「목관묘 출토 대부조합우각형파수부호의 출현과 의미」『嶺南考古學』.

이재현, 2003, 『弁·辰韓社會의 考古學的 研究』, 부산대학교 박사학위논문.

李淸圭, 2000, 「'國'의 形成과 多紐鏡副葬墓」『先史와 古代』14, 한국고대학회.

李淸圭, 2002, 「嶺南지역의 靑銅器에 대한 論議와 解釋」『嶺南考古學』30.

이청규, 2005, 「사로국의 형성에 대한 고고학적 검토」『국읍에서 도성으로:신라 왕경을
　　　중심으로』, 신라문화제 학술논문집26, 경주사학회.

이희준, 2000, 「대구 지역 古代 政治體의 형성과 변천」『영남고고학』26.

李熙濬, 2000, 「삼한 소국 형성 과정에 대한 고고학적 접근의 틀- 취락 분포 정형을
　　　중심으로」『韓國考古學報』43, 한국고고학회

李熙濬, 2004, 「경산 지역 고대 정치체의 성립과 변천」『嶺南考古學』34.

장기명, 2014, 「경주지역 원삼국시대 분묘의 철기 부장유형과 위계」『韓國考古學報』92.

장용석, 2007, 「林堂遺蹟을 통해 본 慶山地域 古代 政治體의 形成과 變遷」『야외고고학
　　　3』, 한국문화재조사연구기관협회.

장용석, 2012, 「林堂遺蹟으로 본 中心邑落의 判別基準」『임당 발굴 30년 그리고 압독
　　　문화』, 嶺南文化財研究院.

鄭賢鎭, 2015, 「한반도 남부 점토대토기 단계 목관묘 매장의례의 연구」, 慶北大學校 碩
　　　士學位論文.

원삼국시대 목관묘의 부장유물

방선지 경상북도문화재연구원

1. 유물 출토양상

금호강 유역의 목관묘유적은 대구, 경산, 영천 세 지역에서 확인된다. 세 지역에서 조사된 목관묘는 462기로 대구에서 231기, 경산에서 231기, 영천에서 2기가 조사되었다.

목관묘에서 출토된 유물을 재질·기종에 따라 살펴보면 토기류 24기종, 철기류 24기종, 동기류 19기종, 옥석류 7기종, 이외에 오수전, 칠선자 등이 출토되었다.

토기류는 주머니호, 조합식우각형파수부호, 점토대토기, 단경호, 옹, 흑도장경호, 두형토기, 완, 파수부호(그림 1) 철기류는 단조철부, 판상철부, 철모, 철촉, 철검, 철겸, 철착, 도자, 철사(그림 2) 동기류는 검파두식, 청동천, 한경 및 한경재가공품, 이형동기, 세형동검, 동환(그림 3) 옥석류는 경식, 석촉, 구슬, 지석 순으로 출토량이 많다(그림 4).

지역에 따라 기종별로 출토되는 빈도수에서 차이를 보이는데, 대구에서는 점토대토기, 흑도장경호, 두형토기, 파수부호, 양뉴부옹, 경산에서는 주머니호, 조합식우각형파수부호, 단경호, 옹, 완의 출토량이 많다. 철기류는 철검, 철모, 철촉, 철착 등이 대구와 경산에서 다량으로 출토되었다. 한 지역에서 상대적으로 많은량이 출토된 기종도 확인되는데, 경산에서 출토된 도자, 단조철부, 주조철부, 판상철부, 철겸 등이 그 예이다. 동기류는 영천에서 다양한 기종이 다량으로 출토되었다. 대구는 동탁, 동모, 세형동검, 동사, 경산은 검파두식, 동환, 동물형동기, 동물형 대구, 청동천, 한경 및 한경 재가공품의 출토량이 많다. 옥석류는 영천에서 경식과 수정, 경산에서 경식, 지석, 구슬, 석촉, 방추차, 대구에서 경식과 구슬, 지석이 출토되었다(그림 1~그림 4).

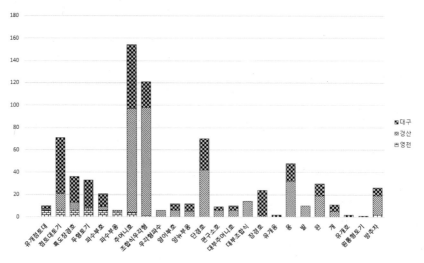

그림 1 금호강 유역의 목관묘 출토 유물-토기류

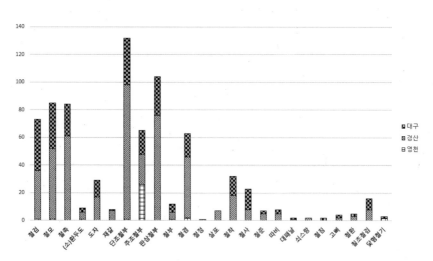

그림 2 금호강 유역의 목관묘 출토 유물-철기류

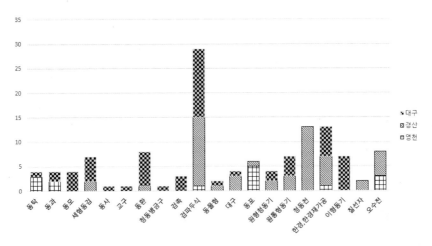

그림 3 금호강 유역의 목관묘 출토 유물—동기류 및 기타

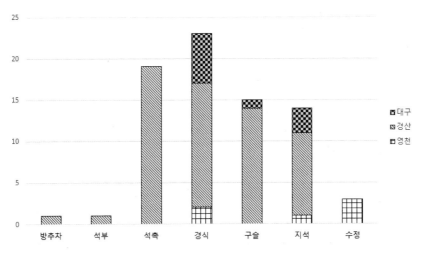

그림 4 금호강 유역의 목관묘 출토 유물—옥석류

2. 형식분류 및 부장양상

　목관묘에서 출토된 토기는 정의와 명칭문제, 형식 분류, 상대편년, 지역차, 집단 간의 관계 변화, 정치 세력과의 관계를 논의하거나 표준형식으로 설정하는 연구자료가 된다. 토기는 생산과 분배, 사용과 폐기의 과정 그리고, 사회적·경제적·정치적 이념을 바탕으로 생산되었는가에 대한 문제가 제기된다.[1] 토기 유물군의 변화와 지역차는 외부에서 유입된 기술정보와 제작자가 기술을 전파하는 과정에서도 나타나기 때문에 기술의 시·공적인 요인과 관계가 있다고 할 수 있다.[2] 이러한 점은 금호강 유역 목관묘 출토 유물에서도 확인된다.

　유물은 점토대토기, 흑도장경호, 두형토기, 주머니호, 조합식우각형파수부호, 단경호, 대부조합식우각형파수부호 등이 출토된다. 토기는 소성도에 따라 크게 무문토기와 와질토기 유물군으로 나뉘며, 같은 기종 내에서도 소성도 변화가 확인된다. 따라서, 시간이 흐름에 영향을 받는다는 선행연구를 바탕으로 금호강 유역의 목관묘 출토유물 중 출토량이 많은 점토대토기, 주머니호, 조합식우각형파수부호, 단경호를 형식 분류 하였다.[3]

---

1) 이창희, 2006, 「목관묘 복장토기의 형식학적 검토」, 석헌 정징원 교수 정년퇴임기념논총, 석헌정징원교수정년퇴임기념논총간행위원회, pp.441~443.
2) 이성주, 2007, 「原三國時代 土器에 대한 理論的 論議의 方向 - 영남지방의 토기자료를 중심으로」, 「선사와 고대 26」, 한국고대학회, pp.17~18.
3) 편은 제외하였다.

1) 점토대토기[4]

점토대토기는 총 64점으로 임당동, 내리리, 팔달동, 신서동, 월성동에서 출토되었다. 이들 중 편을 제외한 53점을 형식 분류하였다.

형식분류는 구연의 단면형태, 저부형태로 분류하였다. 구연의 단면형태는 크게 원형과 삼각형으로 분류되며 원형에서 삼각형으로 변화되는 과정에서 확인되는 타원형 형태도 출토된다. 저부는 크게 굽이 있는 것과 없는 것으로 나뉜다. 이러한 속성을 기준으로 분류한 결과 4단계로 분류되었다(그림 5).

분류된 점토대토기는 하나의 속성이 급격하게 소멸되는 것이 아니라 점차 변화된다는 것을 알 수 있다.

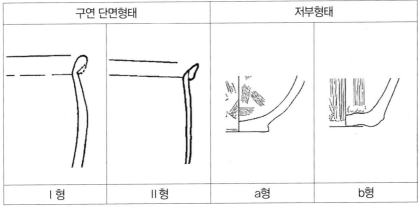

구연 단면형태		저부형태	
Ⅰ형	Ⅱ형	a형	b형

그림 5 점토대토기 형식 분류 속성

1단계는 구연의 단면형태가 원형이면서 굽이 있는 것(Ⅰa형)으로 임당동과

---

4) 임설희, 2010,「남한지역 점토대토기의 등장과 확산과정」,『호남고고학 34』, pp.7~13

팔달동유적에서 출토된다. 2단계는 구연의 단면형태가 원형에서 삼각형으로 변화되는 과도기로 타원형에 가까운 삼각형의 형태와 굽이 있는 것이다.(Ⅰ´a형) 월성동, 팔달동, 신서동유적에서 출토된다. 3단계는 구연의 단면형태는 삼각형이고, 굽은 점차 소멸되는 양상이다.(Ⅱa'형) 임당동, 내리리, 월성동, 팔달동, 신서동유적에서 확인된다. 4단계는 구연의 단면형태가 삼각형이고 평저형태로(Ⅱb형) 월성동, 팔달동, 신서동유적에서 확인된다.(그림 6) 점토대토기가 출토된 임당동, 팔달동유적은 각각 경산과 대구지역을 대표하는 목관묘유적으로 후기무문토기단계에서 와질토기단계의 변화과정을 확인할 수 있는 유적이라 할 수 있다.

2) 주머니호 형식분류[5]

주머니호는 총 154점으로 용전리, 화룡동, 임당동, 신대리, 옥곡동, 광석리, 내리리, 신서동, 가천동, 팔달동, 학정동 유적에서 출토되었다. 이 들 유적에서 출토된 주머니호는 편을 제외한 총 148점을 형식 분류하였다.

형식 분류에 앞서 점토의 무문토기, 와질토기 그리고 경질에 가까운 와질로 나뉜후 속성에 따라 분류하였다.

변화가 확인되는 속성은 구연의 외반화, 동체 상부의 변화, 동최대경의 높이 변화, 저부의 변화이다.[6] 시간이 흐름에 따라 구연은 외반화 정도가 심화되

---

5) 신대곤, 2009, 「茶戶里遺蹟 出土 儀器의 特徵 」, 『과기고고 15호』, 아주대학교박물관, pp.35. 주머니호는 흑도장경호에서 변화된 기종으로 다호리 유적에서는 거의 모든 목관묘에서 주머니호가 출토면서, 이를 의기로서 당시에 중요한 역할을 한 것으로 보고 있다.

6) 이성주,1999, 「辰·弁韓地域 墳墓 出土 1-4世紀 土器의 編年」『영남고고학 24』, 영남고고

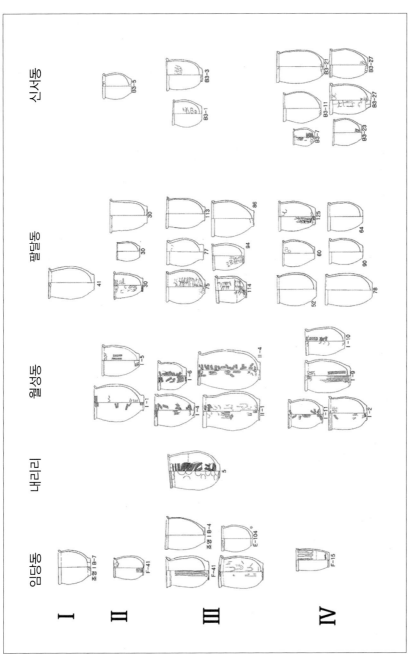

그림 6 점토대토기 유적별 분류

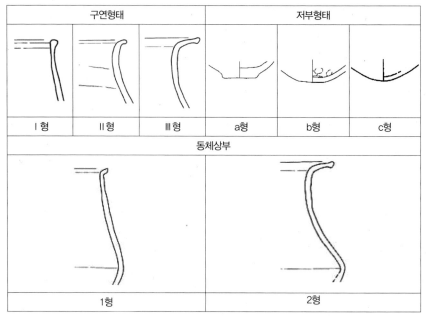

구연형태			저부형태		
I형	II형	III형	a형	b형	c형
동체상부					
1형			2형		

그림 7 주머니호 구연형태 및 저부형태

고, 동체 상부는 직선에서 'S'형에 가까운 형태, 동최대경의 높이는 점차 높아

지고, 저부는 굽이 소멸되면서 평저에서 말각평저 그리고 첨저 순서로 변화된

다(그림 7).

　I형은 구연단이 짧게 외반하고 저부에 굽이 있으며, 동체의 상부가 직선

에 가까운 형태이다.(Ia1형) 팔달동, 신서동, 임당동 유적에서 출토되었다. 이

러한 형태는 다호리 12호 24호, 조양동 5호에서 출토된다. II형은 I형에 비해

구연단이 좀더 외반하고 저부는 말각평저에 가까우며, 동체 상부는 직선에 가

깝다.(IIb1형) 용전리, 화룡동 유적과 임당동, 학정동, 팔달동 유적에서 출토된

　　학회, pp.7~12; 정인성, 1998, 「낙동강 유역권의 細形銅劍 文化」, 『영남고고학 22』, 영남

　　고고학회, pp.20~23.

다. 다호리 25호 38호, 59호와 유사하다.[7] Ⅲ형은 Ⅱ형에 비해 구연단의 외반, 저부의 말각평저가 심화되고, 동체상부의 곡선이 나타나기 시작하는 단계이다.(Ⅱb1'형) 신서동, 가천동, 팔달동, 학정동, 임당동, 신대리 유적에서 출토되었다. 다호리 47호, 62호 등과 유사하다. Ⅳ형은 구연단은 Ⅱ형, 저부는 B형, 동체 상부는 1형에 비해 곡선이 심화된 형태로(Ⅱb1"형) 임당동, 내리리, 신대리, 팔달동유적에서 출토되었다. Ⅴ형은 구연단은 Ⅲ형, 저부는 B형, 동체 상부는 2형에 가까운 형태로(Ⅱb2형) 옥곡동, 광석리, 신대리, 신서동, 팔달동유적에서 출토되었다. 다호리 64호와 사라리 130호와 유사하다. Ⅵ형은 구연단은 Ⅲ형, 저부는 첨저로 C형, 동체상부는 2형으로 S자에 가까운 형태를 가진다. (Ⅲc2형) 임당동, 신대리, 옥곡동에서 출토되었다. 다호리 64호와 유사하다.(그림 7, 그림 8)

이외에도 확인되는 변화는 후기 무문토기단계의 점토대토기에서 볼 수 있는 구연 형태이다. 이는 점토대토기가 주머니호로 변화되는 단계에서 형성된 과도기적 구연 형태로 판단된다. 이러한 점은 토기의 생산 및 유통과정에서 요구되는 기술적, 문화적인 요소를 받아들이면서 나타나는 현상이라고 생각된다. 팔달동, 신서동 유적에서 출토되었다. 팔달동 유적은 원형 또는 타원형, 신서동유적은 삼각형의 점토대토기 구연 단면형태를 확인할 수 있다.(그림 9)

---

7) 한국상고사학회, 2000, 『임당의 고분과 생활유적』 학연문화사, pp.140~151.

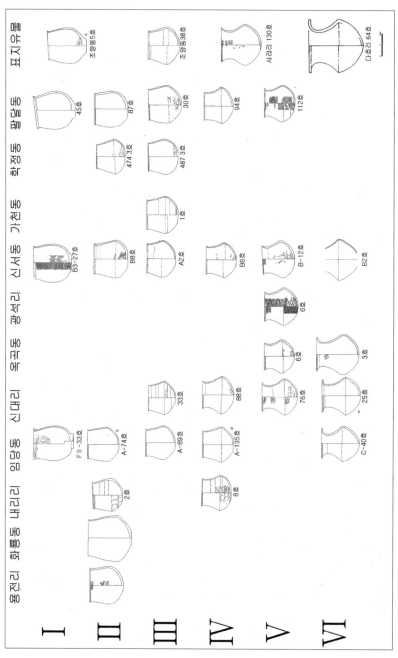

그림 8 주머니호 형식분류

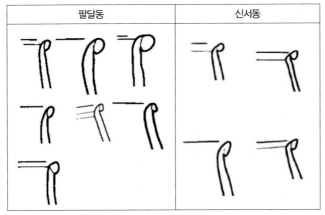

팔달동	신서동

그림 9 점토대토기 구연 형태인 주머니호

3) 조합식우각형파수부호 형식분류[8]

조합식우각형파수부호는 총 121점으로 임당동, 신대리, 옥곡동, 광석리, 신서동, 가천동, 사수동, 학정동, 팔달동유적에서 출토되었다. 토기류 전체 출토량 중 두 번째로 빈도수가 많은 유물로 편을 제외한 총 114점을 형식 분류하였다.

형식 분류는 크게 구연의 외반화 정도, 저부의 형태로 분류하고 세부적으로 동최대경의 높이 및 동체의 형태, 타날문의 유무와 침선의 유무를 기준으로 형식 분류하였다(그림10).[9]

Ⅰ형식은 구연의 외반화가 작고, 경부는 직선으로 내려가며, 저부는 굽이 있다.(Ⅰa형) 팔달동유적에서 확인되며, 조양동 5호와 유사하다. Ⅱ형식은 구

---

8) 신대곤, 2009, 「茶戶里遺蹟 出土 儀器의 特徵」, 『과기고고 15호』, 아주대학교박물관, pp. 35.
9) 이성주, 1999, 「辰·弁韓地域 墳墓 出土 1-4世紀 土器의 編年」, 『영남고고학 24』, 영남고고학회, pp.7~12.

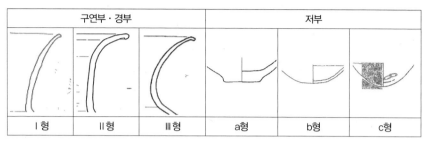

구연부 · 경부			저부		
I형	II형	III형	a형	b형	c형

그림 10 조합식우각형파수부호 구연부 , 저부 형태변화

연부 I 형 보다 외반화되고 경부는 직선에 가까운 곡선이며, 저부는 말각평저이다.(I b형) 임당동, 신대리, 광석리 유적에서 확인된다. 다호리 22, 24호와 유사하며, 팔달동 2기에 해당된다.[10] III형식은 구연부는 I 형과 II 형의 중간형태이고, 경부는 곡선에 가까운 형태를 가지고, 저부는 말각평저에 가깝다.(I'b형) 임당동, 신대리, 옥곡동, 신서동, 팔달동유적에서 확인된다. 다호리 47, 52호와 유사하다. IV형식은 구연부는 II 형, 경부는 3단계보다 곡선이 심화되고, 저부는 말각평저이다.(II b형) 동체에는 침선과 타날문이 확인된다. 신대리, 옥곡동, 신서동, 가천동, 사수동, 학정동에서 확인된다. 다호리 31, 70호와 유사하다. V형식은 구연부가 II 형과 III 형의 중간형태, 저부는 말각평저와 첨저의 중간형태로 침선과 타날문이 있다.(II'b'형) 전체적으로 S자형에 가까운 형태를 하고 있다. 신대리, 신서동에서 확인된다. 사라리 130호와 유사하다. VI형식은 구연부는 III 형, 저부는 b형, 경부의 곡선화는 심화된 형태로 신대리유적에서 확인된다.(III c형) 다호리 56, 64호와 유사하다(그림 10, 그림 11).

---

10) 정인성, 1998, 「낙동강 유역권의 細形銅劍 文化」, 『영남고고학 22』, 영남고고학회, pp.20~23.

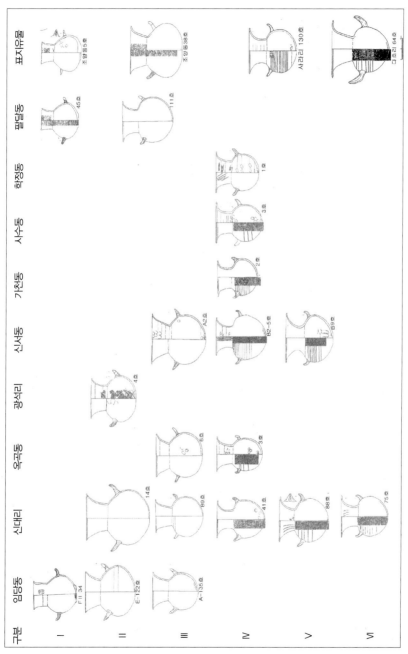

그림 11 조합식우각형파수부호 형식분류

4) 단경호 형식분류[11]

단경호는 금호강 유역의 목관묘 유적에서 70점이 출토되었다. 토기류 출토 유물 중 네 번째로 출토량이 많다. 단경호는 편을 제외한 총 60 점을 형식 분류 하였다. 속성은 구연의 외반화와 타날문과 침선의 유무 그리고 저부의 형태로 형식 분류 하였다(그림 12).

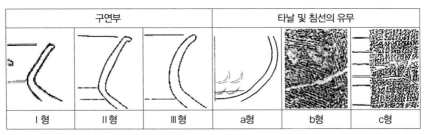

그림 12 단경호 구연부 형태 변화와 타날과 침선의 유무

1단계는 구연부는 I 형, 저부는 말각평저의 무문양으로 신대리, 광석리유적에서 확인된다.(I a형) 2단계는 구연부 외반화가 시작되고, 저부는 말각평저, 무문양으로 신대리, 학정동, 신서동 유적에서 확인된다.(II a형) 3단계는 구연부가 외반하고 타날문이 나타난다.(II b형) 임당동, 신대리, 광석리, 팔달동, 학정동, 신서동유적에서 확인된다. 4단계는 구연부의 외반화 정도가 심화되고 구연단이 확인되며, 타날문과 침선이 나타난다(III c형). 임당동, 신대리, 옥곡동, 팔달동, 신서동에서 확인된다(그림 13).

---

11) 김예주, 2010, 「원삼국시대 原三國時代 嶺南地方 無文土器의 瓦質土器化過程에 대하여: 창원 다호리 유적 출토토기를 중심으로」, 숭실대학교 석사학위 논문, pp.12~16

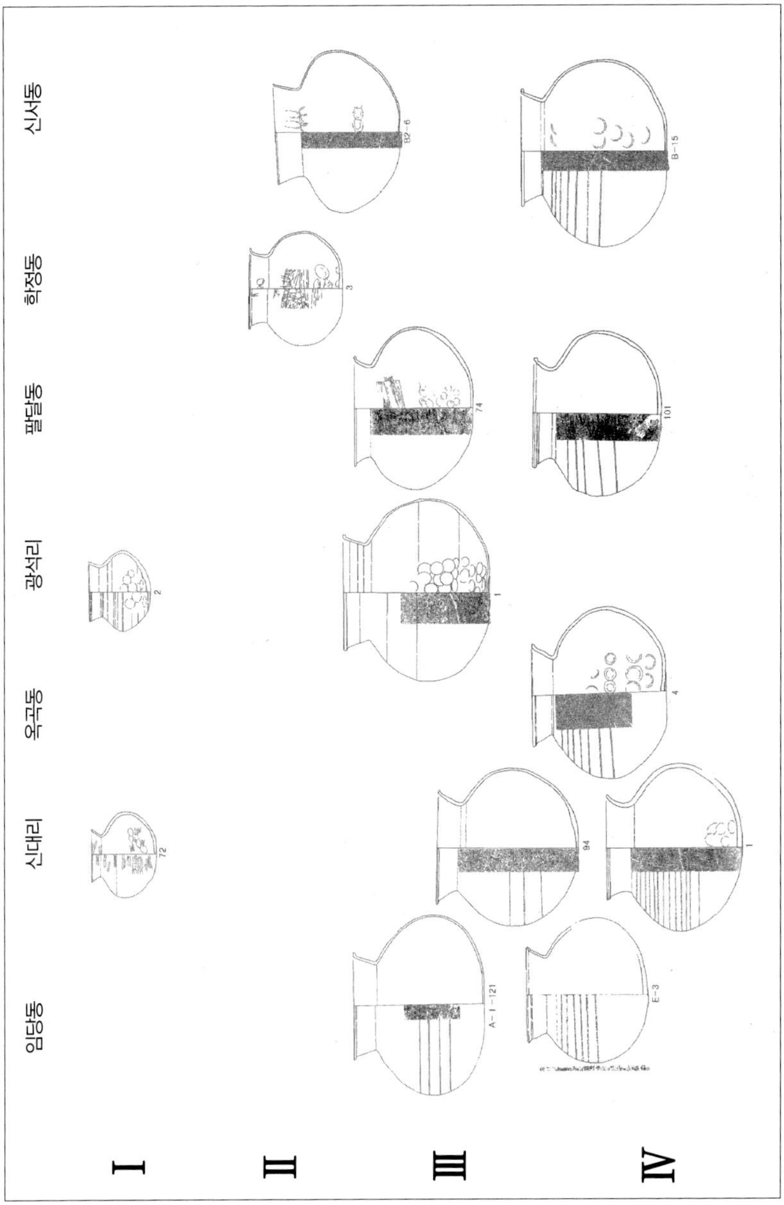

그림 13 단경호 유적별 분류

네 기종의 형식분류를 토대로 살펴보면, 점토대토기 IV단계, 주머니호 I단계와 조합식우각형파수부호 I단계가 공반되고, 주머니호 II단계와 단경호II단계가 공반된다. 주머니호 III단계는 조합식우각형파수부호 III, IV단계와 단경호 IV단계가 함께 출토되며, 주머니호 IV단계는 조합식우각형파수부호 IV단계, 주머니호 V단계는 조합식우각형파수부호 III·IV단계, 단경호 IV단계, 주머니호 VI단계, 조합식우각형파수부호 V·VI단계, 단경호 IV단계가 공반된다.

5) 외래유물

목관묘가 사용되던 초기철기에서 원삼국시대는 철기문화와 희소성이 큰 외래유물과 사료를 통해서 한, 연, 왜, 낙랑과 교역을 했던 것으로 추정한다. 교역을 통해 유입된 것들은 그 가치가 지금의 보석과 같은 의미였기에 위신재 역할을 했던 것으로 본다. 그리고 이러한 성격의 유물들[12]은 편년의 기준이 되며, 한과 낙랑의 관계, 피장자의 신분을 알 수 있는 유물이라 할 수 있다.

금호강 유역에서는 임당동유적, 신대리유적, 용전리유적에서 확인된다. 특히, 목관묘가 확인되지 않은 영천 어은동에서 방제경, 동물형 대구, 동포 등, 대구 평리동에서 동과, 동초, 동검, 검초금구, 입형동기, 원개형동기, 동탁, 동환, 방제경, 훼룡문경 등, 대구 비산동에서 동과, 우각형동기, 호형대구, 동검,

---

12) 김경칠, 2007,「南韓地域 출토 漢代 金屬貨幣와 性格」,『호남고고학 27』, 호남고고학회, pp.114.
洛陽 燒溝漢墓에서 출토된 한경의 형식을 5유형으로 구분하고, 창원 다호리 유적 복장갱에서 출토된 한경 3점은 천상 횡문전으로 글자체는 굵고 뚜렷하고 낙양소구한묘형식 II형이다. 임당동 출토 한경 역시 낙양소구한묘형식 II형식으로 기원전 1C 초엽으로 보고 있다. (A-1-74, A-1-121, E132호) 영천 용전리에서 출토된 한경 3점은 지표수습으로 이 역시 낙양소구한묘형식 II형식으로 으로 시기는 B.C 1C 후반으로 보고 있다.

동모 등, 대구 지산동에서 청동과초장식금구, 검파두식, 우각형동기 등 다량의 청동제 유물이 수습됨에 따라 피장자의 신분을 유력자로 보고 있다.

그 중 동경과 오수전, 동물형대구는 자체제작이 아닌 교역을 통해 유입된 것으로 당시 대외교류를 알 수 있는 자료가 됨에 따라 이 세 유물을 살펴보고자 한다.

(1) 동경

초기철기시대에서 원삼국시대의 목관묘에서 출토된 동경은 한과 낙랑, 그리고 왜와의 교역을 통해 유입된다. 이후에 기술의 발전으로 모방하여 제작된 방제경이 생산되면서 지역차가 나타나기 시작한다.

이전 시기에는 전 지역에 다뉴경이 분포되었고, 목관묘를 주묘제로 사용한 시기에 이르러 전한경이 유입되었다. 특히, 변·진한지역, 경상북도, 경상남도에 집중되며,[13] 수장급에 해당되는 피장자의 유구에서 출토된다.

유적별로 확인되는 동경은 다음과 같다. 영천 용전리유적은 성운문경, 경산 임당동유적은 재가공한 한경편, 영천 어은동유적은 훼룡문경, 방제경, 일광경 등 전한경, 경산 신대리유적은 훼룡문경이 출토되었다.(그림 14, 15, 표 7)

한경은 유형별로 시기가 추정되는데, 성운문경은 기원전 2세기~1세기, 소명경, 일광경 등의 명문대경은 1세기대의 것으로 본다. 소명경과 일광경은 영천 어은동유적과 경주 조양동 38호, 지산동에서 출토되었다.[14]

---

13) 심봉근, 1990, 「삼한(三韓),원삼국시대(原三國時代)의 동경(銅鏡)」, 『석당논총 16』, 동아대학교 석당학술원, p.91; 백운상,심종훈, 2010, 「삼한시대 문화유적에서 출토된 한 대 문물 및 그 인식」, 『동아문화 8』, 서울대학교 동아문화연구소, p.45.
14) 김현진, 2006, 「영남지역 출토 한식경의 제작과 교역」, 영남대학교 석사학위논문, pp.47~49.

임당동 E-58호 재가공품

그림 14 신대리 75호-훼룡문경   **그림 15** 임당동 출토 한경-재가공품

한경의 유입경로는 삼한 유적에서 출토된 한(漢)대 유물이 한반도 동남부에 분포되는 점으로 미루어 보아 지역 간의 교역관계와 교역로를 통해 전해진 것으로 본다.

(2) 오수전

오수전은 동경과 함께 계층구조상 상위 신분을 나타내는 유물로 오수전이 출토된 유구는 상대적으로 유물의 양이 많고, 하천을 따라 내륙에 분포하거나 해안 또는 해안과 가까운 지역에서 확인되는 것이 특징이다.[15] 금호강 유역의 목관묘에서 출토된 오수전은 낙동강을 거쳐 금호강을 따라 경산 임당동, 영천 어은동, 용전리를 거쳐, 이후에는 이주민에 의해 경주지역에까지 전해졌을 가능성과, 경주지역에서 수입되어 강을 따라 전해졌을 가능성이 있다.[16]

임당동유적에서 출토된 오수전은 3점으로 A I -74호, 121호, E-132호에서 출

---

15) 박선미, 2008, 「한반도 출토 漢代 화폐와 그 의미 -古朝鮮 멸망이후 삼한지역 교역 체계의 변동과 관련하여」, 『선사와 고대 28』, 한국고대학회 p.263.
16) 이청규, 2002, 「영남지역 청동기에 대한 논의와 해석」, 『영남고고학 30』, 영남고고학회, pp.30~33.

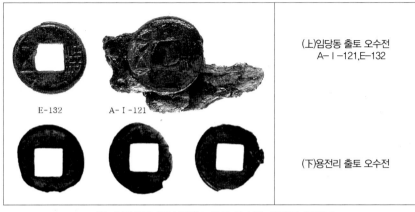

그림 16 금호강 유역 목관묘 출토 오수전-임당동, 용전리

토 되었다. 시기는 기원전 1세기 초의 것으로 안테나형 검파두식과 주머니호가 공반된다. 영천 용전리유적에서 출토된 오수전은 기원전 1세기 후반으로과, 노기, 주머니호 등이 공반된다(그림 16).

임당동과 용전리 출토 오수전은 부장위치에서 차이가 확인되는데, 임당동은 관내, 용전리는 관 상부에 부장되었다. 그 중 관상부에 부장된 용전리 출토 오수전은 제의와 관련된 것으로 판단하고 있다.[17]

(3) 동물형 대구

동물형 대구 및 동물형 동기는 유라시아 지역에 넓게 분포하며, 한경 등의 한식계의 유물과 공반되는 예가 많아 낙랑을 거쳐 유입된 것으로 파악한다. 동물형 대구는 허리띠를 연결하는 역할을 하는 것으로 출토 빈도수나 양상 그리고 재질로 미루어 보아 일반적인 부장품이 아닌 위신재 역할을 한 것으로

---

17) 국립경주박물관, 2007,『永川 龍田里遺蹟』, 考察, p.162.

본다.[18] 마형대구는 삼한 각지에서 출토되는데, 금호강유역에서는 영천 어은 동과 신대리유적에서 출토되었다. 영천 어은동과 신대리 80호에서 출토된 마 형대구는 머리형태, 몸의 형태, 다리형태가 유사하고, 문양표현 기법으로 음각 을 사용한 공통점이 있다. 이 두 유적에서 출토된 마형대구는 1C후엽으로 추 정한다.[19] 호형대구는 기원전 1세기 전반의 것으로 대구와 경주지역 등 진·변 한에 한정해서 출토되는 특징이 있다. 금호강유역에서는 어은동, 신대리 98호 에서 출토되었다. 두 유적에서 출토된 호형대구는 마형대구와 마찬가지로 형 태적 유사성이 확인된다(그림 17). 이외에도 출토된 동물형 동기의 경우 신서 동 유적 B-3 북구역 목관묘 10호의 피장자의 머리 부근에서 출토되어 용도를 장신구로 사용한 것으로 생각된다. 형태는 어은동에서 출토된 것과 유사하고 시기는 기원전 1세기 후반으로 본다.

그림 17 어은동, 신대리, 임당동, 신서동출토 마형대구, 호형대구 및 동물형 동기
(보고서 및 한국의 청동기 편집)

---

18) 김성욱, 2010, 「한반도 마형대구의 편년과 지역상」, 고려대학교 석사논문, p.128.
19) 김성욱, 2010, 「한반도 마형대구의 편년과 지역상」, 고려대학교 석사논문, p.147.

6) 유물의 부장양상

부장 양상은 당시 사회상과 의례를 알 수 있는 자료로 다양하게 연구되어 왔다. 위신재의 경우 관내에 부장한다는 점에서 정신적, 내세적 공간으로 보았고,[20] 관 외는 토기와 철제 농공구류가 부장되는 점을 통해 경제적 생활 공간으로 분류하기도 했다.[21] 대체로 충진토 상면에서 토기류, 관내 또는 바닥에서 금속류가 부장되는데, 일부는 충진토 상면과 관내, 충진토 내에서 출토되는 경우도 확인된다. 이러 한 위치의 변화는 시신을 안치한 목관이 부식되면서 상부에 있던 유물이 관내 또는 충진토 내에 떨어진 것으로 추정된다.

토기류는 크기에 따라 소형, 중형으로 나뉘어 분류하여 유물의 부장위치를 살펴보았다. 소형은 점토대토기, 주머니호, 흑도장경호, 편구소호 등, 중형은 단경호, 조합식우각형파수부호, 대부조합식우각형파수부호, 양이부호 등으로 분류하였다. 그 중 형식 분류한 점토대토기와 주머니호, 단경호 조합식우각형 파수부호의 기종별 부장위치와 철기류, 동기류의 기종별 부장양상을 알아보고자 한다(그림 18, 19).

소형 토기류는 충진토 상부가 61%, 관상부가 23%, 충진토내가 10%, 관내가 6%로 83%가 상부에 부장되었던 것으로 확인되었다. 관내에 또는 충진토내에 부장된 유물은 충진토 상부나 관상부에 매납되었던 것이 관의 부식 등으로 무너지면서 내부로 떨어진 것으로 추정된다. 중형의 토기류에서도 소형 토기

---

20) 이청규, 2002, 「영남지역 청동기에 대한 논의와 해석」, 『영남고고학 30』, 영남고고학회.
21) 권지영, 2004, 「弁·辰韓社會의 發展樣相에 대한 硏究: 木棺墓에서 木槨墓로의 轉換 을 중심으로」, 부산대학교 대학원 『영남고고학 38』, 영남고고학회, p.53.
부장위치의 변화를 새로운 문화의 유입으로 판단했다.

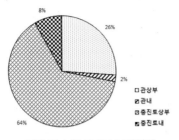
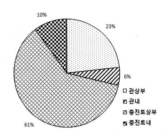

그림 18 소형 토기류 부장위치   **그림 19** 중형 토기류 부장위치

류와 비슷한 양상으로 부장된 것으로 나타났다. 이 중 9기종의 부장양상을 분석해 본 결과 후기 무문토기인 점토대토기와 흑도장경호는 충진토 상부와 내부 부장이 많았다. 와질토기인 주머니호와 조합식우각형파수부호, 단경호, 양이부호, 대부조합식우각형파수부호, 대부주머니호는 공통적으로 충진토 상부 부장이 대부분을 차지한다. 차이점이 있다면 대부주머니호와 대부조합식우각형파수부호는 관상부, 충진토 상부에서만 확인된다는 점이다. 대부조합식우각형파수부호는 용전리유적 출토 오수전의 부장위치와 같은 의미로 봤을 때, 의례와 관계된 것이기에 관 상부에 매납한 것으로 생각된다(그림 19, 그림 20).[22]

철기류는 관상부, 관내, 충진토 상부, 충진토내, 부장갱에서 출토되었다. 판상철부와 철부, 철착, 철사, 주조철부, 철모 철과 등은 관외 또는 벽 부장이 확인되었다. 특히, 철검의 부장이 관내인 점이 주목할 만하다. 이는 착장유물과 관계있을 것으로 생각된다(그림 21).

동기류는 관상부, 관내, 충진토 상부, 충진토내, 부장갱, 관외 또는 벽에서

22) 이원태, 2012, 「목관묘 출토 대부조합우각형파수부호의 출현과 의미:경산 신대리유적을 중심으로」, 『영남고고학 61』, 영남고고학회.

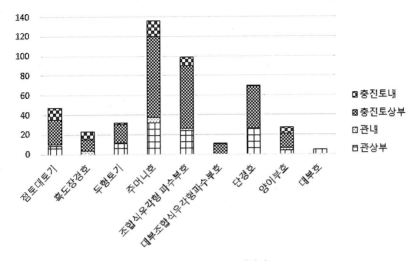

그림 20 토기류 부장양상

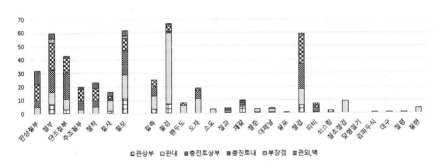

그림 21 철기류 부장양상

출토되는 점은 철기류와 비슷하다. 그러나 기종에 따라 차이가 확인되는데, 동경, 한경 재가공품, 동모, 오수전, 대구, 동환, 청동천, 원통형동기, 청동제부속구, 검파두식은 관내 부장이 많다. 이들 중 동경은 동부, 동사, 검파두식, 동포와 함께 관 상부에서 출토되기도 한다. 일부 동모와 세형동검과 함께 동포, 동과는 부장갱에서 확인된다. 충진토 상부에 부장된 동기류는 동제과초, 동촉,

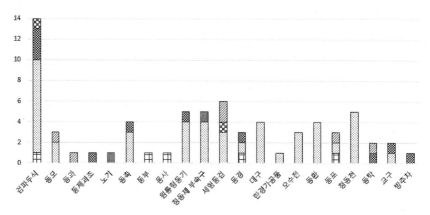

그림 22 동기류 부장양상

원통형동기, 동경, 동탁, 교구, 방추차가 있다. 관외 또는 벽 부장으로는 노기와 청동제 부속구가 있다(그림 22).

종합해보면, 토기류, 철기류, 동기류는 대체로 관 상부나 충진토 상부 부장이 많으며, 관내, 충진토내에서도 출토된다. 동기류나 철기류의 경우 기종별 차이가 확인되나, 대체로 토기류와 마찬가지로 관상부, 충진토 상부에 부장된다. 동기류 중 교류를 통해 유입된 것으로 추정되는 동경, 오수전, 대구는 관내 또는 의례로 관 상부에 부장된 것으로 본다(그림 23).

이외에도 의례 또는 주술성을 가지는 훼기부장이 확인된다. 훼기부장은 신대리 68호, 사수동 3호는 토기, 팔달동 31호는 철기를 훼기하여 부장하였다.[23]

---

23) 坂野和信, 2011, 「原三國時代 前期의 度量衡 成立.1,弁・辰韓의 鐵資源과 社會構成」, 『영남고고학 57』, 영남고고학회, pp.52~54.

| 영천 화룡동 | 신서동 B6호 | 신서동 B2호 |

그림 23 출토유물 양상(보고서 편집)

3. 편년 및 단계설정[24]

　초기철기시대에서 원삼국시대의 목관묘 출토유물에 대한 편년은 선학들의 편년을 기준으로 하였다. 편년은 기준이 되는 절대연대를 알 수 있는 유물을 토대로 상대편년을 하고자 한다. 따라서, 기준이 되는 조양동 38호는 기원전 1C후반, 사라리 130호를 기원후 1세기 중·후엽으로 보는 견해를 따르기로 하겠다.[25] 최근 기존의 편년안을 소급하는 견해도 있어 편년의 조정과 변화가 있을 것으로 판단된다.

　단계설정은 금호강 유역의 목관묘에서 출토된 토기 유물군 변화를 기준으로 3단계로 분류하였다. Ⅰ단계는 무문토기, Ⅱ단계는 무문토기·와질토기 공반, Ⅲ단계는 와질토기로 분류[26]하고, 단계별 출토되는 공반유물도 함께 살펴보고자 한다.[27]

---

24) 이재현, 2002, 「弁·辰韓 土器의 形成과 展開 」, 제11회 영남고고학회 학술발표회, 영남고고학회, p.53, pp.78~80.

25) 백운상,심종훈, 2010, 「삼한시대 문화유적에서 출토된 한 대 문물 및 그 인식」, 『동아문화 8』, 서울대학교 동아문화연구소, p.33; 이청규, 1997, 「영남지방 청동기문화의 전개」, 『영남고고학 24』, 영남고고학회.

26) 김예주, 2010, 「原三國時代 嶺南地方 無文土器의 瓦質土器化過程에 대하여 : 창원 다호리유적 출토토기를 중심으로」, 숭실대학교, pp.52~58.

27) 최성락, 1998, 「原三國期 土器의 變遷과 問題點」, 『영남고고학 5』, 영남고고학회, pp.12~16.

1) Ⅰ단계: 무문토기 단계

무문토기는 적석목관묘가 조성되는 시기에 부장되는 토기 유물군으로 두형토기, 흑도장경호, 단면 원형점토대토기, 변형점토대토기, 삼각형점토대토기 등의 기종이 출토된다.

단면 원형점토대토기는 한국식 동검문화기를 대표하는 토기로 조합식우각형파수부호, 파수부호, 흑도장경호, 두형토기와 공반된다. 대구 월성동, 팔달동, 경산 조영동유적에서 출토된다. 변형점토대토기는 단면이 원형에서 삼각형으로 변화되는 과정에서 나타나는 형태로 대구 팔달동유적, 신서동유적, 경산 임당동유적에서 출토된다. 단면 삼각형점토대토기는 기원전 3세기말~2세기말경에 등장한 것으로 대구 월성동, 팔달동, 신서동, 경산 임당동, 내리리유적에서 출토된다.[28) 점토대토기 단면형태의 변화는 단면 원형점토대토기의 소멸, 단면 삼각형 점토대토기의 등장시기와 삼각형점토대토기를 사용한 집단의 사회적 위치, 철기문화 유입과의 관계를 뒷받침하는 근거가 될 것으로 추정한다. 따라서 원형, 변형, 삼각형점토대토기가 출토된 팔달동유적은 여러 의미로 중요하다고 할 수 있다.

표 4. 목관묘 시기구분(이재현, 2002, 참고 및 변형)

단계	Ⅰ	Ⅱ	Ⅲ
시기	BC. 200	BC. 100~	AD.100 중후반
관 형태	적석 목관묘	구유형, 판재식관	판재식관

---

28) 이재현, 2002,「弁·辰韓 土器의 形成과 展開 」 제11회 영남고고학회 학술발표회, 영남고고학회, p.73.

토기 유물군 단계	무문토기 단계	무문토기+와질토기 삼각형점토대토기 회전물손질, 원저화, 장동화	와질토기 타날문 무문토기부장 소멸
대표 유적	팔달동 45,90,100호 대현동 임당동 F지구	임당동 E-138 II · III단계 대부분 신서동 영천 용전리	신대리, 동내동 임당동 C지구
주변 유적	경주 조양동5호	경주 조양동 38호	경주 사라리130

점토대토기와 공반된 금속류는 동과, 동검, 동모 등의 다량의 청동제 유물과 검, 모, 철부, 등의 철기류가 출토되었다(표 4, 표 5).

2) II단계 : 무문토기와 와질토기 공반단계

무문토기와 와질토기가 공반되는 단계는 구유형 목관묘가 조성되는 시기로 적석목관묘가 일부 확인된다.

유물은 무문토기 단계의 흑도장경호, 두형토기, 파수부호, 단면 삼각형점토대토기등 무문토기가 잔존하고, 와질제 주머니호, 조합식우각형파수부호 등의 기종이 등장하는 단계이다. 금속류로는 한식동경, 방제경과 I단계보다 많은 양의 철기류가 출토된다.

유적으로는 영천지역의 용전리, 화룡동이 이 단계에 속하고, 신서동, 가천동, 학정동, 팔달동, 임당동, 신대리, 옥곡동, 광석리, 내리리가 이 시기를 거친다(표 4, 표 5, 표 6).

표 5. 단계별 공반유물 및 특징(이재현(2002)권지영(2004)- 참고 및 변형)

시기	공반유물
I 단계 후기무문토기 단계	흑도장경호, 두형토기, 점토대토기 등 동과, 동모, 동검등 청동제유물과 검, 모, 판상철부, 주조철부 등 철기류 유물이 함께 부장 -팔달동 유적, 조양동 유적

Ⅱ단계 무문토기+와질토기 단계	무문토기 일부 공반, 고식와질토기, 한식동경, 방제경 등 검, 모, 촉, 주조철부, 판상철부, 단조철부, 따비, 철겸, 철착, 철사, 도자 등 철기류 부장 -창원다호리1호, 경주 조양동38호,
Ⅲ단계 와질토기 단계	훼룡문경 등 출토 경질화된 와질토기 출토 승문, 승석문, 격자문 타날 쇠스랑, 쇠삽날 등 농공구류, 재갈 등의 마구류 부장 -신대리 75호, 경주 사라리130호

공반되는 유물로는 한식동경, 방제경, 오수전등과 철검, 철촉, 철모, 주조철부, 판상철부 등이다. Ⅰ단계 보다 철기류 기종이 다양해지고, 특히 농·공구류가 무기류 보다 출토량이 상대적으로 많아진다.

3) Ⅲ단계 : 와질토기 단계

Ⅲ단계는 판재식 목관묘가 보편화되는 시기로 기원전 1세기 중후반으로 편년된다. 와질토기 단계에서 확인되는 목관묘는 구유형관에 비해 판재식관이 상대적으로 많다. 관 형태의 빈도수를 통해 판재식관이 보편화되면서 구유형관이 상대적으로 감소하는 것을 확인할 수 있다. 유물은 훼룡문경, 대부조합식 우각형파수부호를 비롯하여 목관묘에서 목곽묘로 변화되는 과도기시기의 유물인 유개대부완이 출토된다. 동시기의 단경호에서는 격자 타날문과 임당동 C-154, DⅡ205,DⅡ208, 신서동 15호와 같이 경질화된 토기가 출토된다. 와질토기 단계는 대구지역의 팔달동, 신서동, 학정동, 가천동, 사수동, 동내동, 경산지역의 임당동, 신대리, 내리리, 옥곡동, 광석리유적에서 확인된다(표 4, 표 5, 표 6).

공반유물로는 훼룡문경, 방제경 등의 동기류와 마구류, 농·공구류의 철기가 주로 출토된다.

표 6. 유적별 단계분류

지역	유적	무문토기	무문토기+ 와질토기	와질토기
영천	용전리		■	
	화룡동		■	
경산	임당동	■	■	■
	신대리		■	■
	내리리	■	■	■
	옥곡동		■	■
	광석리		■	■
대구	신서동	■		■
	가천동		■	■
	학정동	■	■	■
	사수동		■	■
	팔달동	■	■	
	월성동	■	■	
	동내동			■

4. 계층분화

영남지역의 경우 기원전 2C 이전 무문토기 단계의 청동기를 부장, 적석목관 묘에서 기원전 1C 이후 고식와질토기 단계의 철기부장 목관묘를 거쳐 1C 이후 신식 와질토기의 목관묘로 발전하는 것으로 본다.[29] 유물 부장은 권위의 계승성을 나타내는 것으로 피장자의 권력과 재산 정도에 따라 분묘의 크기나 구조, 부장되는 유물의 질과 양에서 차등을 둔다.[30] 특히, 청동기의 자체가 위세품, 위신재적 성격을 가지는 것으로 무덤에 부장된다고 본다.[31] 또한, 철기는 연나라를 통하여 유입된 후 한나라의 철기문화가 유입되어 남부지방으로 확산되면서 무기뿐만 아니라, 초기에는 경제적 척도를 나타내는 역할을 한 것으로 추정한다. 따라서 철기를 가지고 있다는 것은 신분을 과시하는 위세품으로 상징적 의미를 가진다.[32] 칠초철검의 경우 동검에서 변화된 것으로 동경, 오수전, 청동 대구와 함께 위세품으로 보고 있다.

대구 지산동, 비산동, 평리동, 영천 어은동유적은 유구는 확인되지 않았으나, 마형대구, 호형대구, 동경, 동과, 동모 등의 다량의 동기류가 출토되었다. 네 유적에서 수습된 유물을 통해 피장자는 최고 지도층, 제사장의 무덤으로 본다(그림 23). 용전리 유적은 네 유적과 달리 목관묘가 확인되었고, 오수전,

---

29) 이청규, 2015, 『다뉴경과 고조선』, 단국대학교 출판부, p.180.
30) 김용성, 2015, 『신라 고분 고고학의 탐색』, 진인진, p.16.
  이를 사회적 계층성으로 본다.
31) 이청규, 2002, 「영남지역 청동기에 대한 논의와 해석」, 『영남고고학 30』, 영남고고학회, p.4.
32) 이청규, 2015, 『다뉴경과 고조선』, 단국대학교 출판부, p.157.

동과, 동모, 동제과초 등의 다량의 동기와 철기가 출토되었다. 피장자는 동기류의 출토량과 다양한 기종의 유물이 출토됨에 따라 유력자의 무덤으로 추정하고 있다. 이외에도 팔달동은 90호와 100호는 제사장급의 묘로 추정하고 있다[33]. 이러한 점은 제정일치 사회에서 제정분리 사회로의 변화를 뒷받침하는 것으로 지역차, 사회변화상과 관계있을 것으로 생각된다.

이처럼 유물을 통해 목관묘의 계층을 논하는 방법론을 살펴보면 다음과 같다. 첫째 입지상 우월하여야 하고, 동시기, 동일지역 분묘에서 다량의 유물이 출토되는 분묘가 상대적으로 등급이 높다. 셋째, 위신재 가치에 따라 등급이 분류되고, 위신재가 부장된 목관묘가 등급이 높다고 본다.[34] 즉 최고계층의 경우 제사장 또는 권력자, 중간계층은 귀족, 하위계층은 노동력을 기반으로 하는 평민으로 보아도 무관할 것이다. 이러한 견해를 수렴하여 금호강 유역의 목관묘의 위계를 알아보고자 한다.

먼저, 동경, 동모, 동과, 오수전, 칠초철검이 출토된 유적의 목관묘를 선별하여 출토된 유물의 양과 종류, 공반유물을 살펴본 결과 19기가 확인되었다.[35] 영천지역은 용전리유적에서 오수정, 동모, 동과 모두 출토 되었고, 경산지역에

---

33) 이청규, 2002, 「영남지역 청동기에 대한 논의와 해석」, 『영남고고학 30』, 영남고고학회, p.6.
다른 유적과 달리 무기와 간두령이 출토되지 않았다는 점에서 차이를 보인다는 견해이다. 또한, 기원전 1세기 후반의 임당동, 사라리 130호, 창원 다호리 1호를 최고수장급의 무덤으로 본다.

34) 윤형준, 2009, 「목관묘의 등급을 통해 본 삼한전기 계층사회」, 『고문화 78』, pp.121~123
1등급의 경우 의기화된 청동기와, 청동 무기가 함께 부장된 경우로 동경, 칠초철검, 이형동기, 동령, 동모, 동과 등이 부장되고 2등급은 철제무기와 청동 농공구인 철모, 철검, 철과, 동부, 동착, 동사가 부장된다. 3등급은 철제 농공구류가 부장된 경우로 서북한계 철기류로 주조철부, 판상철부등이 부장된다고 봤다.

35) 목관묘가 확인되지 않은 대구 비산동, 평리동, 지산동, 만촌동, 영천 어은동은 제외하였다.

서는 동경 및 한경 재가공품 칠초철검 세형동검, 오수전 등, 대구지역에서는 동과, 동모, 세형동검, 칠초철검 등이 출토되었다. 출토유물의 종류는 용전리, 임당동, 팔달동, 신서동 유적에서 다양한 종류의 유물이 확인되었고, 수량에서는 용전리, 임당동, 신서동에서 출토량이 많은 것을 확인 할 수 있었다. 등급의 조합상으로 동경과 칠초철검, 동과, 동모 그리고 철기가 출토된 유구를 최고계층으로 본다면, 용전리 유적과 팔달동 90호, 100호가 이에 속한다. 그리고 철제 농공구가 출토된 목관묘를 하위계층으로 본다면, 동경, 칠초철검, 동검 중 하나와 철기들이 확인되는 16기의 목관묘는 중간계층에 속한 것이 아닌가 생각된다. 그리고 유구는 확인되지 않았으나, 다량의 동기류가 출토된 대구 비산동, 만촌동, 평리동, 영천 어은동의 경우 최고계층의 권력자 였을것으로 추정한다.

5. 주변지역과의 관계

주변 유적들과의 관계에서 빠질 수 없는 것이 자연 지리적 환경이다. 지리

표 7. 위신재 출토 목관묘-유물 출토량 및 공반유물

연번	유구번호	출토유물	공반유물(철기류)	유물 종류	토도	철기	동기
1	용전리	오수전, 동과, 동경	단조철부,주조철부,환두도,철겨므 닻형철기,동탁,동포,동제과초	17	8	29	12
2	임당 A-Ⅰ74	오수전	철모,도자,단조철부,,철겸,판상철 부검파두식	8	·	23	2
3	임당 A-121	오수전,칠초철검	철모,단조철부,철준,쇠스랑, 부채, 현악기	15	3	8	·
4	임당A-Ⅰ135	오수전	철겸,철모,단조철부,,철착, 원통형동기,부채자루	18	7	5	1
5	임당 E-132	오수전,칠초철검	철모,철촉,도자,살포,철착,철사, 검파두식	12	4	7	1
6	임당 E-138	동경	판상철부	3	1	1	1
7	신대리 37호	한경재가공품	판상철부,철겸, 도자	6	2	3	·
8	신대리 63호	칠초철검	,단조철부,철부,철착,재갈, 부채자루,칠기	14	8	4	1
9	신대리 69호	칠초철검	철부,철모,철겸	4	·	2	·
10	신대리 75호	훼룡문경	철부,철겸	9	6	2	2
11	팔달동 45호	세형동검	철겸,철모,주조철부,판상철부,철 착,대패날	13	4	5	1
12	팔달동 90호	동모,동과,칠초철검	판상철부,철모,철겸	12	6	4	2
13	팔달동 99호	칠초철검	철모,검파두식, 청동제부속구	4	1	1	·
14	팔달동 100호	세형동검,동모	철겸, 철모,판상철부,철착	6	·	7	3
15	가천동 4호	칠초철검	철부,환옥	6	3	3	
16	신서동 A-2호	칠초철검	철모,판상철부,철겸,	11	11	9	
17	신서동 B2-1호	칠초철검	철부,재갈,닻형철기,철모,철겸,도 자	11	1	14	
18	신서동 B13호	세형동검	판상철부,따비,철겸,철착,철모,철 부,철겸,주조철부	10	1	13	2
19	신서동 B3-27호	세형동검	단조철부,주조철부,철겸	5	3	4	1

적인 위치는 세력 확장, 외래문화와의 접촉 등에 영향을 줄 뿐만 아니라, 다른 지역으로 기술과 문화의 전파가 용이하기 때문이다.[36] 금호강유역의 목관묘 유적이 조성된 지역은 낙동강의 지류인 금호강이 가로지르는 분지지형으로 사로국이 낙동강유역진출을 위해 거쳐야 하는 지정학적 위치에 있다. 사로국이 위치한 경주는 해안과 가까워 선진문물을 접할 수 있는 요건을 갖추고 있고 금호강유역의 세 지역은 경주지역과 교류하기에 유리한 위치에 있어 선진문물을 유입하는데 유리하였을 것이다.

대구지역은 창녕, 고령, 성주, 선산과 연결되는 지역으로 대외진출의 전초기지 역할을 하였다. 서남쪽으로 울산, 언양, 청도까지 확장함으로써 경산과 대구지역은 교통의 요지 역할을 한 것이다.[37] 이는 국으로의 성장을 위해 영토를 확장하는 과정에서 문화의 전파가 있었음을 뒷받침한다. 지역 간의 교류는 지역에서 생산하여 다른 지역으로 확산되는 과정과 장례문화도 포함된다. 장례 문화의 변화 요인은 사회적인 변화에서 찾는다. 그 근거로 보수적인 특성과 이주민 이동으로 인한 인구 증가를 이야기한다.

인구 증가는 취락 규모나 분포 밀도에 영향을 주는 것과 동시에 새로운 매장문화가 등장함에 따라 집단 묘역으로 이어지는 현상이 나타나기 때문이다. 관의 형태변화는 시간적인 변화와 상호 교섭 양상을 반영한 것으로 주민이동이 직접·간접적 작용하였기 때문에 나타난 것으로 추정한다. 구유형관을 사용

---

36) 이종욱, 1979, 「斯盧國의 成長과 辰韓」, 『한국사연구 제25호』, 한국사연구회, pp.312 ~313; 이청규, 2011, 「遼東과 韓半島 靑銅器文化의 變遷과 相互交流」, 『한국고대사연구 63』, 한국고대사학회, pp.228~229.

37) 이동관, 2013, 「韓半島南部 철기문화의 波動」, 제22회영남고고학회 정기학술발표회, 영남고고학회, pp.78~89, p.91, p.93, 이남규, 2002, 「한반도 초기철기문화의 유입양상:낙랑설치 이전을 중심으로」, 『한국상고사학보 36』, 한국상고사학회, pp.45~48.

한 문화에서 판재식관으로 변화된 것이 그 예이다. 판재식관의 유입은 낙랑의 영향으로[38] 시기는 기원전 1세기대로 세형동검문화 쇠퇴기의 목관묘계 유물과 유적이 경상도 지역에 집중 분포되는 때이다. 사회변화상은 진한의 소국이 통합되면서 기존의 소국의 문화는 쇠퇴하고 그 과정에서 이주민으로부터 선진 문물을 받아들이고 기술을 익혀 성장하는 패턴이 나타난다. 철기의 유입과 함께 청동기가 의기화되고, 점차 소멸되는 과정도 같은 맥락이라 생각된다. 또한 부장위치의 차이도 그 근거가 된다. 경산 임당동과 영천 용전리의 경우 임당동에서는 관내, 용전리에서는 관 상부에서 오수전이 출토되었는데, 주술적 의미로 관상부에 부장하였을 가능성도 있지만 사회변화상과도 관계있을 것으로 생각된다.

주변지역과의 관계는 유물의 분포양상을 통해서도 파악 할 수 있을 것으로 생각된다. 예를 들면, 희소성이 큰 위신재 역할을 하는 유물이 주변유적에서 출토되었을 경우 지역간의 교류로 해석 할 수 있고, 이웃하는 여러 유적에서 청동제 유물의 출토, 유사형태의 청동기나 철기의 출토를 통해 교역과 주변지역과의 관계를 추정할 수 있을 것이다. 그 중 교역의 주 목적이라 할 수 있는 철은 공방지 또는 생산지에서 낙동강을 통해 김해, 울산, 경주, 포항으로 교류[39], 대구-경산-영천-경주는 금호강을 이용하여 교류했던 것으로 본다.[40] 따라서, 교류를 통해 유입된 유물과 유입경로를 통해 주변지역과의 관계를 살펴보고자 한다(그림 24~28).

38) 이성규, 정인성, 이남규, 2006, 『낙랑 문화 연구』, 동북아역사재단, p.319.
39) 이재현, 2003, 「弁·辰韓社會의考古學的研究」, 부산대학교 박사학위논문, p.164~166 기원전 2C말~1C 무렵 상주, 대구, 경산, 영천, 경주, 김해 등지가 중심지를 형성하였고, 정치적 엘리트가 형성되고, 엘리트간의 상호작용으로 이해하였다.
40) 이재현, 2003, 「弁·辰韓社會의考古學的研究」, 부산대학교 박사학위논문, pp.164~166.

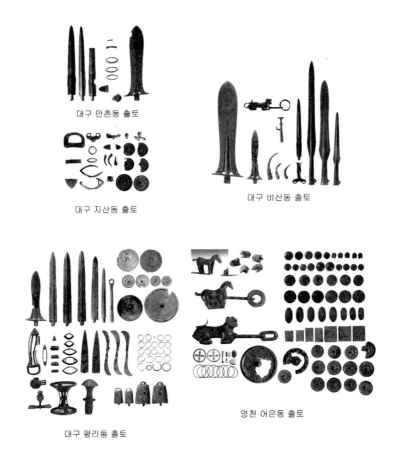

대구 만촌동 출토

대구 비산동 출토

대구 지산동 출토

영천 어은동 출토

대구 평리동 출토

그림 24 대구지역 비산동, 지산동, 만촌동, 영천 어은동 동기류 일괄

먼저, 철기는 문화는 입지에 따라 유입 속도가 다르기 때문에 나타난 지역
차로 파악한다. 진·변한의 주조철부 형태는 서남부 지역과 유사한 형태이며,

한 군현의 설치로 단조철기 문화가 유입되면서 재지화되었을 것으로 본다.[41] 영남지역은 기원전 1세기 무렵 철기가 확인되는데, 이에 해당되는 유적이 팔달동과 임당동 유적이다. 경주지역은 조양동 38호를 시작으로 경산 임당동 → 영천 어은동 → 경주 입실리 등의 보급 과정으로 선사시대에 이용된 교통로를 통해 교류가 있었던 것으로 판단된다. 진·변한 출토 철기는 목관묘에서 목곽묘로 이행시점에서 큰 획기를 가지는 근거로 철 생산의 시작과 철기 제작 기술의 유입을 이야기 한다. 경주는 영남과 동해안을 연결하는 교통로를 통해 철과 구리가 생산되는 지역으로 청동제품의 가공과 관련된 교류가 있었을 것으로 본다. 또한 청동기시대 대구-영천-경주의 교역 루트, 경주-포항의 루트를 이용하여 위세품이 유입된 것으로 파악된다.[42]

목관묘에서 목곽묘로 전환되는 단계에 해당되는 유구에서 출토되는 유개대부소호[43]의 경우 금호강유역에서는 팔달동 50호, 신서동 B2-1, 임당동 C-94호가 있고, 주변지역으로는 창원 다호리 1호, 밀양 제대리 6호, 밀양 사포 4호, 경주 황성동 535유적에서 확인된다. 유개대부소호는 대부호의 구연형태가 개를 얹을 수 있는 구경부로 변화되는데, 개는 드림부의 개신 접합상태와 형태, 문양으로 분류하고, 대부호는 배신부의 형태와 대각부의 형태로 분류한다.(이춘

41) 이남규, 2002, 「한반도 초기철기문화의 유입양상:낙랑설치 이전을 중심으로」, 『한국상고사학보 36』, 한국상고사학회, pp.45~48.
42) 이남규, 2002, 「한반도 초기철기문화의 유입양상:낙랑설치 이전을 중심으로」, 『한국상고사학보 36』, 한국상고사학회, pp.45~48.
43) 이춘선, 2011, 「원삼국시대 유개대부소호의 편년관 분포」, 『경남연구 5』, 경남발전연구원, pp.76~77 필자는 유개대부소호로 명칭하고 있으며, 개와 대부호의 형식분류를 하였다. 따라서, 본고는 유개대부소호로 지칭하기로 한다. 창원 다호리 1호와 팔달동 50호는 1형식으로 기원후 1세기 후엽, 밀양 제대리 4호는 기원후 2세기 전엽, 밀양 사포 1호는 기원후 2세기 중엽으로 편년하고 있다.

선, 2011) 금호강 유역의 목관묘 출토 유개대부소호를 살펴보면, 신서동 B2-1 출토 유개대부호소는 밀양 사포 1호와 유사하고, B-3 북구역의 목곽묘 1호 출토 유개대부호는 팔달동, 밀양 제대리 4호의 개와 유사한 형태이다. 임당동 출토 유개대부소호의 경우 개는 경주 황상동, 밀양 사포 출토 유개대부소호의 개와 유사 형태이다.

이처럼 낙동강 중류, 금호강 하류에서 확인되는 것은 내륙의 교통로와 낙동강을 이용한 교류의 결과로 볼 수 있을 것이다. 상호교류의 바탕에는 선사시대부터 이용한 교역로인 대구-경산-영천-경주의 교통로가 큰 역할을 했을 것으로 생각된다. 이외에도 신서동, 임당동 출토 기대의 경우도 부산에서 출토되는데, 이 또한 같은 맥락이라 생각된다. 차이점이 있다면, 신서동, 임당동, 부산 구정동 출토 기대는 목관묘, 가동 출토 기대는 주거지에서 출토되었다는 점에서 실제 사용한 것인지, 의례용인지 좀 더 연구가 필요할 것으로 생각된다(그림 25).

이외에도 훼기하여 부장한 유물이 확인되는데, 유물을 파쇄하여 부장한 유구는 팔달동 31호, 신대리 68호, 사수동 3호이다. 주변 유적으로는 조양동유적과 현풍면 유적이 있다. 이처럼 파쇄하여 부장하는 행위는 주술적 의미를 가지는 의례행위, 새로운 문화로 변화를 의미하는 것으로 해석하기도 한다. 여기서 이야기하는 새로운 문화는 단조철기 문화로 본다(그림 26).[44]

그리고, 부채, 칠기로 추정되는 물질로 얼굴 부위를 덮은 유구가 확인되는데, 이를 복안(覆顔)이라 한다. 복안의 정의는 피장자의 얼굴 혹은 머리전체를 특정 재질로 덮는 것으로 망자가 숨을 거두었을 때 천으로 덮어두는 것과 같

---

44) 坂野和信, 2011, 「原三國時代 前期의 度量衡 成立.1,弁·辰韓의 鐵資源과 社會構成」 『영남고고학보 57』, 영남고고학회, pp.52~54.

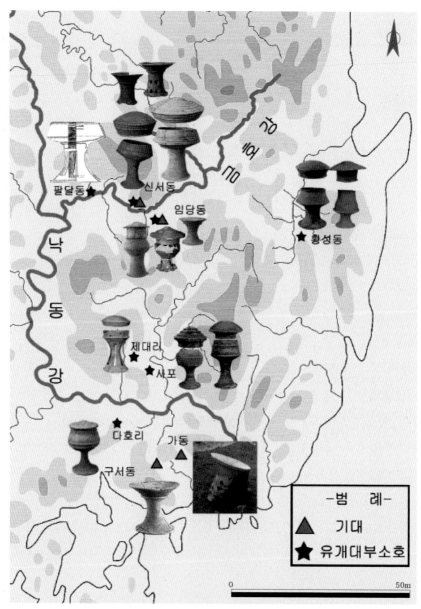

그림 25 기대, 유개대부소호 분포도(보고서 편집)

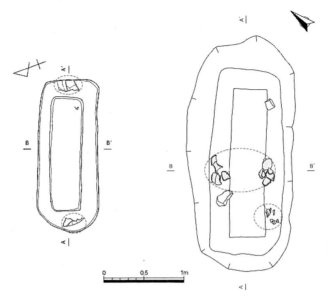

그림 26 훼기부장 유구 (신대리 68호(좌), 사수동 3호(우)–보고서편집)

은 맥락으로 인식한다.[45] 금호강유역에서는 신대리 94호 주변유적으로는 성주 백전 예산리 3호, 김해 가야의 숲 조성 부지내유적 3호, 창원 다호리유적 36호, 울산 교동리유적 1호가 있다. 복안으로 추정되는 유적으로는 신서동유적 B-3 북구역 1호가 있다. 신서동유적에서는 장방형의 칠기가 얼굴 부위에서 확인되었다. 신대리, 성주 백전 예산리, 가야의 숲 조성부지, 창원 다호리유적는 피장자의 얼굴을 칠선자로 덮은 양상으로 이러한 부채복안은 김해, 성주, 포항지역의 1세기대 목관묘에서 확인되는 재지계복안으로 본다. 부채를 사용한 것

---

45) 오광섭, 정현석, 2015, 「울산 교동리유적 1호 목관묘 출토 복안과 청동제유물의 검토」, 『야외고고학 22』, 한국매장문화재협회, pp.7~22.
　　복안을 한식복안과 재지계복안으로 분류 및 편년하였다.

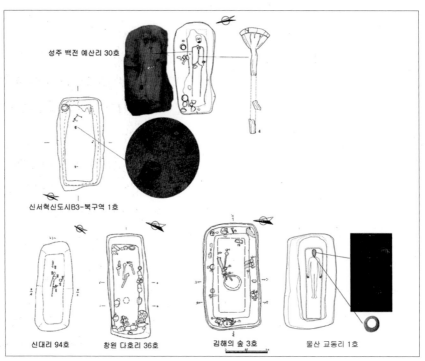

그림 27 복안이 확인된 유적 (보고서 편집)

은 망자의 영혼이 천상과 연결 되었을 것이라는 내세관과 관계된 것으로 기원전 1세기 중엽부터 유행하였고, 주머니호와 원통형토기가 공반된다는 견해가 있다.(오광섭, 정현석, 2015) 복안이라는 장례문화는 낙랑, 마한, 변한, 왜 등과 사로국이 교역을 하면서 나타난 장례문화로 유적간의 관계를 비롯하여 상호교류, 칠선자의 부장위치, 장송의례, 외래문화의 영향 등과 관련된 연구가 필요할 것으로 생각된다(그림 27).

마지막으로 외래유물인 동경과 오수전은 경상북도, 대구시, 울산시, 경상남도 일대에서 출토된다. 이처럼 외래 유물이 한반도 동남부에 분포하는 것은 삼한과 한의 교류노선과 관계된 것으로 추정된다. (표 7, 그림 28) 또한, 동

표 8 동경출토 유적

구분	유적명	출토 유물
금호강유역	대구 평리동	훼룡문경
	대구 지산동	이체자명대경
	경산 임당동 E-58,E-138,A I -122	방제경
	경산 신대리	훼룡문경
	영천 어은동	훼룡문경, 방제경, 일광경
	영천 용전리	성운문경
주변유적	포항 성곡리 7호, 13호	방제경, 성운문경
	경주 조양동 38호	이체자명대경
	경주 사라리 130호	방제경
	밀양 교동 3호, 17호	성운문경, 이체자명대경
	울산 창평리 2호	이체자명대경
	창원 다호리 1호	성운문경
	김해 내덕리 19호	방격규구사신경
	김해 가야의숲 3호	소문경

그림 28 오수전 출토 유적
(남한지역 출토 금속화폐 분포도 편집:109)

경, 오수전 그리고 복안이 함께 확인되는 유적을 보면, 창원 다호리, 김해 가야의 숲, 경산 신대리, 성주 백전 예산리유적, 동경과 오수전이 함께 출토된 유적으로는 영천 용전리와 창원 다호리유적이 있다. 이러한 분포양상은 육로나 강, 해안로를 통해 가깝게는 지역간의 교류, 멀게는 한나라, 왜 등과의 교류를 했다는 것을 알 수 있다(그림 27, 28, 표 8).

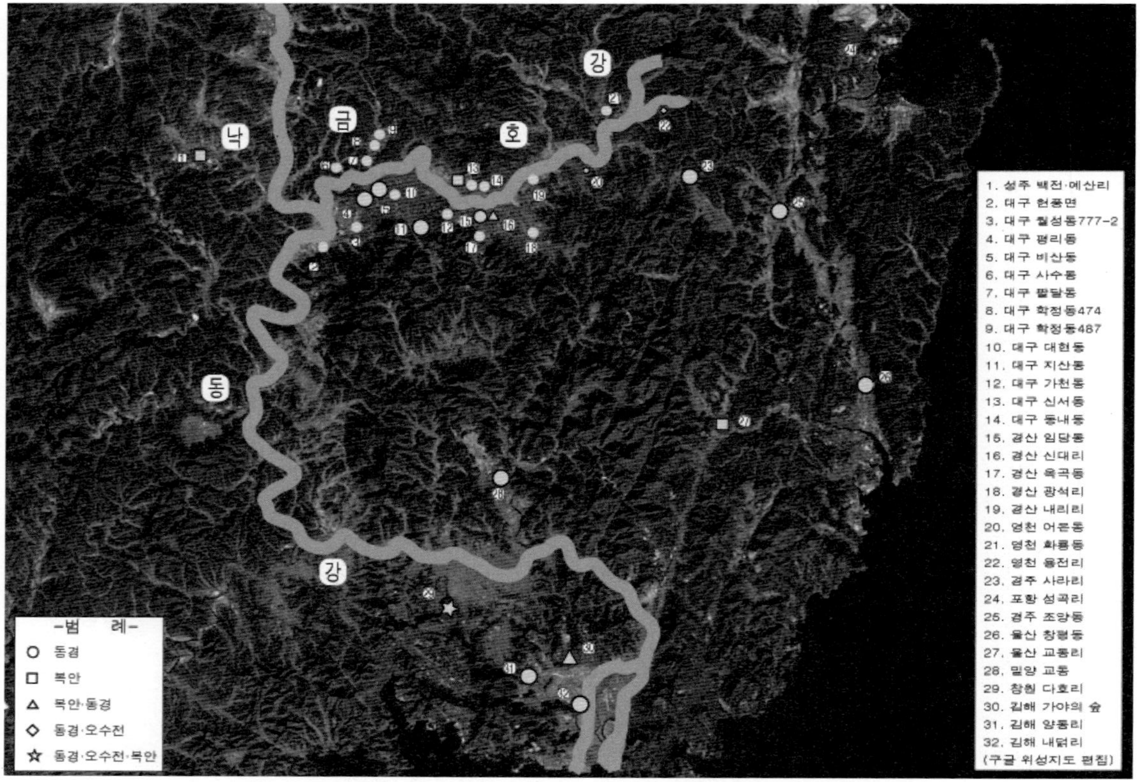

그림 29 금호강 유역의 목관묘유적 및 주변유적 - 동경, 오수전, 북안 출토유적

종합해보면, 묘제 유형의 변화와 관의 형태변화는 축조기술 뿐만 아니라, 장송의례와 관련된 상징적 이념이 수반되므로 집단의 이동과 관의 형태 변화에 영향을 주었을 것으로 생각된다. 유물 부장위치도 무덤 축조과정에서 정해진 보편적 의례이기 때문에 부장위치에서 차이가 있다면 사회상의 변화가 있었음을 나타내는 것이라 할 수 있다. 여기에는 매납상의 차이와 유구의 규모, 부장유물의 위치, 종류, 형태상의 변화도 고려된다.[46] 이처럼 내재적, 외재적인 요인으로 인한 변화는 국의 성립에도 영향을 주었을 것이다. 국가가 성립되기 위해서는 영토와 주권, 국민 3요소가 요구되는데, 이러한 요구조건을 만족시키는데 중요한 역할을 한 것이 철기문화이다. 따라서 목관묘 사회는 철기문화가 유입되면서 철로 된 무기를 생산, 생산된 무기로 영토를 확장하고, 무기 외에 농·공구류가 제작되면서 잉여생산물이 증가됨과 동시에, 계층분화, 인구증가로 이동이 빈번해 짐에 따라 문화 교류가 이루어지고 국가로 발전할 수 있었을 것이다.

주변지역과의 관계는 교류를 통하여 유입된 물질문화와 장례문화에서도 확인된다. 신대리유적에서 확인된 칠기부채의 출토양상은 시신의 가슴부분에 놓여져 있다. 낙동강 유역권인 성주 백전·예산리 30호에서도 확인되며, 김해의 숲 조성단지 발굴 유적에서도 확인되었다. 신서동의 경우 칠기로 추정되는 유기물 또한 얼굴부근에서 확인되는 점으로 보아 낙동강 하류역에 위치한 동남부 지역 즉, 낙동강 수계인 김해, 창원 지역권과 금호강 유역권인 영남내륙 지역과의 교류가 있었던 것으로 추정된다. 그리고, 한과 낙랑을 통해 유입된 오수전과 동경은 연대추정 뿐만 아니라, 피장자의 신분을 나타내는 위신재로서

---

46) 권지영, 2004,「弁·辰韓社會의 發展樣相에 대한 研究: 木棺墓에서 木槨墓로의 轉換을 중심으로」,부산대학교대학원,『영남고고학 38』,영남고고학회, pp.44~52.

사로국과 인접한 영천지역을 통해 한과 낙랑계의 선진문물을 접할 수 있는 기회가 상대적으로 많았기 때문에 이러한 출토양상이 나타난 것으로 생각된다.

따라서 금호강 유역의 주민들은 금호강을 통해서 농업, 철기의 생산과 정치, 사회, 경제 영역의 상호교류로, 새로운 선진문물을 받아들이면서 도구의 변화와 기술적인 변화 그리고 장례문화, 주민생활에 중요한 역할을 하였던 것으로 판단된다.

이상 금호강 유역의 목관묘 유적에 대하여 연구해 보았다. 금호강 유역 목관묘 유적의 묘제 유형과 관의 형태, 출토유물을 통해 경주와 낙동강 하류에 분포하는 주변지역과의 관계를 살펴보고 당시 사회상과 변화요인을 알아보고자 하였으나, 이와 관련하여 보다 심도있고 광범위한 연구가 필요할 것으로 생각된다.

【참고문헌】

－논문－

권지영 2004 「辰·弁韓社會의 發展樣相에 대한 연구:목관묘에서 목곽묘로의轉換을
중심으로」, 부산대학교 대학원,『영남고고학보 38』, 영남고고학회

김성욱 2010, 「한반도 마형대구의 편년과 지역상」, 고려대학교 석사논문

김예주, 2010, 「原三國時代 嶺南地方 無文土器의 瓦質土器化過程에 대하여 : 창원
다호리유적 출토토기를 중심으로」, 숭실대학교 석사학위논문

김현진, 2006, 「영남지역 출토 한식경의 제작과 교역」, 영남대학교 석사학위논문

이재현, 2003, 「弁.辰韓社會의 考古學的 硏究」, 부산대학교 박사학위논문

김경칠, 2007, 「南韓地域 出土 漢代 金屬貨幣와 性格」, 『호남고고학보 27』,
호남고고학회

박선미, 2008, 「한반도 출토 漢代 화폐와 그 의미:古朝鮮 멸망이후 삼한지역 역체계의
변동과 관련하여」, 『선사와고대 28』, 한국고대학회

백운상, 심종훈, 2010, 「삼한시대 문화유적에서 출토된 한 대 문물 및 그 인식」, 『동아
문화 8』, 서울대학교 동아문화연구소

윤형준, 2011, 「목관묘의 등급을 통해 본 삼한 전기 계층사회 」, 『고문화 78』, 한국대
학박물관협회

이남규, 2002, 「韓半島 初期鐵器文化의 流入 樣相 : 樂浪 설치 以前을 중심으로」, 『한국
상고사학보 36』, 한국 상고사학회

이성주, 1999, 「辰·弁韓地域 墳墓 出土 1-4世紀 土器의 編年」, 『영남고고학 24』,
영남고고학회

이재현, 2002, 「弁·辰韓 土器의 形成과 展開 」, 제11회 영남고고학회 학술발표회,
영남고고학회

이원태, 2012, 「목관묘 출토 대부조합우각형파수부호의 출현과 의미:경산
신대리유적을 중심으로」, 『영남고고학 61』, 영남고고학회

이종욱, 1979, 「斯盧國의 成長과 辰韓」, 『한국사연구 25』, 한국사연구회

이동관, 2013, 「韓半島南部 철기문화의 波動」, 제22회 영남고고학회 정기학술대회,
영남고고학회

이청규, 2002, 「영남지역 청동기에 대한 논의와 해석」, 『영남고고학 30』, 영남고고학회

임설희, 2010,「남한지역 점토대토기의 등장과 확산과정」,『호남고고학보 34』, 호남고고학회

정인성, 1998, 낙동강 유역권의 細形銅劍 文化」,『영남고고학 22』. 영남고고학회

최성락, 1998,「原三國期 土器의 變遷과 問題點」,『영남고고학 5』,영남고고학회

坂野和信, 2011,「原三國時代 前期의 度量衡 成立.1,弁·辰韓의 鐵資源과 社會構成」, 『영남고고학보 57』, 영남고고학회

— 단행본 —

심봉군, 2005,『韓國文物의 고고학적 이해』, 동아대학교 출판부

이성규, 정인성, 이남규, 2006,『낙랑 문화 연구』, 동북아역사재단

이청규, 2015,『다뉴경과 고조선』, 단국대학교출판부

김용성, 2015,『신라 고분고고학의 탐색』, 진인진

— 도록 —

국립 김해박물관, 2003,「변 진한의 여명」

국립 대구박물관, 2000,「압독 사람들의 삶과 죽음」

국립 중앙박물관, 1992,「한국의 청동기 문화」

복천 박물관, 2008,「고고학으로 본 부산의 역사」

— 보고서 —

한국 문화재 보호재단, 1998,『경산 임당유적 Ⅰ·Ⅱ·Ⅲ·Ⅳ·Ⅴ』

영남대학교 박물관, 1998,『경산 임당지역 고분군 Ⅲ- 조영 1B지구』

영남대학교 박물관, 1999,『경산 임당동유적 Ⅰ - F·H지구 분묘』,

(財)영남문화재 연구원, 2000,『大邱 八達洞遺蹟 Ⅰ』,

영남대학교 박물관, 2000,『경산 임당지역 고분군 Ⅴ- 조영 E I호분』

(財)영남문화재연구원, 2001,『경산 임당동유적Ⅲ-G지구분묘』

(財)영남문화재연구원, 2001,『경산 임당동유적Ⅳ- G지구 분묘』

(財)영남문화재연구원, 2001,『대구 동내동유적』

(財)영남문화재연구원, 2002,『대구-부산간 고속도로 공사구간내 대구 가천동유적』

(財)영남문화재연구원, 2005,『경산 현내리Ⅱ·대구 대현동유적』

(財)동아세아문화재연구원, 2006,『김해 가야의 숲 조성부지 내·김해 무계리
　　공동주택 건설부지내 문화유적 발굴조사 보고서』
국립경주박물관, 2007,『永川 龍田里遺蹟』
(財)慶尙北道文化財研究院, 2008,『大邱月城洞777-2番地遺蹟(Ⅱ)- 靑銅器~近代』
(財)영남문화재연구원, 2009,『대구 학정동 474번지 유적』
(財)영남문화재연구원, 2009,『경산 신대리670번지유적』
한국 문화재 보호재단, 2009,『경산 옥곡동 유적 Ⅳ』
(財)영남문화재연구원, 2010,『慶山新垈里遺蹟Ⅰ·Ⅱ』
(財)한빛 문화재연구원, 2011,『경산 내리리유적 I』
(財)慶尙北道文化財研究院, 2011,『대구신서혁신도시B-3북구역유적』
(財)성림문화재연구원, 2011,『大邱旭水洞127-5番地生活遺蹟』
(財)한빛 문화재연구원, 2011,『경산 진량2일반지방산업단지 조성부지내 대원리
　　신석리, 광석리 유적』
(財)세종문화재연구원, 2012,『대구 학정동 487번지 유적』
(財)慶尙北道文化財研究院, 2012,『대구 신서혁신도시 A구역내 大邱 角山洞遺蹟』
한국 문화재 보호재단, 2012,『大邱新西洞遺蹟Ⅰ·Ⅱ 대구신서혁신도시개발사업부지
　　B구역문화유적(1차)』
(財)경상 문화재연구원, 2013,『대구 테크노폴리스 조성부지내 유적』
국립중앙박물관, 2012,『창원 다호리 1~7차 발굴조사 종합보고서』
(財)慶尙北道文化財研究院, 2005,『성주 백전·예산리』
(財)한빛 문화재연구원, 2012,『포항 성곡리 유적』
(財)慶尙北道文化財研究院, 2014,『영천 동의 참누리원 (한의마을)부지내 유적
　　발굴조사약보고서』

Ⅳ. 초기사회의 형성과 교류

청동기~원삼국시대 사회적 변천 | 이청규

청동기~원삼국시대 촌락과 국의 교류 | 김옥순

경상북도문화재연구원 학술총서 *1*

금호강유역
초기사회의
형성

청동기~원삼국시대 사회적 변천

이청규 영남대학교

1. 논의 주제

청동기시대부터 원삼국시대에 이르는 상고시대의 한반도 남부지역에서의 사회발전을 고고학적으로 접근한 사례는 많지 않다. 이에 대해서는 크게 두가지로 나누어 살펴볼 수 있는데, 첫째는 3세기 삼국지 기록에 보이는 국과 읍락, 촌 등을 살펴 이에 맞추어 설명하는 것이다. 고고학적 증거 중 마을과 집자리에 중점을 두는데, 읍락은 중심마을 또는 대촌이고, 촌에는 다시 소촌과 촌이 있는 것으로 설명한다.[1] 이는 다시 이 기록에 제시되는 국과 읍락의 개념을 서기전 3세기 초기철기시대 이전의 마을과 무덤 유적에 대해서 소급하여 적용하는 관점[2]과 이를 인정하지 않는 관점이 있다.[3]

또 다른 설명은 서구의 신진화론적 관점에서 설명하는 것이다. 그것은 주로 chiefdoms society를 둘러싼 사회복합 혹은 계층화에 중점을 두는 것으로 고고학자료 중에서도 대체로 지석묘와 청동기부장묘 등의 무덤과 관련하여 접근한다. 지석묘의 축조에 동원되는 노동력을 근거로 족장의 존재를 제시하거

---

1) 이희준 2000, 「삼한 소국 형성 과정에 대한 고고학적 접근의 틀—취락 분포 정형을 중심으로—」, 『한국고고학보』 43, 한국고고학회.
2) 권오영, 1996, 「삼한의 <국>에 대한 연구」, 서울대학교 대학원 국사학과 박사학위논문.
   박순발, 1997, 「전기 마한의 시·공간적 위치에 대하여」, 『마한사 연구』, 충남대학교 출판부.
   이청규, 2005, 「청동기를 통해 본 고조선과 주변사회」, 『북방사논총』 6, 고구려연구재단.
   이성주, 2007, 『청동기 초기철기시대 사회변동론』, 학연문화사.
3) 이현혜, 1984, 『삼한사회형성과정연구』, 일조각.
   문창로, 2000, 『삼한시대의 읍락사회』, 신서원.

나,[4] 부장품의 위세적 특징을 토대로 군장을 설명하는 것이다.[5] 전자를 설명하는 관점은 구성원간의 혈연관계를 강조하고, 후자의 입장에서는 개인적 권위가 강조된 소국의 우두머리가 이에 해당된다고 본다.

당대의 사회변천 과정을 설명함에 양자의 관점이 통합되는 것이 바람직한데, 문제는 일정 지역에서 전시기에 걸쳐 주거지 혹은 마을 유적은 물론 무덤 유적이 균일하게 확인되지 않는다는 점이다. 지금까지 조사한 바에 따르면 청동기시대 조기부터 중기에 걸친 유적은 조사되고 있지만, 청동기시대 후기부터 초기철기시대를 거쳐 원삼국시대에 해당되는 유적은 매우 드문 편이어서, 마을과 주거지 자료만으로 사회의 변천상을 일목요연하게 설명하기 어렵다.

무덤유적의 조사성과 또한 잘 알려지다시피 청동기시대에 속하는 지석묘와 석관묘 유적은 한반도 전 지역에서 적지 않게 확인되고, 전면적으로 발굴조사한 사례가 적지 않지만, 초기철기시대에서 원삼국시대에 이르는 기간 동안에 조성된 무덤 유적의 조사사례는 시기와 지역에 따라서는 거의 없다시피 하다. 초기철기시대의 이른 단계에 해당하는 수장묘급 적석목관묘는 호서지역에 편중되어 있지만, 상대적으로 영남지역에서 발견된 사례는 많지 않다. 한편으로 원삼국기에 해당하는 무덤유적은 영남지역에 집중적으로 발견되었지만, 호남지역은 그렇지 못한 것이다. 그 이유가 무엇이든 간에 이러한 무덤자료의 편중은 각 지역별로 통시적으로 전개되는 사회적 변천을 제대로 설명하지 못하는 장애로 작용하고 있다.

그러나 달리 생각하면 이러한 집자리와 무덤 유적의 편차가 왜 지역마다 달

---

4) Choi Mong-Lyong, 1983, 「A Study of the Yongsan River Valley Culture-The Rise of Chiefdom Society and State in Ancient Korea-」, 『진단학보』 56. 진단학회.

5) 김정배, 1979, 「군장사회의 발전과정 시론」, 『백제문화』 12, 공주사범대학 백제문화연구소.

리 나타나는지 그에 대해서는 각기 다른 역사적 혹은 사회적 배경이 있기 때문인 것으로 설명할 수 있다. 반드시 모든 지역이 동일한 물질문화가 전개되리라고 기대하는 것에 오히려 문제가 있다. 문제는 취락과 무덤자료를 어떻게 연결하여 일정지역의 사회변천 과정을 제대로 설명할 수 있는가 하는 것이다.

기본적으로 취락자료는 실제 생활에서 전개되는 사회의 부면을 반영하지만, 무덤자료는 이데올로기 혹은 사후 정신세계를 반영한다고 할 수 있다. 또한 취락자료는 삶의 공간을 보여주고, 일정 집단의 인구규모와 조직을 간접적이나마 반영하지만, 무덤자료는 특정 개인과 관련되고, 죽은 사람들 간의 관계에 대해서 일부분을 보여 줄 뿐이다. 주거지는 가족의 생활을 반영하지만, 단위무덤은 개인의 위세를 반영하는 것이다.

우선 취락자료와 관련하여 주거지의 형식과 규모, 그리고 그 배치를 통해서 무엇을 확인할 수 있으며, 또한 그 숫자를 토대로 인구규모는 어떻게 추정할 수 있는가 문제이다. 무엇보다도 고민해야 되는 것은 동시에 들어선 집자리를 판정하는 기준이 분명치 않아, 연구자들마다 집자리 숫자와 마을 구조를 각기 다르게 판단한다는 것이다.

마찬가지로 무덤의 형식과 규모로 무엇을 설명할 수 있는지, 집단 구성원 중에 무덤에 묻힌 사람이 누구인지 판정하는 것이 중요하다. 그리고 일정 지점에 공동으로 조성된 무덤군이 단위 마을에 속하는 사람이 묻혔는지 그렇지 않은지 여부, 그리고 몇 세대의 기간에 걸쳐 조성된 것인지를 판단해야 하는 것이다.

더욱 큰 문제는 무덤과 집자리 양자의 동시성이 정확하게 판단되어야 하는데 그렇지 못한 것이 현재의 실정이라는 점이다. 2장에서 보듯이 청동기시대를 집자리를 중심으로 전기 4단계, 중기 2단계, 그리고 후기의 총 7단계로 구분할 수 있는데,[6] 각각의 단계구분에 대해서 모든 연구자가 동의하는지 여부도 문제이지만, 각각의 단계에 대응하는 무덤유적의 자료가 무엇인가에 대해서 제대로 설명하기 어렵다는 것이다.

그럼에도 불구하고 가설적이나마 이에 대해서 시도하지 않으면 무덤과 집자리를 모두 구사하여 당대의 사회를 제대로 설명하고자 하는 시도 자체가 불가능하게 된다. 문제는 그러한 교차편년을 시도할 수 있는 근거로 무엇을 제시할 수 있는가이다. 집자리에서 확인되는 표지유물이 무덤에 공히 출토한다면 가능하지만 실상은 전혀 그렇지 않다. 무덤에 부장되는 유물은 청동기시대 지석묘의 경우 석검과 석촉 등의 석기와 적색마연단지 뿐이라는 것이다. 그나마 지석묘의 경우는 사정이 나은 편인데 청동기가 부장되는 초기철기시대 이후 목관묘의 경우는 확인되는 집자리도 드물지만, 함께 출토하는 유물 또한 특정 형식의 토기 뿐인 것이다.

무엇보다도 편년상의 근본적인 문제는 토기 형식이 다르면 절대연대 또한 다르다는 기본 전제가 과연 타당한가 여부이다. 이와 관련해서 방사성탄소연대 측정자료를 통해서 보완되고 있지만 그것은 일정 시기의 중심연대에 국한된다. 하한연대에 대해서는 여전히 근거로 삼을 근거가 제시되지 못하고 있는 것이 현재의 연구 실정으로, 특히 청동기시대 후기에서 초기철기시대에 이르는 기간과 관련해서 그러한 바,[7] 이에 대해서는 여러 상황을 고려한 적절한 판단이 필요한 것이다.

여기서는 여러 연구자들이 제시한 편년안을 고려하되 변화의 양상이 분명

---

6) 하진호, 2013, 「대구지역 청동기시대 전기의 편년」, 『한국청동기시대 편년』, 서경문화사.
7) 정인성, 2002, 「지석묘문화에서 세형동검문화로의 이행」, 『전환기의 고고학 (1)』, 학연문화사.

하지 않는 경우는 일부 통합 수정하여 시기구분의 틀을 정하였는 바, 표지적인 형식의 토기와 함께 절대연대를 제시하면 다음과 같다.

1기: 청동기시대 전기

    조기 혹은 전기 전반(서기전 13-12세기) -돌대문토기와 이중구연토기

    전기 후반(서기전 11-9세기) -가락동식토기와 흔암리식토기

2기: 청동기시대 중기(서기전 8-6세기) -송국리식토기와 검단리식토기

3기: 청동기시대 후기에서 초기철기시대

    청동기시대 후기(서기전 5-4세기) -원형점토대토기 전기

    초기철기시대(서기전 3-2세기) -원형점토대토기 후기

4기: 원삼국시대 전기 전반(서기전 2세기말- 1세기전반) -삼각형점토대토기

5기: 원삼국시대 전기 후반(서기전 1세기 후반-서기 1세기 전반)

    -고식와질토기

2. 청동기시대 전기

1) 조기 혹은 전기 전반

　돌대문토기 혹은 이중구연토기를 표지로 하는데, 대형의 장방형 평면에 위석식 노지 1기를 갖춘 주거지가 확인되는 단계이다. 집자리는 일정 지점에 1기 또는 2-3기만 조성되었는데, 지금까지 금호강 하류인 대구 지역에서만 확인되었다. 대체로 그 면적은 150제곱미터를 넘는 것으로 청동기시대 주거지로서는 초대형이다. 강원도 홍천, 정선에서부터 충남 공주 등에서 청동기시대 전

그림 1 정선 아우라지의 대형 집자리

기이전부터 유행하였다(그림 1). 한강 상류지역에서부터 남한의 전역에 전단계인 신석기시대 말기에 확인된 주거지는 소형이므로, 청동기시대의 가장 이른 단계에 동 형식의 주거지가 조성되는 현상은 갑작스러운 것이라고 할 수 있다.

신석기시대 후기에 조성된 집자리는 다른 지역에서 확인된 사례를 보면 1세대 가족이 기거하기에 적합한 그 전부가 20제곱미터 미만의 소형이다. 강원도 고성이나 경기도 안산, 또는 가까운 경북 양남 등의 지역에 따라서는 이러한 소형 주거지가 동시에 5기에서 10여기 정도 군을 이루어 소규모 취락이 조성된 사례가 있다.

지금까지 금호강유역에서 신석기시대 집자리가 제대로 발견되지 않았지만, 토기는 서변동을 비롯한 여러 지점에서 수습된 바 있다. 또한 대구 신천변에서 확인된 원형의 집자리가 신석기시대 말기 것으로 추정할 수 있다면,[8] 청동기시대 이전에 금호강 유역에서도 적은 수의 소형 주거지로 구성된 소규모 취락이 있을 가능성은 충분히 있다.

문제는 어떠한 이유에서 주거지가 소규모 단일 세대용에서 대규모 다세대용으로 변화하였는가 하는 것이다. 이 단계의 주거지 규모를 보면 여러 세대가 함께 살 수 있으며, 그것은 앞선 시기의 소형 주거지 3-5세대를 합친 사람을 수용할 수 있는 규모이다. 이러한 주거지 규모와 형식은 금호강유역에서 처음 등장한 것이 아니다. 경기 강원의 한강 상류지역은 물론 충남의 금강 유역에서도 다수 조사된 바 있다. 북쪽으로 거슬러 올라가 압록강 중류지역에서도 비슷한 형식의 토기갖춤새와 함께 확인이 되므로, 대체로 이들 지역에서 남하

---

8) 경북문화재연구원, 2008, 『대구 한방지원센터 증축부지내 대구 상동 162-11번지 유적』.

하였을 것이라고 보기도 한다.[9]

어로나 수렵 혹은 농경 등의 생업활동을 여러 세대가 공동으로 수행하는 것, 그 자체는 숙박과 식사, 그리고 휴식 등이 주로 이루어지는 주거생활과 직접적인 관계가 없다. 단일세대 혹은 가족들이 영위할 수 있는 사적 공간이 확보되지 못하고 여러 세대가 숙식을 항상 같이 한다는 것은 거주생활의 편리함을 희생할만한 또 다른 이유가 있다고 보아야 한다. 그것은 유사시에 많은 사람들이 발생한 상황에 대해서 서로 공동으로 인지하면서 신속하게 행동하기 위한 것으로 이해되는 바, 예기치 못하게 도래한 외부적인 위협을 공동으로 대처하기에 더욱 필요한 것으로 추정된다. 이 경우 마을 전체의 우두머리 못지 않게 한 주거지에 사는 세대공동체 지도자의 역할이 중요한 것으로 판단되는 바, 그러한 상황은 다소의 차이가 있지만 다음 청동기시대 전기까지 지속되는 것으로 이해된다.

이렇게 하여 대략 3-5세대가 공동으로 생활한 주거지로 구성된 마을이 금호강 하류를 중심으로 한 대구 지역에서 등장하였는 바, 확인이 되지 않았지만 중 상류인 경산이나 영천에서도 동 형식의 주거지를 수용한 촌락이 없으리라고 단정짓지 못한다.

이러한 소규모의 마을은 여러 세대 공동체의 장들이 협의하여 마을 전체 일을 결정하는 분절사회라고 할 수 있겠다. 그들은 공동으로 생업활동을 수행하고 외적에 대한 방어를 하는 소규모 단위사회인 것이다. 아직 촌장의 권위가 충분하게 확립되지 않았으며, 그들 촌장이 죽었을 경우 조성된 무덤의 규모는 그렇게 크지도 않았고 정형화되지 못하였을 것이다. 실제로 이 단계의 무덤유

---

9) 천선행 2014, 「한반도 무문토기문화 형성기의 중국동북지역과의 관계」, 『호남고고학보』 48, 호남고고학회.

적이 확인되지 않은 것은 비단 금호강 유역 뿐만 아니라 한반도 남부 전역에서도 마찬가지이다.

2) 전기후반

이 단계에는 크게 두가지 형식의 집자리가 다수 조성되는데, 각각 이중구연과 단사선문 장식을 한 서울 가락동식토기와 공렬에 단사선무늬 장식을 한 여주 흔암리식토기를 표지유물로 한다. 양자는 화덕의 형태에서 구분되는데 대부분 전자는 위석식, 후자는 구덩이식을 갖추고 있다. 그러나 둘다 장폭비가 앞서 조기 집자리보다 더 증대되고, 화덕이 2개 이상인 점에서는 공통된다.

그림 2 대전 둔산동식 집자리(대전 둔산동)

그림 3 관산리식 집자리(울산 교동)

　원래 이들 두 형식의 집자리는 경기와 호서지역에서 집중적으로 분포하는데, 화덕의 숫자가 4개 이상 혹은 8개까지 늘어난 사례가 많다. 가락동식 토기를 내는 집자리는 다시 2개의 화덕을 갖춘 장방형 평면의 대전 둔산동식과 3개 이상 6개의 화덕을 갖춘 세장방형 평면의 공주 용암동식으로 발전한다(그림 2).[10] 흔암리식토기를 내는 집자리 또한 5-8기의 화덕을 갖추고 세장방형의 평면형태를 한 보령 관산리식으로 발전하게 된다(그림 3).[11]

　이들 형식의 집자리가 금호강유역으로 전래되지만 화덕자리가 3개 이상을

---

10)　공민규, 2014, 『청동기시대 전기 호서지역 취락연구(2)』, 서경문화사.
11)　이형원, 2009, 『청동기시대 취락구조와 사회조직』, 서경문화사.

갖춘 사례는 많지 않다. 또한 경기 호서 지역에서는 대부분 산 구릉에 위치하고 여러 기가 방향을 같이하면서 군집을 이루는 사례가 많은데, 금호강유역에서는 평탄한 충적대지나 완사면에 조성되고 그 배치가 일정하지 않은 것이 대부분이다.

우선 다수의 화덕시설을 갖춘 집자리가 축조된 배경을 설명함에 여러 연구자들은 화덕 1기로 둘러싼 공간마다 1세대의 구성원이 점유하였으며, 이를 근거로 여러 세대가 한 가옥에 기거하였다고 주장한다.[12] 같은 다세대 주거지라고 하더라도 그것은 앞서 조기의 대형 집자리가 1기 혹은 2기의 화덕을 갖춘 것과 다르다.

1세대가 1기의 화덕 공간을 차지하였다는 설명을 확실하게 입증할 민족지 자료나 근거가 제시되지 않았다. 그 1세대는 성인부부와 자식으로 이루어진 핵가족이라는 것인데, 그 1세대가 동년배 동성그룹일 가능성도 배제 못한다. 설혹 하나의 화덕자리를 둘러싸고 한 가족 혹은 한 동년배 그룹이 모여 작업하거나 휴식을 취한다고 하더라도, 취침 공간 또한 그러하였는지 단정하기 어렵다.

사실이 어떻든 간에 분명한 것은 앞선 시기의 가옥과 마찬가지로 다세대가 거주하지만, 별개의 화덕이 마련되어 가옥내 세대 혹은 단위 공동체 별로 구분된 공간을 갖게 되었다는 점은 분명하다. 실제로 주거지에는 화덕 사이에 칸막이 시설을 하는데 쓰였던 기둥구멍이 가로로 조성되어 있음이 확인된다. 그것은 세대별로 사적 공간을 보장하였음을 입증하는 것으로 조기의 집자리가 면적은 넓으면서 가옥내부의 공간분할이 이루어지지 않은 것과 대조를 이

---

12) 안재호, 1996, 「무문토기시대 취락의 변천」, 『석오 윤용진교수정년퇴임 기념논총』.
　　____, 2006, 「청동기시대 취락의 연구」, 부산대학교박사학위논문.

룬다. 공동 주거생활을 한 점에서는 같으나 세대 혹은 가족 생활의 독립이 소극적이나마 인정되었음을 시사한다 하겠다. 그러한 상황이 더욱 발전하면 다음 중기의 송국리형이나 검단리형 집자리에서 보듯이 단일세대 단일가옥으로 변하는 것이다.

한편 이들 주거지에서는 한 쪽으로는 치우쳐 화덕이 조성되지 않고 저장공이 시설되어 있는 양상이 주목된다. 가옥마다 별도의 저장공간이 마련되었다는 것인데, 그것은 일정 세대공동체별로 식량과 도구 등을 공동 소유 관리하였음을 말해준다.[13] 여러 세대가 공동으로 물자를 소유 보관한 것은 앞선 시기에 이미 확인되지만, 그것이 보다 정형화되었음을 말해준다고 하겠다.

그러한 가옥시설이 대구지역에 들어서는데 보통 3-5채가 단위군을 이룬다고 분석되고 있다.[14] 여러 연구자들이 마을의 인구규모와 그 구조에 대해서 설명하는데, 이 단계의 가옥이 이미 다세대공동체가 거주하는 공간인 것을 제대로 고려하지 않는 경우가 있다. 다수의 화덕을 갖춘 용암동식 혹은 관산리식 집자리 1채는 단일세대용의 소형 주거지 3-5채가 군집을 이룬 것과 같은 다수의 세대 공동체가 거주하는 시설공간임을 주의하여야 한다. 모든 주거지가 다세대 가옥이라고 추정하는 것이 적절하다고 단정하기는 어려우나, 이를 인정한다면 3-5기의 집자리로 구성된 취락은 적어도 10세대에 이르는 50명의 인구로 이루어진 것으로 추정된다. 이와 같이 단위 주거지군만으로 구성된 마을은 이희준에 따르면 소촌 혹은 하위촌락이라고 할 수 있는데,[15] 금호강 유역 전역에서 이와 같은 소촌이 다수 확인되는 것이다.

---

13) 이형원, 2009, 위의 문헌.
14) 하진호, 2009, 「대구지역 청동기시대 취락연구」, 경북대학교석사학위논문
15) 이희준, 2000, 앞의 논문.

동시에 존재하는 주거지가 무엇이고 몇 채인지를 판단하는 것은 세분된 시기구분의 표지유물이 있거나 정확하게 상호 연결되는 증거가 확보되지 않는한 어렵다. 그럼에도 불구하고 일정 지점에 발굴조사된 모든 주거지가 동일시기의 것이 아님은 분명하며, 여러 상황을 종합할 때 200여채 이상의 집자리가 확인된 마을 유적의 경우 적어도 일정시기에 동시에 존재하는 전체 주거지의 숫자가 15-20기로서, 단위주거지군이 3-4개 이상 모인 취락이 조성되었다고 추정할만한 마을 유적이 금호강 유역에 다수가 있는 것으로 추정된다. 대구지역에서 진천유역의 진천동, 월성동, 상인동, 그리고 신천유역의 상동, 대봉동, 그리고 팔거천 유역의 팔달동 등지, 그리고 경산지역에서는 남천유역의옥곡동과 옥산동에서 그러한 마을 유적이 확인된다. 이들 취락은 앞서 3-5기의 주거지군으로 추정되는 소촌 혹은 하위 취락에 대별해서 촌 혹은 중위 취락이라고 할 수 있는데, 여러 연구자들의 의견에 따르면 그 인구는 대략 150-200명에 이른 것으로 추정된다.[16]

대체로 청동기시대를 편년하는 많은 연구자들은 가락동식 토기는 전기전반, 그리고 흔암리식 토기는 전기후반에 해당하는 것으로 추정한다. 그러나 그러한 시기적 차이는 중서부지역에서는 분명하더라도, 금호강유역으로 와서다소 애매모호할 수 있다. 또한 두 형식에 대응되는 집자리의 규모나 배치가큰 차이를 보이지 않으므로 사회적 발전단계라는 잣대로 볼 때에는 구분하기어렵다. 집자리의 형식과 마을유적도 그렇지만 두 형식에 대응하는 무덤을 분간하기 어려운 바, 그것은 인구집단의 계통 혹은 출자는 달리하더라도 그 사회적 수준이나 장송의례 관념에서는 차이가 없음을 뜻한다고 할 수 있겠다.

---

16) 김권구, 2005, 『청동기시대 영남지역의 농경사회』, 학연문화사
배덕환, 2009, 「영남 남부지역 청동기시대 주거지 연구」, 동아대학교박사학위논문

이 단계의 무덤으로 추정되는 사례는 매장주체부를 할석 혹은 판석으로 석관을 조립하고 시신을 안치한 것으로, 상석이 없거나 있다하더라도 규모가 작은 것이 대부분이다. 대구의 율하천 유적의 신서동이나 진천 유역의 상인동, 또는 신천 유역의 대봉동 등지에서 그 사례가 확인된다.

세대공동체나 소촌의 우두머리나 그에 버금가는 사람이 죽었을 경우 초보적이나마 정형화된 무덤과 부장품을 마련하고, 관련된 의례를 치루었을 것으로 판단된다. 그러나 소촌 혹은 하위 취락 혹은 중위 취락의 촌장 간에 차별화된 위계가 있어, 이를 반영하는 무덤이 축조되고 장송의례가 수행되었다는 증거를 찾기 어렵다. 다만 마제석검과 석촉을 부장함으로써 무력적인 위세가 강조되기 시작하였음을 알 수 있는데, 이것은 집단 간의 무력적 갈등이 일정수준에서 발생하였음을 반영한다고 하겠다.

3. 청동기시대 중기

 이 단계의 표지적인 유물은 외반구연에 항아리 모양의 부여 송국리식 토기, 동남부 지역의 구연부에 횡점무늬가 장식된 울산 검단리식 토기이다. 집자리의 가장 큰 특징은 다세대 가옥 위주로 조영된 전 단계와 달리 핵가족의 거주 공간 정도로 축소된다는 점이다. 또한 전단계에 소규모의 석관묘 혹은 지석묘가 수기에 그친 데에 비하여 규모가 큰 지석묘가 군집을 이루며 축조되었다는 점이다.

 우선 가옥의 규모가 단일 세대 전용으로 바뀌었다는 사실은 주거방식의 큰

그림 4 송국리식 집자리의 복원(일본 후쿠오카 이다츠케유적)

변화이다. 가족별 사적 공간이 보장되었다는 것인데, 단일 세대의 주거지는 이미 신석기시대의 사례가 있다. 따라서 문제는 신석기시대의 주거 양식이 다시 채택된 이유가 무엇이고, 그 차이는 무엇인가 하는 것이다.

무엇보다도 신석기시대와 다른 것은 여러 연구자들이 지적하듯이 생업방식의 차이이다. 청동기시대 중기에 이르러 집약적 농경 방식이 크게 발달한 것으로 이해되고 있다. 그것은 밭농사 뿐만 아니라 수전을 조성하여 벼를 재배하는 관개 농업으로서, 이미 청동기시대 전기부터 보급되었지만 더욱 발달한 것으로 이해된다. 금호강 유역에서 수전 유구가 제대로 확인된 바 없지만, 여러 하천 유역의 충적지에 마을이 들어서고, 출토되는 도구로 여러 종류의 기경구와 수확구가 발견되는 점으로 보아 그러할 가능성이 충분히 있다.

많은 연구자들은 단세대 가옥의 출현은 이러한 집약적 농경방식과 관련되었다고 이해한다.[17] 그러나 양자의 동시기성을 인정하더라도 상호 관련성 여부는 확실하지 않다. 농경 방식이 집약적으로 이루어지고 많은 노동력이 요구된다면, 그것은 개개의 세대별 문제가 아니라 전체 마을 구성원 인력과 관련된다고 보아야 옳다. 품앗이와 같은 협동체제가 필요한데, 그것은 마을 전체 수준에서 지도자가 인력을 조직적으로 동원할 때 가능한 것이다.

바꾸어 말하면 2-3세대로 이루어진 세대공동체의 조직과 이를 주도하는 지도자보다는 마을 전체 수준의 조직과 이를 관리하는 우두머리가 더 중요시될 수밖에 없다. 그러한 관점에서 보면 세대공동체 단위보다는 마을 전체 수준에서 협업체제를 운용하는 것이 더 효율적일 수 있는 것이다. 그것은 신석기시대에 충분하지 않은 식량을 획득하고 물자를 운용하는 경우와 맥락이 다르다

---

17) 안재호, 2006, 위의 문헌.

하겠다.

금호강유역의 청동기시대 중기 마을에서는 2장에서 하진호가 지적하다시피 그 하류와 상류 지역별로 각기 다른 형식의 집자리가 조성된다. 우선 하류 지역의 경우 진천 유역의 월성동, 동천유역의 서변동, 그리고 신천 유역의 상동 등지에서는 방형의 휴암리식과 원형의 송국리식 집자리가 세워진다(그림 4). 이와는 달리 상류지역에서는 검단리식 집자리가 널리 보급되는 바 그것은 각기 다른 출자에 따른 것임은 잘 알려진 사실이다. 송국리식 집자리는 한반도 중서부 지역 특히 금강유역에서 전래되었지만[18], 검단리식 집자리는 영남 동남해안의 울산과 포항 지역에 집중된 것이다.[19]

두 지역은 같은 청동기시대 중기에 속하지만, 집자리 자체가 평면형태를 비롯해서 기둥의 배치, 그리고 벽체의 구성, 나아가 화덕의 유무에 이르기까지 일정한 차이가 있다. 이러한 차이는 무엇보다도 그 원형이 되는 집자리 형식이 각기 다른 출자로부터 발전한 것이기 때문이다. 그러한 두 계통의 가옥 양식이 금호강유역의 하류와 상류를 중심으로 각각 자리 잡음으로서 토기의 형식 차이와 함께 양 지역 주민집단 간에 서로 타자로 이해하는 정체성의 토대로 기능하였을 가능성이 높다 하겠다.

집자리가 단일 세대용의 소형이므로 전단계의 2-3세대가 거주하는 다세대용의 주거지 숫자보다 2-3배 많아야 비로소 인구가 같게 된다. 그럼에도 불구하고 단위마을유적에서 확인되는 집자리가 수십채를 넘는 경우가 없어 이 단

---

18) 유병록, 2010, 「일본 구주지방의 송국리형문화 연구: 송국리형주거지를 중심으로」, 부산대학교 석사학위논문.

19) 김현식, 2006, 「청동기시대 검단리유형의 형성과정과 출현배경: 주거지를 중심으로」, 『한국상고사학보』 54, 한국상고사학회.

계의 인구 혹은 세대 수는 전단계보다 늘지 않았다. 앞선 시기의 가옥이 다세대 주거용인 것을 감안하면 오히려 단위취락 당 그 인구규모가 축소된 셈이 된다. 구체적으로 살피면 집자리 숫자가 10기가 안되는 단위취락이 많고, 많은 경우라도 20-30기에 미치지 못한다. 그렇다고 한다면 일정시점에 단위마을의 숫자가 100여명을 넘는 경우는 드물다는 것이다.

이처럼 전 단계에 비해 단위 마을의 인구규모가 늘어나지 않은 이유는 무엇일까. 분명히 농경을 비롯한 생업기술이 발달하여 공급될 수 있는 식량이 증가한 것으로 추정된다. 그러나 그렇게 늘어난 식량으로 일정 지점에서 단위마을을 이루며 부양할 수 있는 인구규모는 늘어나지 않았던 것이다. 오히려 단위마을은 규모를 늘이지 않으면서 더 너른 지역에 인구가 분산되어 마을이 조성된 것이 아닌가 한다.

실제로 일정 지역에 집중적으로 발굴조사된 인근의 울산 동천지역의 경우를 보면 하천 연변의 저지대를 제외하고는 구릉의 완사면, 정상부 등을 가리지 않고 많은 단위취락이 형성되었음을 알 수 있다.[20] 동 지역은 최근까지 형질변경이 크게 이루어지지 않았음을 고려할 때 이미 오래전에 대도시 중심구역으로 개발된 대구의 경우 또한 이와 유사할 것으로 이해된다.

이제 주된 검토의 대상이 되는 문제는 <촌> 혹은 중위 취락 이상으로 이해되는 대규모의 마을이 이 단계에 같은 금호강 유역에 조성되었는가 하는 것이다. 지금까지 발굴조사에 따르면 남한 전 지역에 걸쳐 살필 때, 한 지점에 백여 채의 집자리가 확인된 마을 유적으로 북한강 유역의 춘천 중도, 화천 용암리, 그리고 남강유역의 진주 대평리 등의 유적이 있다. 이들 유적의 집자리는 대

---

20) 이수홍, 2014, 「청동기시대 검단리유형의 고고학적 연구」, 부산대학교 박사학위논문.

그림 5 화천 용암리 마을유적(강원문화재연구소)

체로 청동기시대 조기에서 전기, 중기에 이르기까지 수백년간에 걸쳐 조성된 것이므로, 일정 시기에 동시에 축조된 가옥의 숫자와 배치상태를 역시 추정하기 어려운 것은 물론이다(그림 5).

그럼에도 불구하고 여러 연구자들의 의견을 종합하면 이 지역에서의 전기 전반 혹은 후기의 집자리 숫자는 앞서 대구 경산지역의 촌 혹은 중위 촌락보다 그 규모가 1.5배 혹은 2배 정도가 될 것이라 추정할 수 있다. 이러한 추정이 맞는다면 그 인구는 300-400명정도 이를 것인데, 이러한 규모는 대촌 혹은 상위 취락이라고 할 수 있을 것이다.[21]

지금까지 발굴조사의 성과로 보면 남한 최대 규모의 이러한 청동기시대 상

---

21) 김권구, 2005, 위의 문헌.
    배덕환, 2009, 위의 문헌.

위취락은 금호강 유역에서 조성되지 않은 것으로 이해된다. 따라서 마을 규모만을 따져 볼 때 상, 중, 하위 촌락의 위계적인 모습은 나타나지 않는다. 물론 기준에 따라서는 3단계 이상의 등급 분류를 할 수 있을 터이지만, 출토되는 유물이나 마을 구조에서 현격한 차이를 확인할 수 없는 만큼 그 이상의 등급화를 하는 것은 무의미한 것으로 이해된다.

이 단계의 취락 사회 구조가 전 단계와 큰 차이가 있음은 이 단계에 금호강 하류의 대구 지역을 중심으로 대규모 지석묘군이 조성된 사실로 미루어 알 수 있다. 지금까지 조사된 지석묘군 중 그 규모가 큰 것으로 신천변의 상동, 율하천의 신서동, 그리고 진천변의 대천동의 사례가 있다. 상동 지석묘군 유적은 총 40여기의 지석묘가 확인되었는데, 군집상태와 배치방향을 고려하면 3-4개 하위군으로 구분이 된다(그림 6). 신서동 지석묘군 또한 50여기가 넘으며, 그 역시 4-5개의 하위군으로 세분할 수 있다(그림 7). 대천동 지석묘군은 60여기로서 앞서 두 지석묘군과 마찬가지로 3-5개의 하위군으로 구분이 된다. 물론 이들 대형 지석묘군 이외에도 20여기의 지석묘군이 확인된 중형 지석묘군, 그리고 3-5기의 지석묘가 조성된 소형 지석묘군이 각 하천 유역에서 다수가 확인된다.[22]

일정 지점의 지석묘군 특히 대형의 경우 단위취락의 구성원들만 묻힌 무덤이 아닌 것은 모든 연구자가 인정하고 있다. 바꾸어 말하면 여러 단위취락의 구성원들이 묻힌 무덤으로서 유적 내 여러 개로 구분되는 하위 단위군은 각각 다른 취락에 대응되는 것으로 이해된다. 이처럼 지석묘군에 다수의 하위군이 있어 각기 다른 마을 구성원이 묻힌 것으로 추정되는 남한의 대표적인 사례가

---

22) 김광명, 2003, 「영남지역의 지석묘사회 예찰-대구 경산을 중심으로」, 『영남고고학』 33
    허정화, 2013, 「대구지역 지석묘사회 연구」, 영남대학교석사학위논문.

그림 6 대구 상동 지석묘

그림 7 대구 신서동 지석묘

그림 8 여수 월내동 지석묘 유적(동북아지석묘연구소 2012)

여수 월내동 지석묘군이 있다. 동 유적에서 확인된 지석묘의 숫자는 140여기이며, 군집상태와 방향으로 보아 7-8개의 하위군으로 구분된다. 그리고 각 하위군별로 20여기 내외의 지석묘가 조성되어 있으며 이는 결국 각각에 대응되는 취락의 구성원 20여명이 묻혔다는 사실을 말해 준다.[23)

 문제는 지석묘의 각 하위군에 해당하는 무덤의 피장자들이 단수의 단위취락에 속하는지 아니면 일정의 단위취락과 그 주변에 연계된 다수의 단위취락으로 구성된 복수의 취락에 속하는지 여부이다. 지석묘에 모든 마을 구성원이 다 묻히는 것이 아님은 명백한데, 어떠한 신분이나 지위의 사람이 묻히는가에 대해서는 의견이 분분하다. 세대공동체의 장 이상 혹은 단위취락의 우두머리가 이에 해당할 수도 있는 것이다. 또는 취락 우두머리가 속한 세대의 구성원

---

23) 동북아지석묘연구소, 2012, 『여수 월내동 상촌 지석묘』.

이 묻힐 수도 있는 바, 그것은 실제로 유아가 묻힌 사례가 있기 때문이다. 한편 같은 하위군에 속하는 무덤이라 하더라도 그 배치방식, 이를테면 종방향으로 열을 지어 조성되었는지 아니면 횡방향으로 병렬하여 조성되었는지에 따라서 피장자간에 관계가 다를 수도 있는 것이다.[24]

앞서 월내동 지석묘군보다 작은 규모이면서 강 지류를 따라 거의 전 구역에서 각 단위 지석묘군을 조사한 사례로서 대표적인 것은 보성강 유역의 주암댐 수몰지구 구간에서 확인된다.[25] 대체로 2㎞ 내외로 떨어진 작은 곡간마다 20-50여기의 지석묘가 하나의 군을 이룬 사례가 조사되었는데, 이는 결국 각 지석묘군별로 그 근접한 공간에 위치한 여러 단위마을의 엘리트가 묻혔음을 말해주는 것이다.

이러한 여러가지 상황을 획일적으로 단정하기 어렵지만 분명한 사실은 이 단계에 들어서서 많은 인력을 동원해야 가능한, 그래서 단위마을은 물론 여러 마을의 구성원들이 참여하여 일정지위의 사람을 위한 무덤 축조와 그에 딸린 장송의례를 치른다는 점이다. 이것이 의미하는 바는 적어도 마을 구성원 중에 보다 상위 신분에 속하는 사람이 존재한다는 것, 그리고 여러 마을 간에 협력체제가 형성되었다는 사실이다.

앞서 지적한 바처럼 인구규모에서는 현격한 차이가 없는 다수의 마을 주민들이 무덤을 축조할 때 협력체제를 구축한다는 것인데, 그러한 체제가 평상시에서도 유지되었다고 보는 것이 타당할 것이다. 그러한 협력체제는 상호 협력을 공고히 하기 위한 축제 혹은 의례를 비롯하여 유사시에 적에 대해서 공동

---

24) 우정연, 2011, 「금강중류 송국리유형 무덤의 상징 구조에 대한 시론적 고찰」, 『호서고고학』 25.
25) 전남대학교박물관, 1987-1988, 『주암댐 수몰지구 발굴 조사 보고서 (I-VI)』.

그림 9 대구 진천동 입석유적

으로 대처한다든가, 상호 필요한 물자와 정보를 교환한다든가 하는 식으로 구현될 것이다. 금호강 유역에서도 일정한 수준의 마을 공동체 구성원들이 공동의 종교의례를 지냈음은 무엇보다도 진천동의 입석을 비롯한 다수의 제단시설이 입증하는 것으로 이해된다(그림 9).[26]

앞서 제시한 각 하천별 대규모 지석묘군은 바로 그러한 공동협업체제를 반영한 것으로 보이며, 그에 따라 일정한 지구에 속한 다수의 취락이 이에 대응된다고 할 수 있다. 그러한 다수의 취락에 대해서 어떤 일정 취락의 우두머리가 조정자 역할을 하고, 그럼으로써 취락간에 위계질서가 일정 수준으로 정립된 것으로 추정된다. 그러나 취락이나 주거지 자체로서 이를 입증하기 어려운

---

26) 이상길, 2000, 「청동기시대 의례에 관한 고고학적 연구」, 대구효성가톨릭대 석사학위논문.

것은 물론이다.

한편으로 각 단위 취락별로 지석묘 혹은 석관묘가 축조된 사례도 있음은 여러 유적의 발굴사례를 통해서 확인된다. 진천 유역의 월성동, 상인동, 진천동 등지에서는 2-3기씩의 지석묘 혹은 석관묘가 단위취락 주변에서 조성된 사례가 다수 확인된다. 대구의 신천이나 팔거천 유역에서도 그러하고, 경산지역의 옥곡동, 옥산동, 시지동 등지에서도 수기의 지석묘가 조성된 예가 있다. 이는 반드시 일정의 대규모 지석묘군에 모든 단위취락의 사람을 묻는 것이 아니라는 사실을 반영하는 것이다. 따라서 이 단계에 중위취락과 하위취락간에 위계적인 관계가 조성되었다고 하더라도, 모든 마을이 어떤 일정한 대단위 공동체에 일사분란하게 속하였다고 보기는 어렵다 하겠다.

이러한 금호강유역의 상황을 미루어 볼 때 이 지역에서의 마을 규모와 위계화의 수준이 앞서 제시한 다른 지역에서 확인된 대규모의 상위취락 혹은 대촌수준의 마을 유적보다는 낮을 것으로 짐작된다. 이 단계에 중국 동북지역은 물론 한반도 남부에서 일부 마을유적과 지석묘에서는 청동기와 천하석제 옥을 비롯한 희귀재나 중요자원이 출토됨으로, 일정 수준 이상의 전문적인 기술을 보유한 장인에 의해서 위세품 혹은 장신구가 생산되고 이를 대상으로 교역을 하였던 것으로 추정된다.[27] 그러한 증거가 금호강 유역에서는 확인되지 않는 것으로 보아, 식량생산 이외의 수공업 장인의 공방이 시설되고 대외교역을 수행한 대촌 혹은 거점마을이 분명하게 드러나지 않는다고 이해할 수 밖에 없다.

각설하고 대형지석묘군의 하위단위 또는 개별 마을별로 조성된 지석묘는 일정한 시간 폭을 갖고 조성된 것이다. 그러한 시간 폭이 수세대에 걸쳤음은

---

27) 배진성, 2007, 『무문토기문화와 계층사회』, 서경문화사.
   히라고리 다츠야, 2013, 『청동기시대의 사회』, 서경문화사.

물론이며, 그 숫자가 많으면 많을수록 그것은 단위집단의 인구 규모가 크다는 것을 반영할 수도 있지만, 한편으로 그 집단의 지속기간이 상대적으로 길다는 것을 의미한다. 그것은 또한 집자리의 숫자가 많다고 해서 일정시기의 인구규모가 크다는 것이 아니라, 마을의 존속기간이 길어 여러 차례에 걸쳐 신축된 사실을 반영하는 것과 비슷하다 하겠다.

따라서 무덤군의 규모나 주거지 숫자를 근거로 거점마을 혹은 중심취락이라고 하는 것은 엄밀하게 말하면 보다 장기간 지속된 마을이나 집단을 가리키는 것이다. 그러한 중심취락이 상대적으로 다른 단위취락보다 인구규모가 큰 것은 무엇보다도 그 마을의 입지가 유리한 데에 기인한다고 하겠다. 중심마을의 지리적 입지는 작물재배나 가축사육, 수렵과 어로, 식량 채집에 유리한 지리적 요건, 생활에 필요한 음용수 공급 조건 등과 함께, 근거리 이웃 집단 간은 물론 원거리 교역에 유리한 교통상의 위치가 중요한 요소로 작용하였을 것이다.

4. 청동기시대 후기와 초기철기시대

　이 단계에는 한반도 남부에 점토대토기를 표지로 하는 유구유물갖춤새가
중국동북지역에서 전래되어 확산된다. 금호강유역과 그 인근 지역에서도 이
시기에 해당하는 유물과 유구가 확인되었음은 물론이다. 대구 연암산, 경산의
조영동, 영천의 대학리 유적 등이 있음으로 이 단계에 점토대토기문화가 이
지역에 유입되었음은 분명하다. 그러나 이 시기에 속하는 집자리 자체가 거의
조사되지 않았지만, 취락은 물론 무덤 유적이 조사된 사례도 드문 편이다.

　원형점토대 토기로 대표되는 유적유물갖춤새로 무엇보다도 주목되는 것은
호서와 호남지역에서 보는 바처럼 다량의 청동기를 부장한 무덤유적이다. 동
지역에서는 세형동검과 다뉴경 등을 비롯한 무기, 공구, 의기 등의 청동기가

그림 10 대전 괴정동 적석목관묘 부장 청동기일괄(국립중앙박물관)

무덤에 부장되었는데, 그 대표적인 사례가 이른 단계의 것으로 대전 괴정동(그림 10), 아산 남성리, 예산 동서리 무덤, 늦은 단계의 것으로 함평 초포리(그림 11), 화순 대곡리 무덤인 것이다.[28] 호서와 호남지역에서 보이는 이와 같은 수장급 청동기부장묘와 달리 금호강유역에서 서기전 2세기 이전에 해당되는 청동기부장묘는 동검과 동탁 정도를 부장한 수준의 무덤으로서 경산 임당동과 대구 팔달동에서 수기가 확인될 뿐이다. 다른 영남 지역에서는 청동방울을 내는 수장급 청동기부장묘로서 낙동강 상류인 상주지역에서 확인된 바 있다.

이러한 금호강 유역에서의 수장급 무덤의 공백상태는 어떻게 설명해야 될 것인가. 이미 앞서 설명한 것처럼 앞선 단계에 많은 마을 유적과 함께 지석묘가 조성되었음이 확인되고, 이를 통해서 중하위취락이 연계된 촌락 사회, 그리고 초보적이나마 족장으로 불릴만한 실력자가 등장한 사회의 모습을 엿볼 수 있었다. 그러한 지석묘군 축조 연대의 하한에 대해서는 현재 통용되는 편년안을 따른다면 청동기시대 중기에 속하고 후기 내지 초기철기시대에 거의 조영되지 않는 것으로 이해되고 있다.

그러나 편년의 지표는 그 대부분 토기를 표지로 한 것이고, 그 토기의 절대연대는 출토되는 집자리의 다른 목탄 시료를 대상으로 분석한 것이다. 지석묘에서는 시기구분과 절대연대의 기준이 되는 그러한 심발형 조질토기의 출토예가 거의 없다시피 하다. 잘 알려지다시피 부장된 토기로서 적색마연단지 뿐으로 그것도 출토된 사례가 많지 않다.

---

28) 이현혜, 1984, 위의 문헌.
  이건무, 2000, 『청동기문화』, 대원사.
  이청규, 2002, 「<국>의 형성과 동경부장묘」, 『선사와고대』 6, 한국고대학회.
  _____, 2015, 『다뉴경과 고조선』, 단국대학교 출판부.
  조진선, 2005, 『세형동검문화의 연구』, 학연문화사.

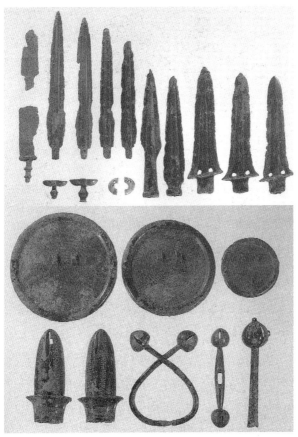

그림 11 함평 초포리 목관묘 부장 청동기일괄(국립중앙박물관)

그나마 지석묘에서 일정 숫자로 출토되는 것은 마제석촉과 석검으로 그 형식의 변천을 근거로 상대편년이 이루어지는데, 이 또한 무문토기와의 조합관계 분석과 교차편년의 작업을 통한 것이다.[29] 만약에 일정 토기 형식이 여러

---

29) 이영문, 2002, 『한국 지석묘사회 연구』, 학연문화사.
배진성, 2007, 위의 문헌.

시기에 걸쳐 지속된다고 하면, 또는 토기 형식의 전통이 오랫동안 지속된다고 하면 같은 형식으로 분류되는 토기가 실제 연대상으로 늦을 수가 있다. 그러나 이를 분별해낼 수 있는 방안이 현재 통용되는 편년체계로서는 없는 것이다. 대체적으로 이러한 편년 안을 통해서 그 토기 형식이 크게 번성하는 시기에 대해서는 어느 정도 가름할 수 있지만, 그 명맥이 겨우 이어지는 말기 혹은 쇠퇴기에 대해서는 그러지 못한다.

이러한 맥락에서 청동기시대 중기의 무문토기와 집자리, 그리고 지석묘를 편년한다고 하면 그중에 상당수가 청동기시대 후기 내지 초기철기시대까지 이어져 이 시기의 공백을 메꾸어줄 수 있다고 할 것이다. 그렇다고 한다면 금호강 유역에서는 앞서 보듯이 초기철기시대에 호서지역에 널리 보급된 점토대 토기를 표지로 한 적석목관묘가 아직 전이되지 못하고, 앞서의 중기 무문토기를 지표로 하는 지석묘가 다소의 형식을 달리하면서 지속되었을 가능성도 있다 하겠다.

청동기시대 후기 혹은 초기철기시대 이른 단계에 호서지역에서는 다량의 청동기부장묘의 발견을 통해서 앞선 시기까지 기껏 비파형동검과 동모, 동촉과 끌, 그리고 도끼가 몇몇 유적에서 1-2점 부장된 무덤만 확인되는 수준에서 벗어나, 청동기 제작과 보급이 크게 발전하였음이 확인되었다. 청동단검으로 볼 때 비파형동검 등의 청동기가 전래지인 중국동북지역에서 앞선 단계에 정형화된 형식인 것과 달리 세형동검으로 정형화된다. 그 뿐만 아니라 남한 고유의 장엄구인 방패형동기, 검파형동기 등을 제작함으로써 청동기 중심지가 이 지역에 형성되었음이 확인된다.

이들 청동기부장묘를 통해서 종전에 지석묘가 노동력의 동원과 협업체계를 기반으로 한 족장이 존재하였음을 보여주는 것과 달리, 첨단기술과 신종 무기와 무구를 통해서 개인적 권위를 세운 새로운 성격의 지도자, 곧 군장이 등장하였음을 알 수 있다. 그러한 점토대토기를 표지로 한 당대 최고의 실력자 군장의 등장은 이미 요하동쪽의 심양 정가와자, 그리고 요하서쪽에서 보다 이른 단계의 조양 십이대영자의 무덤을 통해서 확인된다.

이러한 우두머리가 존재한다는 것은 곧 그가 관장하는 지역집단이 형성되었음을 방증하는 것이고, 그것은 구성원 간에 위계나 출자의 차이가 뚜렷하지 않은 전 단계의 지석묘 사회와 차이가 난다.[30] 이를 통해서 기원전 1천년기 전반에 요령지역에 고조선이 있고, 그 고조선에 군장이 출현하고 그가 다스리는 정치체가 <국>이라는 사실을 인정한다면[31], 이러한 수장급 청동기부장묘가 등장한 호서지역에 준왕이 남천하기 이전인 서기전 3세기대에 기록에서 확인되는 진국 혹은 한에 속하는 <국>이 등장하였을 가능성은 매우 높다 하겠다.

물론 같은 유물갖춤새라 하더라도 고고학적 맥락에 따라 사회적으로나 정치적으로 평가되는 잣대는 다를 수 있다. 그러한 맥락을 이해하는 데 필요한 생활유적 혹은 마을의 조사가 거의 이루어지지 않아 그 사회적 구조나 취락형태, 그리고 공간적 범위를 정확하게 알기 어렵다. 설혹 취락유적이 조사된다고 하더라도 앞서 금호강유역의 중기 취락을 설명하는 과정에서 보듯이 어차피 당시 지역집단의 구조와 성격을 살피는데 일정한 한계가 있는 것이다.

---

30) 김종일, 1994, 「한국 중서부지역 청동유적, 유물의 분포와 제의권」, 『한국사론』 31. 서울대학교 국사학과, 1994.
_____, 2007, 「계층 사회와 지배자의 출현을 넘어서」, 『한국고고학보』 63, 한국고고학회 .
이현혜, 2003, 「한국 초기철기시대의 정치체 수장에 대한 고찰」, 『역사학보』 180, 역사학회.
김승옥, 2007, 「분묘 자료를 통해 본 청동기시대 사회조직과 변천」, 『계층사회와 지배자의 출현』, 한국고고학회.
이희준, 2011, 「한반도남부 청동기 원삼국시대 수장의 권력 기반과 그변천」, 『영남고고학』 58, 영남고고학회.
31) 이청규, 2002, 위의 논문.
박준형, 2014, 『고조선사의 전개』, 서경문화사.

그렇다고 하여 이들 수장묘의 존재만으로 <국>을 설명할 수 없다고 하면 문헌기록에서는 기술되는 서기전 1천년기의 정치체 혹은 <국>에 대해서 고고학적으로 접근할 방도가 없는 셈이다. 강조해서 말한다면 고고학적으로 고조선의 위치와 사회적 성격을 설명한다는 것이 무리라고 단정하는 것은 한국 고고학에 주어진 일정한 역할을 포기하는 것이나 다름 없다. 이러한 맥락에서 호서지역의 앞서 수장묘는 <국>을 이해하는 단서로 적극 설명하는 것이 중요하다고 하겠다.

이들 호서지역의 수장급 무덤이 단독으로 확인되므로 지역집단의 안정성이나 지속성인 관점에서 <국>을 설명하기 어렵다고 판단할 수 있다. 물론 1세대의 수장 혹은 군장만으로 안정된 정치체 혹은 <국>을 이루었다고 보기 어렵다. 그렇다고 하여 아예 <국>이나 그에 버금가는 정치체 자체가 존재한 사실 자체를 부정하기 보다는 오히려 <국>이 형성되었으나 곧 해체되었다고 보는 것이 보다 적절한 설명이라 할 것이다.

그러나 이러한 호서지역의 청동기부장묘가 등장한 과정과 그에 대한 적절한 이해가 필요한 것은 물론이며, 그것은 다음 단계에 영남 혹은 금호강 유역의 사례를 설명하는데 참고가 된다. 우선 이 단계 이전에 호서지역에서는 송국리식토기를 표지로 하고 원형 주거지와 함께 석관묘와 석개토광묘, 그리고 옹관묘를 주묘제로 하는 지역집단이 널리 분포하였음은 잘 알려진 바와 같다.[32] 그러한 선주민 집단이 정착한 이 지역에 점토대토기 집단이 새로 등장한 것인데, 후자는 앞서도 시사하였다시피 중국 동북지역에서부터 전래한 문화집단으로 알려져 있다. 토기형식이 다르다고 해서 반드시 다른 종족 집단이

---

32) 김승옥, 2001, 「금강유역 송국리형 묘제의 연구 -석관묘, 석개토광묘, 옹관묘를 중심으로-」, 『한국고고학보』 45, 한국고고학회.

라고 할 수 없지만, 청동기와 무덤양식에서도 크게 차이가 나므로 후대에 가서는 몰라도 점토대토기는 아무래도 재지집단이 인구의 이동 없이 받아들인 외래문물이라고 하기는 어렵다.[33]

그렇다고 한다면 송국리식 토착집단의 공간에 점토대토기 집단이 유입된 셈으로 그 초기에 양자가 같은 마을을 이루기는 어려울 것으로 이해된다. 더군다나 양 집단간에 아무런 갈등없이 우호적인 교류만 있을 것으로 생각되지 않는다. 양자 간에는 보유한 청동기 제작기술에도 큰 차이가 있을 뿐만 아니라 생계전략이나 주거 습관 등에서도 구별되었을 것이라고 보인다. 이러한 사실을 종합해보면 상호 각기 다른 소속감 혹은 정체성을 갖고 있을 것으로 생각되는 바, 종족이나 그에 버금가는 수준에서 차별이 있는 것으로 이해된다.

그러한 두 개 집단이 이 단계 초에 이르러서 상호 각기 다른 입지에 병립하였음은 발굴조사를 통해서 확인이 되는데, 해발 180m의 산구릉에 조성된 충남 보령 교성리 마을유적, 그리고 그만큼 높지 않지만, 역시 구릉 정상부에 마을이 형성된 안성 반제리 유적이 그러한 사실을 입증한다. 비슷한 사례는 영남지역의 경우 경주 화천리에서도 최근의 발굴조사를 통해서 확인된 바 있다.[34] 새로 온 점토대토기집단이 우월한 청동기문화를 바탕으로 토착집단을 아우르거나 압력을 가했을 가능성은 충분히 있다. 그러면서 신구 집단 간에 여러 부면에서 일정한 위계 차이가 있었을 것인데 그것이 구체적으로 어떤 방식이었는지는 고고학적 증거가 충분하지 않아 판정하기 어렵다. 이와 같은 상황은 다량의 청동기부장묘가 확인되는 서기전 1세기대의 금호강유역에서도 비슷하였으리라 생각되는 바 이에 대해서는 다음 절에서 논의하기로 한다.

---

33) 박순발, 1997, 위의 논문.
34) 영남문화재연구원, 2012, 『경주 화천리 산 25-1 유적(I)』

5. 원삼국시대 전기 전반

점토대구연이 횡단면 원형에서 삼각형으로 변화하는 점토대토기 단계로 이른바 고식와질토기의 조형에 속하는 주머니호와 장경호가 공반한다. 이 형식의 토기를 표지로 하는 집자리는 거의 조사된 바 없는 대신, 적지 않은 숫자의 무덤유적이 금호강유역에서 확인되었다. 보다 이른 단계의 것은 초기철기시대의 묘제 전통을 이어 받아 적석을 한 사례가 있는데, 팔거천 유역의 대구 팔달동과 진천 유역의 월성동, 남천 유역의 경산 임당동 목관묘가 이를 대표한다. 발굴조사를 한 것은 아니지만 이 단계의 무덤에서 출토한 것으로 추정되는 전 신천동의 청동기일괄유물도 이에 속하는 것으로 추정된다.

이들 자료를 통해서 논의할 수 있는 주제는 세가지로 정리될 수 있는데, 우선 첫 번째는 당시 지역집단이 어떠한 과정을 거쳐서 정착하였는가, 그리고 두 번째는 각각의 무덤유적으로 추정되는 지역집단의 공간적 범위를 어떻게 규정할 수 있는가로서, 이는 곧 취락의 규모와 성격에 대한 설명과 맞물린다고 하겠다. 그리고 무덤의 부장품을 통하여 묻힌 사람의 성격을 어떻게 설명하는가에 대한 것으로[35] 그가 신진화론에서의 chieftain 혹은 고대 기록의 <국>의 우두머리인 군장 혹은 신지 등으로 알려진 우두머리 혹은 실력자인가 여부이다.

우선 첫 번째의 주제와 관련하여 검토되어야 할 내용은 삼각단면의 점토대토기를 표지로 하는 고고학적 문화를 가진 집단은 비단 금호강유역을 비롯한

---

35) 이재현, 2003, 「변, 진한사회의 고고학적 연구」, 부산대학교 박사학위논문.
   윤형준, 2009, 「목관묘문화의 전개와 삼한전기의 사회」, 부산대학교 석사학위논문.

영남지역에만 거주하였던 것은 아니라는 점이다. 호남지역에서도 널리 분포하는데, 이를 입증하는 것이 광주 신창동 유적이다. 이곳에서는 다수의 유아용 옹관묘가 1960년대에 발굴조사된 바 있으며, 최근에 와서는 인근의 늪지 유적에서 많은 볍알과 다양한 종류의 목기가 수집된 바 있다. 같은 물질문화를 보유한 집단이 이곳 금호강유역에 자리잡았음이 양 지역에서 동일한 형태와 크기의 현악기를 통해서도 확인된다.[36] 그러한 문화의 도래에 대해서 자세하게 검토할 여유는 없지만, 대체로 여러 정황으로 미루어 위만조선 전후한 시기에 서북한 지역으로부터 영호남지역에 두루 걸쳐 이루어진 것으로 추정된다.

금호강 유역에 이 단계의 주민집단과 마을이 들어설 때, 앞서 청동기시대 중 후기 이래로 정착하였던 선주민 집단이 원형단면 점토대토기의 고고학적 문화를 일부 접한 바 있다. 양자간에 어느 정도 융합이 이루어졌는지 알 수가 없으나, 이 시기에 다시 이들의 새로운 금속기술 혹은 문화가 전래되거나 이를 보유한 인구집단이 남하한 것으로 이해된다. 그러면서 초기철기시대에 호서지역에서 송국리식 문화 집단이 한국식 청동기문화를 수용한 것과 일부 유사한 과정을 겪었으리라 짐작된다. 그러나 금호강유역은 청동기 이외에 단조 철기를 대대적으로 수용한 점에서 큰 차이가 있다. 그 배경에는 서북한 지역으로부터 철제품에 그치지 않고 실제로 기술을 보유한 장인이 도래한 사실이 작용하였을 것으로 이해된다. 이를 간접적으로 입증하는 것이 바로 진천 유역의 월성동 목관묘 유적이다. 이 유적에 조성된 19기 목관묘의 상당수에서 청동기는 부장되지 않고 철기, 그중에서도 철제 단검 1점씩을 부장한 양상이 확인된다. 이들 서기전 2세기말 1세기초로 편년되는 철제단검은 서남한지역에

---

36) 조현종, 2012,「신창동유적의 木器와 漆器」,『신창동유적의 木器와 漆器 -중국 및 일본과 비교-』, 국립광주박물관

그림 12 대구 팔달동 목관묘 청동기 출토상태(영남문화재연구원)

서 거의 발견된 적이 없으므로, 서북한 계통이라고 판정해도 무리없다 하겠다.

이와 비슷한 시기에 축조된 무덤이 금호강과 팔거천이 합류하는 지점에 가까운 산사면에 조성된 팔달동 목관묘군이다(그림 12). 90호 목관묘를 비롯하여 여러 무덤에서 동검, 동모, 동과 등의 청동기와 철모, 철검 등의 철기가 함께 부장된 사실이 확인된다. 이들 청동기 철기 갖춤새도 그러하지만 동검에 딸린 칼집의 부속금구 또한 서북한 지역의 전형적인 형식에 속하는 사례가 있어, 동 지역에서 전래된 것이 분명하다.

한편으로 신천동에서 출토하였다고 전하는 일괄유물은 동모 2점, 동과 2점과 함께 간두령 2점으로 갖추어져 있다(그림 13).[37] 대체로 간두령은 호남과

---

37) 윤용진 1990, 『대구의 문화유적: 선사와 고대』, 경북대학교박물관

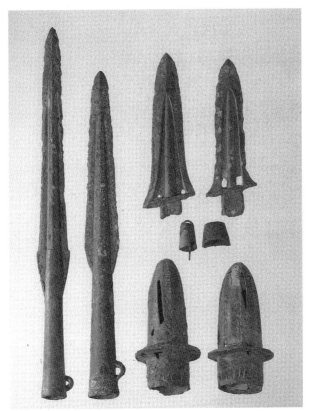

그림 13 대구 신천동 출토 청동기 일괄

호서지역에서는 팔주령, 쌍두령 등 다른 종류의 청동방울과 셋트를 이루어 나오는데, 함평 초포리와 화순 대곡리 목관묘의 부장품과 전 논산과 덕산의 출토사례가 대표적이다. 이들 청동방울은 동검과 동모, 동과 등의 무기는 물론 정교한 다뉴세문경 2-3점과 공반되었는데, 이들 청동기일괄은 호서와 호남지역의 당대 최고의 수장 곧 군장의 무덤임을 입증하는 것으로 추정된다. 또한 그 군장이 방울로 대표되는 무구를 보유한 것으로 보아 제사장을 겸하였음을 알 수 있다. 대체로 그 연대는 신천동의 사례보다 빨라서 초기철기시대 후반

서기전 2세기대로 추정된다.

그러한 청동방울 셋트는 늦은 시기인 서기전 2세기말 혹은 1세기 전반에 이르면 간두령만 전하는데, 그것이 신천동의 사례인 것이다. 이와 유사한 사례가 최근에 발굴조사를 통해서 실제로 확인된 것이 완주 신풍 가54호의 목관묘이다.[38] 동 목관묘는 훼손되지 않은 상태로 발굴되었는데, 신천동과 마찬가지로 간두령 셋트만 발견되었을 뿐 다른 청동방울과 세문경은 확인되지 않았다. 이러한 사실로 미루어 보면 대구 신천동 사례는 서남부 진국 혹은 마한 고지에서 전래되었을 가능성이 높다 하겠다. 금호강 유역은 아니지만, 서남한지역과 초기철기시대부터 관련이 있음을 보여주는 영남지역의 청동기 갖춤새 사례로서 전 상주 출토 청동방울셋트가 있어 서북한 이외에 서남한과 일정한 네트워크를 구축하고 있음이 확인된다.[39]

따라서 월성동은 서북한 지역의 철기, 신천동은 서남한지역의 청동기, 그리고 팔달동의 사례는 서북한의 청동기와 철기를 수용한 것으로 이해된다. 각 집단별로 각기 다른 루트를 경유하여 금속문화를 수용한 것으로 상호 차별화된 집단이 금호강 하류의 각 지구별로 등장하였는 바, 아직 이들 전체를 단일체제로 묶었을 만한 정황은 확인되지 않는다.

앞서도 지적하였다시피 이 시기의 것으로 확인되는 취락유적은 거의 없다시피 하다. 다만 남천변의 경산 임당동에서 환호로 둘러싸인 수기의 집자리 유적 만이 발굴조사되었을 뿐이다. 앞선 시기와 마찬가지로 무덤군은 조사되었지만 이에 대응되는 취락 유적이 거의 확인되지 않았는데, 그렇다고 하여 당대에 취락의 숫자나 인구 규모가 크게 줄었다고 보기 어렵다. 그것은 앞서

---

38) 호남문화재연구원, 2014,『완주 신풍유적』.
39) 藤田亮策 梅原末治外 1947,『朝鮮古文化綜鑑(1)』, 養德社

본 것처럼 당대 일정 신분 이상의 사람이 묻힌 무덤군이 다수 확인되기 때문이다. 물론 조사된 무덤군 유적 또한 당대 원래 조성되었던 전부가 아니다. 따라서 이 시기에 일정 수준 이상의 인구가 거주한 다수의 취락이 금호강 유역에 조성되었을 것이다.

서기전 1세기 전반에 일정규모의 지역집단이 등장하고 지속되었던 사실은 비록 취락 유적 자체는 확인되지 않았다 하더라도 앞서 기술한 대구 팔달동과 월성동 그리고 경산 임당동의 목관묘군을 통해서 추정할 수 있다. 세 유적에서 몇 세대에 걸쳐 엘리트의 무덤이 조성되었다는 사실을 통해서 간접적으로나마 취락의 존재를 알 수 있는 것이다. 그러나 이들 목관묘군 자체로 취락의 정확한 위치와 인구규모는 물론 그에 대응되는 단위취락의 숫자를 파악하기 어렵다. 앞서 군집을 이룬 지석묘 유적의 경우 그 무덤의 형식과 배치상태에 따라서 몇 개의 하위 단위로 구분할 수 있어, 다수의 단위취락이 이에 대응되어 각각 출자가 다르다고 설명한 바 있다.

이와 같은 금호강 유역의 목관묘군과 관련하여 주목되는 사실은 최근의 발굴조사를 통해서 전북 만경강 유역에 근접한 완주, 전주 지역에서 앞선 단계에는 보이지 않았던 청동기부장묘가 군집을 이룬 사실이 확인된다는 점이다. 직선거리 2㎞ 내외에 100기가 넘는 청동기 부장묘가 군집을 이루는데, 그 상당수의 무덤에서는 청동 무기와 거울, 공구와 함께 철기가 부장되어 있었다.[40]

100여기의 군집묘는 다시 10여기 내외를 단위로 하위 군집묘로 세분된다. 이러한 현상은 청동기시대 중기에 대규모 지석묘군에서 10여기 내외의 하위 군집묘가 확인되는 것과 맥락을 같이 한다고 볼 수 있다. 즉 이제 점토대토기

---

40) 한수영, 2015, 「전북지역 초기철기시대 분묘 연구」, 전북대학교 박사학위논문.

집단이 그 숫자를 늘여갔을 뿐만 아니라, 여러 단위집단이 상호 긴밀한 협력 관계를 맺고 공동의 장소에 무덤을 조성하였다는 사실이 주목된다. 바꾸어 말하면 이러한 여러 개의 단위집단 혹은 단위취락이 상위의 지역집단을 구성하였다는 것이다.

특히 각 하위집단별로 10여기중 1기가 다뉴세문경이나 청동방울 등을 부장하고 있어 다른 무덤과 차별화되고 있는데, 그 무덤은 각 하위집단에서 주도적인 역할을 하였던 실력자가 묻혔을 가능성이 높다 하겠다. 이러한 완주지구의 무덤유적은 그에 대응되는 마을 유적이 제대로 조사되지 않았지만, 이 지역에 형성되었던 서기전 2세기대를 중심으로 한 초기철기시대의 정치체를 가름할 수 있는 중요한 단서를 제공해준다.

그러나 금호강 유역의 목관묘군 유적의 경우 다음 단계 그리고 다른 영남지역에서도 그렇듯이, 앞서 완주지역의 목관묘군처럼 하위단위군별로 군집되어 있는 것이 아니다. 개별 무덤의 위치와 방향이 일정하여서 목관묘 형식으로 그 계통을 세분한 경우도 있지만,[41] 하위 그룹으로 분명하게 세분하기가 어려운 것이다.

상황이 그렇다고 하더라도 팔달동 목관묘군의 경우 일정수준의 부장품을 갖춘 무덤이 채 1세기도 되지 않는 짧은 기간에 수십기가 축조되었다고 한다면 적어도 수십가구가 넘는 단위취락이거나 아니면 10가구 내외로 이루어진 소촌 다수로 구성된 지역 공동체가 이에 대응된다고 하겠다. 월성동의 경우 더욱 그 목관묘의 숫자가 작아서 그에 대응되는 취락의 인구규모 또한 크지 않았으리라고 이해된다.

---

41) 이희준, 2000, 「대구지역 고대 정치체의 성립과 변천」, 『영남고고학』 26.

그렇다고 한다면 추정되는 취락 숫자도 극히 적어서 금호강 유역 전체의 거주 인구가 대폭 축소되었으리라고 판단할 수 있다. 그러나 그것은 새로운 묘제를 이 지역의 모든 인구집단이 채택하였음을 전제로 한 것인 바, 그렇지 않을 가능성도 배제 못한다. 이를 정확히 판단하려면 지석묘 등의 전통 묘제를 채택하였던 토착 인구집단의 엘리트가 새로운 묘제를 얼마큼 받아들였는가를 파악하여야 하는 바, 이를 검토할 만한 논거가 제시되지 못한 상황에서는 단정하기 어렵다.

완주 신풍과 그 주변 목관묘군의 경우 전체 무덤군은 상위 정치체, 그리고 각 단위군은 하위 정치체의 피장자가 묻혔다고 할 수 있겠다. 이곳의 피장자가 촌락의 일반 구성원이 아니라 지도자급 실력자라고 한다면, 전자는 적어도 읍락 수준의 정치체로 이해할 수 있다고 하겠다. 그리고 그중에서 원장동 목관묘에서 보는 것처럼 다뉴경 2점, 동검 5점 등의 다량의 청동기를 부장한 무덤의 주인공의 경우 <국>의 최고 우두머리에 해당하는 군장은 아니더라도 그에 버금가는 실력자에 해당된다고 할 수 있다.[42] 그렇다고 한다면 이 완주의 무덤군은 초기철기시대에 적어도 <읍락> 수준에 이른 것으로 이해될 수 있는 것이다.

이제 금호강 유역의 목관묘 사례를 통해서 살펴본 결과 한국식 청동기문화와 그를 담당한 집단의 도래가 호서 호남지역보다 늦은 사실을 인정한다고 하면, 후자에 군장이 지배하는 <국>이 출현하였지만 이 지역에서는 아직 그에 이르지 못하였다고 이해된다. 물론 다음 원삼국기에 이르면 그 상황은 역전이 되어 금호강 유역에 단조철기의 제작과 보급을 발판으로 <국>이 발전하게 되

---

42) 전북문화재연구원, 2013, 『전주 원장동유적』.

며, 지속적으로 성장하는 모습을 보여준다고 하겠다.

　서기전 2세기 이전에 중국 동북지역 혹은 서북한에 근거를 둔 고조선과 관계하고 교류한 지역은 서남한 지역임은 널리 알려진 사실이다. 영남에 위치한 진변한 지역과 중국동북지역 혹은 서북한과 관련된 기록은 다음에 보듯이 위만조선 말기이다. 어떤 연구자들은 진나라 때 이루어진 장성구축사업 진역을 피해서 영남지역으로 유이민이 유입되었다고 추정하기도 한다. 이를 인정한다면 서기전 3-2세기대의 이와 관련된 물적 증거가 확인되어야 할 것이지만 그렇지 못하다.

　한편 팔달동과 월성동, 임당동 세 유적의 목관묘에서 확인되는 부장품 수준이 같은 단계의 신천동의 사례에 미치지 못하는 사실이 주목된다. 신천동 사례 또한 앞선 시기의 호남지역의 수장묘, 화순 대곡리, 함평 초포리 무덤의 사례에 이르지 못한다. 아울러 다음 단계에 같은 지역의 수장묘, 대구 평리동과 비산동, 영천 어은동 등지의 수장묘에도 이르지 못한 상황이 주목된다. 취락과 어떻게 관련되는지 확인이 않되는 맥락에서 부장품의 종류와 양적 수준만을 살펴 묻힌 사람의 신분과 그가 속한 사회의 성격을 추론하는 것은 문제가 있다는 지적이 있지만, 그렇다고 그러한 정보만 확보된 상황에서 가설적인 설명조차 시도하지 않는 것 또한 지나치게 소극적인 자세라고 판단된다.

　앞서도 줄곳 설명하였듯이 다량의 무기, 공구, 의기, 무구 등을 부장한 군장급의 무덤이 고조선의 영역으로 추정되는 요서, 요동지역에서 기원전 1천년기 전반, 그리고 비슷한 유물갖춤새를 갖춘 청동기부장묘가 한반도 서남부에 기원전 4-2세기경에 출현하였음을 고려할 필요가 있다. 금호강 유역에서는 그와 유사한 유물갖춤새를 부장한 무덤이 어느 단계에 어느 지점에서 처음 등장하였는가는 이 지역의 사회적 발전 과정을 설명하는 데 중요하다. 그러한 맥락에서 앞서의 다른 지역 수장묘에 버금가는 청동기 부장묘로서 처음 이 단계에 등장하지만 그 수준이 그에 이르지 못한다고 할 때, 전기 고조선, 진국의 군장이 관장하는 수준의 <국>이 아직 금호강 유역에서는 등장하지 않았다고 가설적인 수준에서나마 제시할 수 있다. 바꾸어 말하면 <국> 수준의 군장급 무덤은 다음 서기전 1세기 후반 이후에 출현한다는 것이다.

6. 원삼국시대 전기 후반

　서기전 1세기 후반에서 서기 1세기 중반에 걸치는 이 단계의 표지유물은 이른바 주머니호와 우각형파수부 장경호의 기종으로 구성되는 와질토기이다. 이를 내는 유적으로 조사된 것은 거의 전부가 무덤이고, 집자리가 희귀한 것은 앞선 단계와 같다.

　이 단계에 발견된 무덤 유적에는 50-80기의 군집을 이룬 무덤군이 있는가 하면, 10-30여기의 무덤군, 그리고 1-3기 정도에 그치는 무덤군도 있다. 첫 번째에 해당하는 사례는 경산 임당동과 신대동, 대구 팔달동과 학정동이 대표적이며, 두 번째의 경우 대구 신서동 그리고 세 번째의 경우 대구 각산동이나 경산 옥산동, 그리고 대구 가천동의 사례가 있다. 대체로 금호강 중하류지역인 대구권과 경산권에서 대규모 군집묘가 확인되고 상류지역인 영천권에서는 그러지 못한 것이 현재까지의 발굴조사 결과이다. 그러나 영천지역의 경우 발굴조사가 충분하게 이루어지지 않음에 기인할 가능성을 배제하지 못한다.

　우선 검토할 문제는 대규모 목관묘군이 규모가 큰 단일 취락 아니면 다수의 취락 어느 쪽에 의해 조성된 것인지 여부와 이 무덤에 묻히는 사람들이 속한 지역집단의 공간적 범위가 어디까지인가이다. 앞선 단계의 지석묘군과 마찬가지로 이를 직접 밝혀줄 취락유적이 거의 조사된 바 없음으로 이에 대한 정확한 답을 구하기 어렵다. 무엇보다도 원래 조성되었던 목관묘군 유적이 전부 확인된 것이 아니므로, 일정한 목관묘군 유적이 어느 정도의 공간적 범위 내의 취락 주민들이 조성한 것인지 판단할 수가 없다.

　전자와 관련해서는 단지 목관묘군의 배치상태를 통해서 간접적으로 추정할 수 밖에 없는데, 무엇보다도 앞서 지석묘군과 달리 자체 내에 하위 무덤군으로 구분할 만한 무덤의 방향과 연접상태가 확인되지 않는 점에서 주목할 필요가 있다. 모든 목관묘가 방향이 일정할 뿐만 아니라, 상호 간격에도 큰 편차가 없는 통일성을 보여주는 바, 그것은 동일한 장송의례를 공유한 단일 취락의 구성원들이 이들 무덤에 묻혔을 가능성이 높다는 것을 시사한다.

그러나 각기 다른 취락에 속하는 구성원이지만, 그들 전체 취락이 보다더 조직적으로 결속된 연맹체적 관계에 있다고 하면 동일한 장송의례 원리가 작용할 가능성을 고려할 수 있다. 바꾸어 말하면 각 단위 취락의 정체성보다는 취락 연맹체 전체의 관계가 중요하고 그것이 단순히 정치경제적 부면의 현실생활 뿐만 아니라, 무덤을 축조하는데 반영될 가능성도 있다는 것이다.

그러한 군집묘는 앞서 보듯이 이미 서기전 2세기말의 앞선 시기에서부터 서기 1세기 중반 전 기간에 걸치는 것이 있는가 하면, 서기전 1세기 후반에서 서기 1세기 중반 전 기간에 걸치는 것, 서기전 1세기 후반대에 그치는 것, 그리고 서기 1세기대를 중심으로 하는 것 등 일정한 차이가 있다. 그것은 결국 그에 대응되는 지역집단의 존속기간과 맞물리는 것으로, 지역집단의 흥망성쇠가 다양하게 전개되는 사실을 간접적으로나마 이를 통해서 짐작할 수 있다. 그 중에서도 임당동 목관묘군에서 보듯이 서기전 1세기 후반에 비로소 축조가 시작되는 사례가 가장 많은 바, 그것은 이 단계에 금호강 유역에 취락집단의 규모 혹은 숫자가 크게 증가하였음을 간접적으로 보여준다고 할 수 있겠다.

이들 무덤이 축조되는 기간은 절대적인 시간으로 보면 50년에서 100년 정도로서, 앞서 지석묘군에 비해 훨씬 짧아서 1세대를 15-20년으로 하더라도 6-5세대에 불과하다. 따라서 50여기의 목관묘군의 경우 1세대에 5기 내외의 무덤이 조성되는 셈인데, 그것은 수백명이상으로 추산되는 다수의 촌락 구성원 중 극히 일부 엘리트만이 묻힌 상황을 반영한다.

수십기의 대형군집묘이면서 상호 거리가 불과 1.5km 내외의 거리에 위치한 무덤으로 경산 임당동 목관묘와 신대동 목관묘군 유적이 있다(그림 14). 이들 무덤군은 각각 전체 목관묘 숫자가 100기 내외로서, 전자의 목관묘가 서기전 1세기 후반에 집중적으로 조성된 것과 달리, 후자는 1세기 넘어 조성된 무덤의 숫자가 압도적으로 많은 것이다.[43] 이처럼 근접한 위치에 있는 대형 무덤군이 조성된 시기가 차이가 나는 것은 어떻게 설명하여야 할까. 그 해답은 무엇보다도 동일한 지구 내에 상호 경쟁적인 인구집단이 존재하였다는 사실 자체에서 구해야 할 것으로 이해된다.

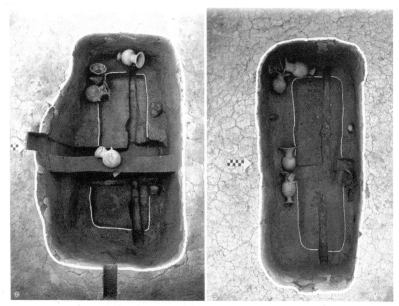

그림 14 경산 신대동 목관묘(영남문화재연구원)

---

43) 경산지역 목관묘 유적을 근거로 당시 사회에 대한 논의로 다음과 같은 연구가 있다.
   김용성, 1998, 『신라의 고총과 지역집단』, 춘추각.
   이희준, 2004, 「경산지역 고대 정치체의 성립과 변천」, 『영남고고학』 26.
   이현혜, 2008, 「고고학 자료로 본 사로국 6촌」, 『한국고대사연구』 56, 한국고대사학회.

바로 붙어 있는 집단이므로 상호 지리적 입지나 구할 수 있는 자연자원은 비슷하리라고 보인다. 그러면서 각각 성장 발전하였던 시기가 달랐다는 것은 같은 지역내에서 주도하는 세력 혹은 취락집단의 전략에 변화가 있기 때문인 것으로 풀이된다. 그것은 수공업 기술이나 대외 교역 분야에서 식량생산과 달리 공동체 구성원 전체가 동원한 것이 아니라 특정의 지도자 개인 혹은 소수 지도층의 역량에 의해서 성취된 것으로 이해된다.

수공업 공정을 통해서 생산되거나, 자체내 생산되지 못하면 근거리 혹은 원거리의 교역을 통해서 구할 수 있는 청동제 의기와 장신구, 철제 무기와 공구가 다량 부장된 무덤에 그러한 역량을 갖춘 실력자가 묻힌 것이라고 할 수 있다. 특히 임당동 목관묘 유적에서 발견되는 청동검과 철제검, 그리고 판상철부, 또한 신대동 목관묘에서 확인되는 마형대구와 중국 한식 거울은 그것을 상징적으로 보여주는 대표적인 유물이다. 이들 실력자에 의해서 경영되는 정치체 혹은 다수의 취락 공동체는 이전 단계에서 볼 수 없는 것이다. 고대사학자들이 삼국지 위지 동이전에 기록된 <읍락>을 설명함에 앞에서 지적한 바처럼 단일의 대규모 취락을 가리키는 경우도 있고, 규모가 큰 중심 취락과 그와 연계된 주변의 소규모 취락을 연계한 취락군을 가리키는 경우도 있다고 한다.[44] 둘 중 어느 쪽이든 간에 앞서의 대형 무덤군은 단순한 취락이 아니라 읍락에 대응된다고 할 수 있겠다. 그것은 무엇보다도 구성원이 식량생산에 종사하는 단순한 촌락이 아니고, 당시로서 첨단기술을 구사하여 철기와 청동기를 제작하는 전문장인들의 공방시설이 있는 마을인 경우 더욱 그렇게 추정할 수

---

44) 이희준, 위의 논문.

강봉룡, 1994, 「신라 지방통치체제 연구」, 서울대학교 박사학위논문.

문창로, 2000, 앞의 문헌.

있다. 공방시설을 갖추지 않았더라도 그 마을이 근접한 주변의 마을은 물론 다소 먼거리에 떨어져 있는 다른 지역집단과 교역을 하는 기능을 갖추었을 경우, 단순한 중심취락의 수준을 넘어 읍락 수준에까지 이르렀으리라고 평가해도 무리가 없으리라고 추정된다.

대규모 목관묘군 유적 이외에도 서기 1세기를 전후한 시기에 금호강 유역 여러 곳에서는 금속제품의 생산과 원거리 교역을 주도했던 최고의 실력자가 등장하였음을 보여주는 고고학적 증거로서 다량의 청동기와 철기를 부장한 것으로 전하는 무덤 유적이 있다. 정식 발굴조사를 통해서는 영천 용전동의 사례가 있고(그림 15), 수습조사된 사례로서 대구 평리동과 비산동, 그리고 지산동의 사례가 있다. 영남 지역내에서 혹은 자체적으로 생산된 다종다양한 청동기와 철기, 서북한 지역에서 수입된 한식 유물 등이 부장되어 있는 것이다.

그림 15 영천 용전동 목관묘 발굴상황

이들 무덤에 부장된 유물의 종류와 수량은 동시기의 앞서 설명한 목관묘 군의 어느 사례보다 훨씬 우위에 있다. 또한 초기철기시대에 남한의 최상급의 무덤이 서남한지역에 치중되어 있고, 동남한 지역에서는 거의 없다시피 했던 상황이 완전히 역전된 것이다. 영남지역에서도 청동기시대 중기에 다른 지역에서 확인되는 대형급 지석묘가 이곳 금호강 유역에서는 축조되지 않았던 상황에서 이제는 오히려 우위에 있는 최상급 무덤이 출현한 것이다.

앞서 설명한 것처럼 임당동과 신대동의 목관묘군 사례를 읍락에 대응시킬 수 있다고 한다면, 이들 무덤은 당연히 보다 우월한 부장품의 수준으로 보아 읍락 수준 이상의 정치체의 우두머리에 대응시킬 수 있다고 판단된다. 문제는 이들 무덤이 군집을 이룬 것이 아니라 단독으로 발견되어 일정한 기간 동안 안정된 지역집단의 모습을 보여주지 못한다는 것이다. 물론 주변지역에 대한 전면적인 발굴조사가 이루어지지 않아 군집을 이루었는지 여부를 단정지을 수 없지만, 이와 관련하여 참고가 될만한 사례로서 경주 사라리 130호와 탑동 목관묘의 사례가 있다.

경주 사라리 130호는 금호강 상류에서 근접한 곳에 위치하여, 어떤 점에서는 금호강 문화권에 편입시켜도 무리가 없는 무덤으로서 세형동검, 방제경, 마형대구 등의 청동기와 함께 다량의 철제무기와 농공구, 마구, 그리고 70여매가 되는 판상철부가 부장된 당대 최상급 무덤이다(그림 16).[45] 경주 탑동 목관묘의 경우 그 갖춤새는 사라리 130호와 유사하지만 그에 미치지 못하나, 당대 경주 중심권에서는 부장품의 수준에서 가장 탁월한 무덤이다.[46] 둘다 부장품이 많지 않은 몇기의 목관묘가 함께 조성된 무덤 유적에 위치하는데, 이 또한 그

45) 영남문화재연구원, 2001,『경주 사라리유적(2)』
46) 한국문화재보호재단 , 2011,『2010년도 소규모 발굴조사 보고서Ⅳ-경북2』

그림 16 경주 사라리 130호 목관묘(영남문화재연구원)

의 지위가 동일한 혈연집단 혹은 단위집단에 소속된 인물에게 권력 혹은 위세
가 계승되었다고 보기 어려운 것이다.

그럼에도 불구하고 양자를 사로국의 왕 혹은 우두머리로 추정하는 의견이
이미 제시된 바 있으며,[47] 그것은 무덤 주인공이 속한 지역집단의 맥락을 염
두에 두기 보다는 개인의 실력이나 권위에 중점을 두었기 때문이다. 이러한
의견을 참고한다면 앞서 기술한 금호강 유역의 수장급 무덤 또한 <국> 수준의
우두머리 곧 군장의 것으로 이해하여도 개념상 문제가 없지 않나 생각된다.

문제는 <국>은 다수의 읍락으로 구성되고 그 중에 중심된 위치에 있는 국

---

47) 권오영, 1996, 위의 논문.
　　이희준, 2011, 「경주 황성동유적으로 본 서기전 1세기-서기 3세기 사로국」, 『신라문화』
　　38, 동국대학교 신라문화연구소.

읍이 그들을 통괄하는 형태라고 판단하는 많은 연구자들의 관점을 어떻게 받아들여야 하느냐이다. 이러한 관점은 3세기대 삼국지 기록에 제시된 <국>의 지리적 공간이 후대의 신라에 이르러 군현제에 따른 <군>에 대응한다고 하는 판단에 근거한다.[48] 그러나 <국>이라는 정치체에 대해서 그보다 300여년 앞선 시기는 물론 더 나아가 500년 이전의 서기전 1세기 전후한 시기에도 그러한 공간적 잣대를 적용시켜야 하는지 의문이다. 또 다른 큰 문제는 <국>은 다수의 읍락으로 구성되어야 하는지, 단수의 읍락 혹은 취락 복합체만으로 이루어질 수 없는지 여부이다.

<국>의 인구규모에 대해서는 이미 수백호에서 1만호에 이르기까지 천차만별인 것은 기록에 기술된 바와 같다. 그럼에도 불구하고 동일한 <국>으로 파악하는 것은 <국>의 기능 혹은 성격과 관련된다고 보아야 할 것이다. 바꾸어 말하면 다수의 취락이 모여서 읍락을 이루고 다수의 읍락이 국을 이룬다는 도식적인 틀이 아니라, 앞서 제시한 것처럼 특정 읍락이 일반 대촌과 다른 정치적, 경제적, 상업적인 기능을 갖추었을 경우 <국>으로 이해할 수 있다는 것이다.

이러한 기능을 제대로 파악하기 위해서는 그 기반시설을 갖춘 취락, 곧 단순 농촌이 아니라 도시적 특성을 갖춘 유적이 발굴조사되어야 함은 물론이다. 그러한 맥락에서 일본 사가현의 야요이시대 요시노가리 취락이 참고가 된다. 동 유적은 수십년간 발굴조사가 되면서, 청동기 공방, 종교의례 공간, 수장의 거간, 더 나아가 교역시장의 공간에 이르기까지 복원되고 있다. 그 조사와 추론과정을 전부 신뢰할 수 없지만 비슷한 구조를 갖춘 마을의 모습을 앞서 목관묘에 부장된 유물들의 생산 유통과정과 연결하여 상상할 수 있을 것이다.[49]

---

48) 주보돈, 1995, 「삼한시대의 대구」, 『대구시사』 제1권(통사).
49) 국립중앙박물관, 2007, 『요시노가리-일본속의 고대한국』.

요시노가리가 국읍 취락이라고 할 수는 없겠지만 같은 맥락에서 단위취락 유적에 대해서 국의 중심지 또는 국읍의 관점에서 접근할 수 있으며, 그러할 경우 그 공간적 범위는 직경 수십 ㎞의 공간적 범위를 갖출 필요가 없는 것이다.

결론적으로 말하자면 청동기와 철기를 기반으로 하는 물질문화를 바탕으로 금호강 유역에는 여러 지점에 나뉘어 다수의 집단들이 서기전 1세기 중반 이후 저마다 공간적 범위를 확보하고 활발하게 경쟁과 교류활동을 전개하면서, 읍락을 넘어서 국 혹은 그에 버금가는 수준으로 발전시켜 나갔던 것으로 추정된다.

7. 요약

초기철기시대에 호서지역에서 다량의 청동기부장묘로 확인되는 후기적 위계사회인 군장사회로 진입되지만, 금호강 유역에서는 그러한 사회의 변화를 확인할 수 없다. 그러다가 원삼국기에 이르러 청동기와 철기의 제작기술을 보유한 주민집단이 서북한 지역에서 도래하면서, 군장사회의 모습을 갖추게 되며 더 나아가 읍락의 수준에서 한 단계 성장한 <국>의 모습을 보여준다. 금호강 하류의 대구 비산동과 평리동, 지산동과 상류의 영천 어은동과 용전리 수장묘가 이를 설명하는 것으로 이해된다.

이를 좀더 구체적으로 설명하면 다음과 같다. 서기전 13-12세기 경 청동기시대 조기에 금호강 유역에 처음 마을이 등장한다. 여러 세대가 공동으로 거주하는 대형 주거지가 2-3기 씩 갖추어진 소촌으로 그 이상의 규모를 갖춘 취락은 아직 형성되지 못하였다.

서기전 11-9세기의 전기에 이르면 같은 다세대 가옥이지만, 가옥 내에 화덕과 칸막이 시설이 있어 세대별 사적 공간이 소극적이나마 보장되는 거주방식이 널리 퍼진다. 10여기 이상의 주거지가 군집하여 100여명의 인구를 갖춘 마을이 등장할 뿐만 아니라, 대형의 경우는 200-300명의 인구를 갖춘 마을도 형성되는데, 대체로 금호강 중류의 경산 옥산동과 옥곡동, 하류의 대구 대봉동과 상동, 월성동 등지에서 확인된다. 마을의 지도자를 정형화된 무덤에 묻는 장송의례가 성립되지만, 아직 본격적인 족장사회에 이르지 못하였다.

서기전 8-4세기의 청동기시대 중기와 후기에는 한 세대가 한 가옥에 거주하는 소형 주거지가 유행하는 바, 이는 세대공동체보다는 조직적인 공동협업을 뒷받침하는 단위 마을에 대한 촌장의 리더쉽이 더 강조 되는 사실을 반영한 것으로 이해된다. 수십여기의 지석묘가 조성된 대규모 무덤군이 하류의 대구 대천동, 신서동과 상동 등지에서 확인되는 바, 이는 여러 마을의 실력자를 공동으로 묻은 공동묘지로서 이 지역이 본격적인 족장사회로 진입하였음을 보여준다. 이에 상응하는 마을 유적이 제대로 조사되지 않았지만 큰 마을 주변에 작은 마을이 다수 분포하는 촌락구조가 형성되었을 것으로 추정되며, 그중의 일부는 이른바 읍락에 버금가는 수준으로 발전한 것으로 이해된다.

서기전 4-2세기경 분명하게 편년할 수 있는 기준이 제시되지 않아 확실하지 않지만, 금호강 유역의 지석묘사회가 지속되는 것으로 이해된다. 그것은 호서와 호남지역에 새로운 수장, 즉 다량의 청동기를 보유한 군장이 등장하여 전문장인에 의한 수공업과 대외 무역을 수행할 수 있는 기반을 갖춘 <국>의 수준으로 사회가 발전한 것과 차이가 난다.

그러나 서기전 2세기말 1세기초에 이르면 금호강 유역의 하류지역을 중심으로 서북한 혹은 서남한으로 유입되는 청동기, 철기문화를 기반으로 한 군장사회의 예비적인 모습이 확인된다. 이를 뒷받침하는 마을유적이 발굴조사를 통해서 입증된 바 없지만, 대구 팔달동과 월성동에서 발굴조사된 수십기의 목관묘군, 그리고 다량의 청동기를 내는 신천동 청동기부장묘가 이를 입증하여 준다.

서기전 1세기 후반과 서기 1세기 전반의 기간에는 금호강 중 상류에 걸쳐 대구의 팔달동과 경산의 임당동, 신대동 등지에서 대형의 목관묘군이 확인됨으로서 다수의 마을 혹은 큰 마을로 구성된 읍락 수준 이상의 사회에 이르렀음을 간접적으로나마 추정할 수 있다. 이에 해당하는 취락이 거의 조사되지 않아 그 공간적 범위를 확인하기 어렵지만 목관묘군을 중심으로 일정 범위의 하천유역 곡간부에 이르는 것으로 이해된다.

또한 대구 비산동과 평리동, 지산동, 그리고 영천 어은동과 용전동 등지에서 많은 청동기와 철기를 부장한 수장묘가 확인됨으로, 바야흐로 공동체 지향의 리더쉽보다 개인적인 권위가 강조되는 군장이 등장하였음을 간접적으로나마 추정할 수 있다. 그러한 군장은 대외적인 교섭 혹은 무역 활동을 비롯하여 최첨단의 야철, 야금술을 이용한 수공업 활동이 가능한 시설기반을 갖춘 취락사회를 지배한 것으로 이해된다.

　그러한 취락사회는 문헌기록의 <읍락>에서 더욱 발전하여 <국>으로 불릴 만한 것이다. 그것은 물론 3-4세기 이후 고대국가사회에 편입되는 지역수준의 <국>이 아니라 지구 수준의 <국>이라 할 수 있다. 인구나 취락의 규모로 보면 앞서 <읍락>과 큰 차이가 없지만 도시에 버금가는 기능을 갖추었다는 점에서 <국> 혹은 <국읍>에 이른 것으로 이해된다.

청동기~원삼국시대 촌락과 국의 교류

김옥순 경상북도문화재연구원

1. 교류의 연구사와 개념
2. 청동기시대 촌락의 교류
3. 원삼국시대 국의 교류

1. 교류의 연구사와 개념

1) 교류의 연구사

교류론은 소규모 공동체사회에서 대규모 사회로 진화하는 국가나 문명 등의 사회에 대한 형성과정을 논하면서 이론적 발달을 가져왔다. 연구자들은 교류에 대해 소지역 공동체 사회의 발달에 있어서 주로 외적인 요인이나 외부적인 경제활동의 성격으로 접근해 왔다.

고고학에서 전파주의 시각을 바탕에 둔 지역 간 교류는 60년대 일반진화론자들의 관심에서 멀어졌지만, 80년대 이후 다시 중요한 관심으로 부각되었다. 그 원인은 첫째는 다선진화론자들이 복합사회로 진화하는 원동력의 하나로서 교류에 관심을 가지게 된데 있으며, 둘째는 문화법칙의 일반론을 추구한 과정주의고고학에 대한 비평이 시작되었고, 지역의 특수한 역사에 관심을 가지게 된 후기과정주의가 그 이전의 전파까지도 포괄하게 되면서 지역 간 교류가 이슈로 부각되었다.[1]

교류론은 대표적으로 PPI(Peer Polity Interaction-동열정치체 교류론)와 CPI(Centre- Periphery Interaction-중심지 주변지 교류론) 모델을 들 수 있다.[2] 이 두 모델은 가야와 신라의 정치체 교류에 이미 적용되어 왔다.[3] 우선 두 모

---

1) K. Sasaki, 1995, 「Regional Interaction and the Development of Social Complexity」 Harvard University Dissertation.
2) PPI와 CPI용어를 동열정치체 교류와 중심지-주변지 교류로 번역한 것은 Sassaki의 용어를 적용한 것임.
3) Kwon, H. S., 1992, 『A Regional Analysis of the Kaya Polities in Korea』, Urbana, Illinois.

델에 대한 주장을 대략적으로 살펴보고자 한다.

PPI 이론의 제창자인 렌프류Renfrew[4]는 유럽의 문명이 형성되기 전 초기국가사회의 교류에 의해서 문명이 형성되는 본질적인 요인을 설명하였다. 특히 강조된 것은 일차적인 상품 교환의 측면만이 아니라 정치체들 간의 다양한 정보의 흐름까지도 포함하는 것이었다. 사회에 있어서 새로운 제도의 출현은 두 가지 요인이 있는데, 생산성 증대와 동열정치체 간의 교류 입장에서 적절하게 고려될 수 있다는 것이다. 따라서 교류는 바로 생산성 증대를 촉진시켜 주는 정보교환의 수단인 것이다.

렌프류는 다섯 가지 교류의 성격을 열거하고 있는데, 전쟁, 경쟁심(competitive emulation), 상징적 기호의 편승(symbolic entrainment), 혁신의 전파(transmission of innovation), 교환상품 교역의 증대 (increased flow in the exchange of goods)이다. 이들 다섯 가지 외에도 다양한 성격의 정보교류가 존재한다.

이 중에서 교환상품의 증대는 외부와 교역이 증대됨으로서 부수적으로 교역 종사자들이 많아지고 외부 교역품을 수령, 배당, 분배하는 등등의 새로운 직제들을 발달하게 한다. 고고학자들은 지역 간 교류의 증거를 찾기 위한 목적으로 이러한 교역에 많은 관심을 가지게 되었다.[5]

그런데 사사키Sassaki(佐佐木憲一)도 지적했듯이 PPI 모델은 문명이 형성되

이성주, 1992, 「新羅·伽倻社會分立과 成長에 대한 考古學的 檢討」, 『가야 국가 발전사』 제8회 한국상고사학회 학술발표대회 발표요지.

4) C. Renfrew, 1986, 「Peer Polity Interaction and Scio-political Change」, 『Contemporary Archaeology in Theory』, edited by Robert Preucel and Ian Hodder. Blackwell.

5) J. Sabloff, C. Lamberg-Karlovsky, 1975, 『Ancient Civilization and Trade』, University of New Mexico Press.

는 과정을 설명하기는 용이하지만, 구조적으로 문명은 초기국가에 속하는 것이며, 단일 정치조직이 帝國으로 발전한 과정을 설명하는 틀로서는 다소 부족한 부분이 있다. 이런 점에서 발달된 국가형성의 과정을 설명하는 연구자들은 CPI 이론을 많이 채택하고 있다.

CPI 이론[6]은 우선 중심이 주변보다 진화된 사회의 정치체라고 가정되는 것이 핵심적인 내용이다. 이 이론은 80년대 사회사 연구의 중요한 패러다임으로 부각된 월러스타인Wallerstein의 근대세계체제론에 기초를 두고 있다. 세계체제론은 저발전론 즉 종속이론이 근간을 이루고 있는 점이 관건이다.

중심과 주변은 단순히 지리적인 개념이 아니라 발전과 저발전이라는 불평등성이 강조된다. 이 불평등성에 대해서는 시기적인 문제가 있지만, 고대 사로국인 경주의 예를 보면, 주변 소국이 3계층인데 비하여 4계층으로 분화되었다는 점에서 우월성이 강조되어 왔다.[7] 따라서 이종욱은 권학수가 PPI로 가야정치체들 간의 교류를 해석하는 시기보다 더 일찍부터 경주는 국가로 발전되었던 것으로 보는 듯하였다.

중심과 주변은 착취하고 착취당하는 관계이며, 지배와 피지배의 종속관계이다. 이러한 중심과 주변의 관계성에 대해서 세계체제론은 주변지가 중심지로부터 착취되면서 잉여생산물을 증가시키게 된다. 주변지는 잉여생산을 하게 되면서 점차 경제적으로 새로운 중심지로 성장하게 된다는 것이다. 그리고

---

6) M. Rowlands, 1987, 「Centre and Periphery: a review of a concept」, 『Centre and Periphery in the Ancient World』(New Directions in Archaeologyed) ed. by M. Rowlands, M. Larsen, K. Kristiansen, Cambridge University Press, 1987
T. Champion, 1989, 「Introduction」, 『Centre and Periphery』, ed. T. Champion, London and New York Press.

7) 이종욱, 1982, 『新羅國家形成硏究』, 一潮閣.

그로 인하여 주변지 국가들은 서로 연합하게 되며 중심지는 결과적으로 멸망하게 된다는 논리이다.[8]

일단 이러한 과정이 고대사회에 보편적으로 일치될 수는 없다고 하더라도 경제적으로 착취와 피착취에 의한 지배와 피지배의 관계성은 어느 정도 규명되어야 지배론은 성립할 수 있는 것이다. 또한 이 모델은 단일 정치체 내에서 다양한 교환타입들 간의 관계성과 중심지-주변지 체계의 통시적인 발달에 대한 시각이 결여되어 있다.[9]

이처럼 두 모델은 각각 나름대로 장단점을 내포하고 있다. 지역에 따라 교류의 성격은 다양하게 나타날 것으로 기대된다. 사사키Sassaki는 두 모델을 양자택일하기보다는 지역에 맞게 상호보완적으로 이점을 선택적으로 수용하길 희망하고 있다.[10] 그러나 금호강유역은 나름대로 교류의 맥락이 존재할 것이다. 초기의 촌락들이 교류하는 가운데, 어떻게 중심 읍락과 국이 형성되면서 사회가 발전하는지를 살펴보는 것이 관건이다.

그 동안 유물의 이동을 통한 연구는 경주를 비롯한 영남지역 내 지역집단 간이나 지역 외부와의 교류에 대해 다양한 시각으로 접근해 왔다. 용어에 있어서도, 교역, 교섭, 교류 등으로 다양하게 채용되고 있다. 결국 유물의 이동을 통한 사회집단이나 사회구성원에 대한 관계성연구는 교류라는 함축적인 표현으로 대변된다. 비시장경제하에서 물자이동은 사회제도 속에서 이루어지므로 교역담당자는 교역을 수행하는 사회집단의 사회조직과 깊은 관련이 있다. 따라서 원거리교역이 이루어지는 사회가 그만큼 정교하고 조직력이 강하다는

---

8) 이수훈, 1993, 『세계체제론』.
9) T. Champion, 1989, 위의 책.
10) 佐佐木憲一, 1995, 「地域間交流の考古學」, 『展望考古學』, 考古學研究會.

점을 반영한다.

    교류의 방식은 다양할 수 있는데, 그 중에서 교역에 대해 살펴보면, 교역의 실체적인 정의는 재화가 쌍방간에 적절히 이동되는 것을 의미한다.[11] 그런데, 교역은 교환과 같은 의미를 가진다.[12] 그러나 양자는 편의상 용어를 구분해서 사용하기도 하는데, 흔히 교역은 외적인 성격이며, 교환은 내적인 성격으로 이해하는 예가 있다.[13] 따라서 본고에서는 교환, 교역을 총칭하는 개념으로 "교류"라는 용어를 채용하고자 한다.

2) 교류의 개념

    외래계 유물이 분묘에서 출토되는 양상을 통해서 사회적 관계성을 규명한 연구사례가 있다. 스펜스Spence[14]는 온타리오 삼림지대의 분묘에서 출토되는 유물을 통해서 세습되는 외부적 교역파트너를 추론함으로서, 두 가지 교역형태를 구분하였다. 하나는 그 사회집단 내에서 광범위하게 일반적으로 분포하는 것과 또 다른 하나는 엘리트에 의해 제한되어 있는 외래 상품으로 비교되었다. 분석결과 은은 주로 의례의 중심지역 간에 이동되었으며 소규모 유적에서는 나타나지 않았는데, 이들 집단의 위계적인 차이를 통해서 은이 지역 엘

---

11) K. Polanyi, 1957, 「The Economy as Instituted Process」 in 『Trade and Market in the Early Empires』, edt. by K. Polanyi et al., New York: The Free Press, 이종욱 譯, 『초기제국에 있어서의 교역과 시장』, 민음사, 1994.

12) C. Renfrew, 1975, 「Trade as Action at a Distance」, 『Ancient Civilization and Trade』 ed. by Jeremy A. Sabloff and C. C. Lamberg Kalopsky, Univ. of New Mexico Press.

13) C. Renfrew and P. Bahn, 2012, 『Aechaeology』, Thames & Hudson Press.

14) M. Spence, 1982, 「The Social Context of Production and Exchange」, 『Contexts for Prehistoric Exchange』, ed. J. Ericson & T. Earle, Academic Press.

리트들에 의해 거래가 조절된 결과로 해석하였다. 이러한 연구사례는 지역 간의 단순한 교류의 증거를 제시하는데서 벗어나 집단의 위계와 관련된 교역의 다양성을 제시한 점에서 의미가 있다.

교류에 있어서 중요한 사회적 개념의 하나는 그 사회집단의 내부냐, 외부냐에 따라 다르게 적용는 것이다. 집단의 내부적인 교환은 지역집단 내의 사회제도에 함몰되어 상품이 이동되는 과정을 의미한다. 이러한 교환의 방식은 사회통합의 원리를 기초로 호혜성, 재분배, 시장교환의 3가지 형태로 구분된다. 시장이 없는 선사시대에는 주로 직접 수렵채집하거나 호혜적인 경제 교환방식이 지배적이었으나 복합사회로 진화한 고대사회에서의 집단 내부적인 경제 교환방식은 중앙집권화의 재분배 체계와 밀접하게 관련되는 것으로 강조되고 있다[15]. 이러한 관점들이 선사와 고대시대로 이행되는 교환의 맥락들을 해석하는데, 도움이 될 것으로 기대된다.

한편, 교역이란 조작적으로 정의하면, 자기 집단 내에서 입수할 수 없는 재화를 획득하는 방법이다. 따라서 교역은 그 집단의 대외적인 관계이기 때문에, 지리적이든, 심리적이든 일정한 거리감을 가지게 된다. 그리고 재화의 획득방법은 여러 가지가 있을 수 있는데, 약탈이나 사냥, 원정, 채집까지도 포함될 수 있다.[16] 따라서 그 집단을 벗어나서 이루어지는 물자교류는 교환과 대비되는 교역으로 정의할 수 있다.

이러한 사회 내적, 외적으로 이루어진 유물의 이동에 대한 다양성은 렌프류가 제시한 10가지 교역형태에서도 찾아볼 수 있다. 유물 이동의 다양성에 대

---

15) M. Adams, 1974, 「Anthropological Perspectives on Ancient Trade」, 『Current Anthropology』Vol. 15, No. 3.
16) K. Polanyi, 1957, 위의 논문.

한 시각은 재화가 교역·유통과 같은 과정을 거치면서 많은 사회관계를 형성하게 되며, 재화의 양이나 내용 등에 따라 달라진다는 점에서는 의미를 가지는 것이다.[17] 특히 유물의 이동이 이루어지는 단위가 사회집단의 내부인지 외부인지에 따라서도 사회적 관계는 다르게 형성된다.

이들을 정리하면, 지역집단의 내적인 물자교류를 교환, 외적인 물자교류를 교역으로 규정할 수 있다. 국 간의 교류에 대해 논의한 바 있는 이청규[18]는 교역을 분석하는데 가장 중요한 요소는 공간적 범위와 교역방식으로 보고 있다. 교역은 가깝게는 인접한 국 간에, 멀리는 중국과도 이루어지고 있으며, 이들은 거리에 따라 다소 그 성격이 달라질 수 있기 때문에 나름대로 구분이 필요할 것 같다.

한편 이러한 관점을 실제로 적용한 사사키는 서일본의 지역집단 간의 교류론에서 교환 또는 교역의 맥락을 분석하는 기본적 기준으로서 근거리와 원거리를 구분한 바 있다. 그는 서일본 야요이시대에서 고분시대로 이행하는 과정에 있어서 지역집단 간의 토기교환을 토대로 전방후원분의 확산과정을 설명하고 있다. 지역집단의 범위는 지금의 현에 각각 대응되는 정도의 규모인데, 영남지역 내에서 신라와 가야로 구분되는 정도의 영역이다. 여기서 지역집단 간에 이루어지는 교역을 원거리교역, 지역집단 내에서 이루어지는 교역을 근거리교역이라고 규정하고 있다. 동시에 지역집단 내에서도 높은 산을 넘어야 하는 경우에는 지리적인 장애가 심리적 부담으로 작용하여 원거리교역으로

---

17) C. Renfrew, 1975, 위의 논문.
　　宇野隆夫, 1998,「原始·古代の流通」『古代史の論点-③都市と工業と流通』.
18) 이청규, 2001,「原三國時代 初期의 慶州와 周邊地域과의 交流」『국가형성기의 경주와 주변지역』 제25회 한국상고사학회 학술대회 발표요지.

적용할 수 있다는 견해[19]는 적절한 교류의 개념이라고 생각된다.

영남지역과 같이 지리적으로 한정된 지역에서 사회집단 간 교류는 사회통합의 원리가 작용하여 긴밀한 네트워크를 형성하기 쉽다. 예컨대, 삼한시대 진한의 국 간에 청동기 교류 네트워크의 定型이 그 예로 될 수도 있다.[20] 진·변한의 청동기와 철기문화는 그 동질성에 의한 하나의 문화권으로 이해할 수 있으며, 이 문화권은 각 국 간의 빈번한 교류에 의한 결과로 볼 수 있다. 이것은 렌프류가 문명형성에 접근한 사례와 같이, 어디까지나 일정한 지역의 정치적 연합이나 영역화 되어가는 과정을 설명하기 위한 분석틀로 제시될 수 있을 뿐이다. 따라서 지역과 사회에 따라 특수한 교류의 맥락들이 있는 것으로 이해되어야 할 것 같다.

본 논문집에서는 청동기시대 조기, 전기, 중기, 후기 및 초기철기시대, 원삼국시대 전기로 구분하고 있다. 이들 각 시기는 유물 갖춤새와 집자리, 마을의 규모 등에서 상호간의 차별이 있으므로, 그에 적절한 교류가 있었을 것으로 보고 각 시기별 교환맥락을 논의해 보고자 한다.

실체론자들에 의하면, 비시장경제인 고대사회에서는 경제가 사회제도 속에 함몰되어 있는 것이지, 경제적 속성이 오늘날 시장경제처럼 사회로부터 분리되어 드러나 있는 것은 아니며, 세 가지 교환유형 중에서 비시장경제인 고대사회의 경제 교환방식은 호혜성과 재분배라는 단지 두 가지 유형이 존재하는 것으로 보았다.[21] 이 이론을 토대로 살펴보면, 사람에 의해 유물이 이동되면서

---

19) K. Sasaki, 1995, 위의 논문.

20) 이청규, 2001, 위의 논문.

21) K. Polanyi, 「The Economy as Instituted Process」 in 『Trade and Market in the Early Empires』, edt. by K. Polanyi et al., New York: The Free Press, 1957, 이종욱 譯, 『초기제국에 있어서의 교역과 시장』, 민음사, 1994.

수반되는 현상은 물물교환, 거래, 교역 등 물질적 교환뿐만 아니라 비물질적인 정보교환, 사회적 관계 등 상품의 이동으로 고려될 수 있는 모든 사회행위가 포함되어 있다.[22] 이는 최근 외부교역의 단순한 상품교역을 벗어나 엘리트의 부, 정보지식, 정치적 영향력 등으로 시각을 확대시키고 있는 교류의 논의에서 규정되는 개념과도 상통하는 것이다.[23]

---

22) C. Renfrew, 1975, 위의 논문,
   C. Renfrew and P. Bahn 2012, 위의 책,
   宇野隆夫, 1996, 「西洋流通史の考古學的研究」, 『古代文化』 48,
   宇野隆夫, 1998, 위의 논문.
23) G. Hirth, 1996, 「Political Economy and Archaeology」, 『Journal of Archaeological Research』 Vol. 4, No. 3.

2. 청동기시대 촌락의 교류

청동기시대는 금호강유역에 최초의 마을이 형성된 시기이다. 다른 지역이 신석기시대에 이미 마을이 조성된 것으로 보아, 규모에 있어서 차이는 있을지라도 금호강유역도 청동기시대는 초기부터 마을을 형성했다고 볼 수 있다. 집자리는 분포양상에 따라 세대, 세대공동체를 그려볼 수 있을 것이다.

청동기시대는 유물의 이동에 대한 자료를 찾아 분석하기 어려우므로, 물물교환을 통한 교류맥락을 규명하기가 어렵다. 대신 마을 형성, 마을 규모, 지석묘군의 분포양상, 사회조직 형성 등등의 조건들을 통해서 교류맥락을 짐작할 수 있다. 금호강유역의 청동기시대 유적은 조기, 전기, 중기, 후기로 구분된다. 그 시기별로 교류의 양상은 달랐을 것이다.

1) 마을의 형성과 사회적 교환관계 발생

조기의 마을은 중·상류지역에서 확인되지 않고 하류지역에서 대형주거지 1기 또는 개별주거지 2~3기가 분산적으로 배치되어 있는 양상이다. 고고학적 자료가 많지 않기 때문에, 단정할 수는 없지만 발생기에 여러 가구가 모여 조직된 촌락에 해당하는 정도의 유적이 있었다고 볼 수는 없을 것이다. 앞장 필자들이 언급하였듯이 조기에는 마을이 소규모이고, 2·3세대로 구성된 분절사회의 초기형태이다.

하류에 마을들이 존재하지만, 아주 광역적으로 분산 분포하고 있어서 마을 상호간의 교류도 그 만큼 긴밀하지는 못하였을 것이다. 하나의 집자리에 한

두 세대가 하나의 화덕을 사용하는 공동생활이었다면, 공동으로 주변 일정한 영역의 범위 내에서 경제활동을 한 것으로 이해된다. 자급자족의 공동생활을 하면서 삶을 영위해 나갔던 상태이다.

앞에서도 언급되었듯이, 광의의 교환은 많은 인류학자, 사회학자들이 제시하듯이, 물물교환, 거래, 교역 등 물질적 교환뿐만 아니라 비물질적인 정보교환, 사회적 관계 등 모든 사회행위를 포괄한 총체적인 어휘이다.

여기서 중요한 점은 교환행위가 인간 간의 사회적 관계라는 것이다. 그러한 논리로 볼 때, 조기의 마을 중 2~3기의 집자리가 분산 독립적으로 배치되어 있는 상태이므로 비록 소규모이나 각 집자리를 世帶로 볼 수 있으며, 집자리 간에는 물물, 정보 등등의 사회저 교환관계가 존재한 것으로 볼 수 있다.

청동기시대 전기가 되면 집자리의 규모도 커지고, 두 개 이상의 화덕이 갖추어진다. 화덕 1기를 단위로 한 구성세대에 대해서는 논의의 여지가 있지만, 규모가 커진 만큼 공동생활을 하는 그룹이 확대된 것은 분명하다. 조기의 대규모 집자리가 전기 전반까지도 규모는 더 커지지만 여전히 동일한 구조를 유지한 것으로 볼 수도 있다.

그러나 한편 전기에 개별 분산독립된 집자리는 점점 그 수가 증가하기 시작하면서 전형적인 세대공동체 단위를 형성한다. 이는 대형 주거지와 달리 사회적으로 분화되기 시작하는 과정으로 보여진다. 그러나 아직도 조기와 같은 혈연적인 세대공동체 성격일 가능성이 높다. 따라서 미미한 사회적 교환관계가 존재한 것으로 이해된다. 구성원들 간에는 순수한 호혜성이 존재하였을 것이다.

2) 사회적 교환조직 형성

동일 공간의 집자리를 사용한 세대공동체는 전기 후반이 되면서 세대공동체 단위는 증가하여 복수로 되면서 남천유역 옥산동유적의 경우 44기에 이른다. 세대공동체 단위가 복수로 구성되며, 분화된 세대들이 공동 사용하는 공공 시설물이 마을에 갖추어진다. 이는 지연적 성격의 사회가 조직되기 시작한 것이다.

이 시기 집자리가 단일 가구로 독립된 세대들이 전시기보다 증가하기 시작한 점도 사회적 변화와 무관하지 않다. 마을공동 생업경제활동에서 점차 세대별 활동으로 변화한 것으로 볼 수 있다. 이러한 전기 후반의 마을규모는 점차 증가하고 있지만 지석묘가 본격적으로 축조되지는 않고 있다.

지석묘의 축조는 공동생활의 지표라고 할 수 있다. 공공시설물이 세대공동체 또는 세대공동체 간의 교환의 기능을 갖추고 있다면, 지석묘 축조 역시 그와 동일한 맥락으로 이루어질 수 있다. 지연적 사회에서 공동생활을 한다면, 교환을 가능하게 하는 기재가 존재하게 되는데, 그것은 바로 공동 시설물, 분묘축조라는 기재를 통해서 이루어진다. 개인 활동보다는 공동체 활동을 통해서 개인의 이익이 추구되는 시스템으로 볼 수 있다. 이 시기는 석관묘가 주로 축조되고 상석이 있더라도 크기가 작은 것으로 소개되고 있는 점으로 볼 때, 아직 강력한 리더쉽을 가진 족장의 사회조직이 본격적으로 형성되지 않은 것으로 보인다.

이 시기 금호강의 지류에 하천별로 복수 마을이 조성되기 시작하는 점도 전시기와는 큰 차이점이다. 대구 진천유역의 진천동, 월성동, 상인동, 신천유역의 상동, 대봉동, 경산 남천유역에 옥곡동, 옥산동이 분포하고 있는데, 전시기보다 훨씬 근거리에 마을들이 조성되고 있다. 환경적 차이가 그다지 없으므로, 경제활동의 유형은 유사할 것으로 보인다. 아직 위세품으로 볼 수 있는 장식품들의 출토량이 많지 않은 것을 고려하더라도, 생계경제 위주의 활동에 취중하면서 하천별 인접한 마을 간에 호혜성 교환이 존재하였을 것이다.

3) 채집에서 농경으로 변화된 사회의 교환방식

청동기시대 중기에 이르러 여러 가지 변화요소가 발생한다. 첫째는 지석묘 축조가 본격화되는 점, 둘째는 비파형동검 등 위세품 청동기가 출토된다는 점, 셋째는 금호강 상류와 하류의 주거지 형태가 서로 다른 계통으로 다양화 된다는 점 등이다. 이들 요소들은 교환유형의 발달에 서로 상관관계가 있는 것으로 보여 진다.

중기의 마을은 규모가 이전 시기에 비하여 축소되었으나, 그 수가 증가한 것은 분명하다. 그리고 집자리의 형태는 지역별로 다양화되어 지역 간의 문화적 차이가 발생하였음을 시사하고 있다. 상류는 검단리식 집자리 문화가 확산된데 비하여, 중류는 하류의 이전부터 지속된 주거지문화와 검단리식 주거지문화가 혼합된 양상을 보이고 있으며, 하류에는 송국리식 외 동천동식 등 새로운 주거문화가 발생하였다. 주거문화를 단순한 차이로 볼 수는 없을 것이다. 환경과 생업의 차이를 반영한다고 본다면, 거의 동일한 환경 하에 놓인 사회집단들의 생업방식이 다른 계통에서 기원할 가능성이 높다. 생업의 차이는 일정한 교환체계를 형성하는데 영향을 미칠 것으로 예상된다.

이러한 차이를 뛰어 넘어서 안전한 교환체계망을 형성하기 위해서는 견고한 기재가 필요한데, 그것은 유대감을 형성시키는 통일된 생활문화와 함께 공동의례문화의 정체성을 확립하는 것이다. 공동의례문화의 기재는 바로 지석묘 축조이다. 이 시기 마을의 규모가 축소됨에도 불구하고, 지석묘가 축조될 수 있는 배경에는 인접 마을 간 관계성의 긴밀함이 절실하였을 것이다. 이 시기 대형의 지석묘가 축조되는데, 여러 단위취락 구성원이 공동 묘역으로 인지한다는 것은 상호 간의 유대감을 가지기에 충분하다. 그런 점에서 정형화된 호혜성 교환체계가 형성되었으며, 마을 간을 아우르는 리더격의 위계가 존재하는 족장사회로 발전되었을 것으로 짐작된다. 이는 마을 내에서도 다수의 소형 집자리가 군집을 이루고 있는 점에서 촌장의 위상이 중요하게 작용한 것으로 볼 수 있다.

울산지역에서는 많은 집자리 유적과 함께 논 유적이 조사되었다. 청동기시대 사람들이 논농사의 경험을 지니고 있는 것으로 본다면, 경제활동에 있어서 개선의 변화를 겪은 것이다. 검단리식 집자리가 전기에 비해 진화된 기능의 구조로 정형화되었다면,[24] 이는 정교한 사회조직으로 진화된 것을 시사한다.

지석묘 축조와 관련하여 여러 마을에 영향력을 가지는 특별한 권위가 있는 마을 또는 유력자가 존재하고 정교한 사회조직으로 진화된 것이라면, 재분배의 교환유형이 존재하였을 가능성이 높다. 재분배 교환유형은 단순히 중앙집권화사회에서만 나타나는 것이 아니며, 다양한 형태로 존재한다.

진화론자들이 인식한 재분배는 환경적 다양성에 의해 전문화된 지역생산물의 교환을 족장사회에 선택적으로 수용된 전략으로 보고 있다. 따라서 재분배가 모든 재화와 용역이 중앙집권화된 제도에 의해 작용한다는 단순한 도식으로 일반화시킬 수 있는 것은 아니다.[25] 울프Wolf는 재분배의 영역과 종류는 서로 달라서 진화론자들의 재분배의 개념이 제한적으로 인정될 수 있다고 주장한다. 예컨대, 의례적인 행사때 이루어지는 것, 제도적인 정치기구를 통해서

---

24) 검단리식 집자리는 기둥이 4~8개 이고, 내부공간이 취사 및 작업공간, 수면공간, 수납공간이 구분되는 점에서 이전 시기보다 계획성있게 축조된 정형성을 가진다.(김현석, 2006, 「청동기시대 검단리유형의 형성과정과 출현배경 - 주거지를 중심으로 -」, 『한국상고사학보』 54, 66p.

25) E. Wolf, 1982, 『Europe and the People without History』, California University Press.
T. Earle and D'Altroy, 1982, 「Storage Facilities and State Finance in the Upper Mantaro Valley, Peru」, 『Contexts for Prehistoric Exchange』 ed. J. Ericson & T. Earle, Academic Press.

이루어지는 것 등으로 그 성격이 다르며, 또한 재분배되는 내용, 양, 대상 등이 서열적인 신분의 위치에 따라 달라질 수 있다. 이러한 점들로 보아, 재분배가 규범적으로 이타주의 성격을 가진 사회형식이라고 볼 수는 없으며, 계급 형성 과정에서 정기적으로 나타난다는 것이다.

폴라니는 재분배란 선사시대의 공동 수렵채집생활, 고대국가의 대량 상품의 수집과 저장, 중세의 장원, 현대의 과세와 사회복지제도에 이르기까지 다양한 형태로 적용되고 있다고 한다. 재분배는 인류역사를 통해서 이처럼 다양한 형태로 나타날 수 있으며, 오늘날 사회에서조차도 호혜성과 시장교환의 통합 유형이 함께 병존하기 때문에 부분적으로 다양한 경제형태가 존재할 수 있다는 가능성이 잠재해 있다. 단지 중요한 문제는 재분배가 사회와 시대에 따라 사례적으로 어떠한 형태로 나타나는지에 대한 커다란 원리를 파악하는데 있다.

얼[26]은 진화론자들이 단계별 재분배의 제시에 실패한 점을 감안하여, 재분배의 제도적 형태를 유형학적으로 분석해야 한다고 주장한 바 있다. 그에 의하면, 결혼지참금, 포틀라치, 고대봉건국가의 공물, 현대산업사회의 공공구호와 진보적인 누진과세 등 다양한 형태에 "재분배"라는 용어가 적용되고 있다.

지석묘를 축조하기 위해서 물리적인 힘이 동원된다는 자체가 집결이 이루어지고, 의례적인 행위에 수반되는 물질적 교환이 이루어진다면 이 또한 재분배의 한 형태가 될 수 있다. 족장이 리더하는 사회에서 가족단위를 넘어서 공동으로 생산, 경제활동을 하는 것으로 인식되고 있는 부분도 재분배의 한 형태이다.

---

26) T. Earle, 1977, 「A Reappraisal of Redistribution: Complex Hawaiian Chiefdom」, 『Exchange Systems in Prehistory』 ed. J. Ericson & T. Earle, Academic Press.

금호강유역은 다른 지역과 달리 청동기시대 청동제 유물이 거의 출토되지 않는 점에서 여전히 주변지역에 한정적으로 교류하는 수준에 그치고 있다. 그런 점에서 아직 대외적으로 원거리교역에 참가할 정도의 정교한 사회조직으로는 진화하지 못한 것으로 보인다.

3. 원삼국시대 국의 교류

연구자들은 철기유입 초기부터 목관묘가 조영되는 시기를 3시기로 구분하고 있다. Ⅰ단계는 청동기후기와 초기철기시대에 해당하며, Ⅱ단계는 원삼국시대 전기 전반, Ⅲ단계는 원삼국시대 전기 후반으로 구분된다. 이들 각 시기는 철기가 유입되어 생산되어 난이도가 높은 기술이 이 지역에 전이되는 과정으로 사회적 변화가 예상된다. 따라서 각 단계별 교류맥락에도 변화가 있을 것이다.

1) 국의 형성과 교류유형의 변화

청동기시대는 결국 마을 간에 유력자가 리더를 하여 통솔하는 족장사회로 발달하였다. 이 시기는 여러 문화집단들이 금호강으로 유입되고 곳곳에 마을을 형성하면서, 결속을 필요로 하는 사회집단의 외적 환경이 조성되었다. 그러한 가운데, 각 지석묘 사회집단에서는 금호강이라는 동일한 환경에서 서로 간의 호혜성이 지배적으로 작용하였으며, 거기서 좀 더 발전하여 여러 마을을 아우르는 족장이 등장하여 재분배 교환유형이 발전하게 되었다.

족장의 출현 이후 청동기시대 후기에 이르러 공동체는 세력이 약화되는데, 그 원인은 알 수 없다. 그런데, 청동기시대 조기에 소수의 집자리들이 중기가 되면서 확연히 증가하고 후기로 가면서 감소되는 추세는 초기철기에서 원삼국시대로 이어지는 목관묘의 전개과정에서도 유사하게 나타난다. 그런 점에서 전환기의 일양상으로 볼 수도 있다. 따라서 이 시기는 지석묘집단과 목관묘집단의 교류, 각 집단간의 교류 두 가지 측면으로 논의되어야 할 것 같다.

청동기시대 후기 지석묘의 수도 극도로 감소하고 청동기가 거의 출토되지 않은 점과는 달리 몇 기의 초기 목관묘에 금속유물들이 출토되고 있다. 임당동 FⅡ-42호 목관묘에서 동부와 동사가 출토된 바 있는데, 이는 중서부에서 철부와 철사를 부장하는 의례적인 품목들로 본다면, 조합상에서도 거의 이질적이지 않다.[27] 임당동은 청동제품 대신에 FⅡ-33·34호의 경우 점토대토기와 함께 전국계 철기가 출토되고 있어서 이 지역에 새로운 문화를 가진 유민이 도래한 것으로 볼 수 있다.

이 시기 청동기제품은 자체적으로 제작이 활발하지 않은 것으로 보이므로 외부에서 교역해 온 것으로 판단된다. 이들은 당시 활발한 대외무역을 수행할 만한 사회조직으로 자리 잡지는 못했지만, 대외무역의 루트나 선진문화를 경험한 사람들임은 분명하다. 따라서 어떤 경로이던지 청동기나 철기를 개별적으로 입수하였을 것이다. 그리고 거의 동시기에 이 지역의 자연환경과 철원료가 허락되는 범위에서 새로운 문화로 철기를 생산하기 시작하였다.

팔달동에서는 원삼국시대 전기에 출토되는 영남지역 고유한 제형단면 쐐기식 주조철부[28]의 원시형인 제형단면 주조철부가 출토되고 있는데,[29] 경주 조양동 5호묘에서도 출토되고 있어서 초기부터 철기생산이 이루어지고 있었던 것으로 볼 수 있는 증거이다. 임당동은 철기유입기 초기에 연화보, 세죽리 계통의 주조철부를 보유하고 있었는데, 어떤 형태로든 직접 입수한 증거라고 볼 수

---

27) 이성주, 1998a, 『新羅·伽倻社會의 政治·經濟的 起源과 成長』, 서울대학교 대학원 박사학위논문.

28) 노태돈, 「韓半島 初期鐵器時代 鑄造鐵斧에 관한 一考察」한국정신문화연구원 한국대학원 석사학위논문.

29) 정영화, 김옥순, 2000, 「慶州地域 鐵器生産의 變遷」, 『古文化』 56.

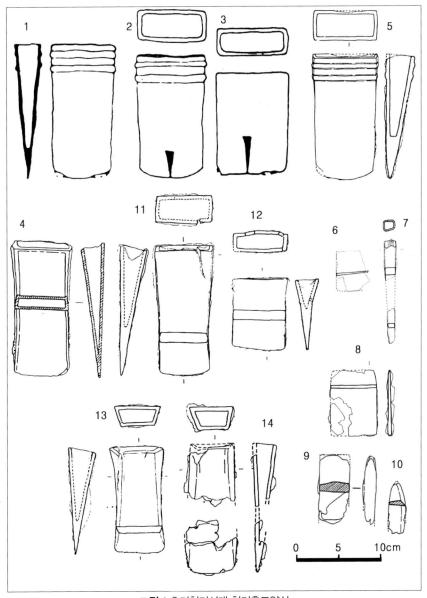

그림 1 초기철기시대 철기출토양상
(1.연화보, 2~3.세죽리, 4.용연동, 5~7.임당동FⅡ-34호, 8.임당FⅡ-33호,
9~10.조영ⅠB-7호, 11.팔달동77, 12.팔달동49호, 13.팔달동78, 14.조양동5호

있다. 그리고 전국계 주조제품과 함께 단조품 공구들이 출토되고 있어서 주목된다. 이는 금호강유역의 다른 집단에서는 거의 출토되지 않는 특징이다.

표 1. 철기제작에 따른 철기출토양상

유적	주조철부	단조철부
임당동	전국계 철부, 철착, 철판, 철정	소형 철부, 소형 날,
팔달동	전국계 철부	
조양동	전국계 철과, 철정	

임당동과 조양동에서 초기철기시대 단계에 출토되는 철정은 다음 단계 대량으로 출토되는 그것과 형태적 차이를 가진다. 이때, 출토되는 철정들은 서북한지역의 출토품과 유사하여, 철소재를 직접적으로 입수하였을 가능성이 있다. 철기들의 형태적 차이와 제작품의 기술적 차이를 고려해 보면, 이 시기 이루어진 원거리교역은 지역거점이 형성되었다기 보다는 산발적으로 개별 교역의 형태로 이해된다.

초기철기 문화가 유입되면서 토착문화와의 관계에 대한 논의도 교류맥락에서 빼놓을 수 없는 문제이다. 청동기시대 후기 지석묘와 목관묘 사회집단 간에는 문화적 차이가 분명하다. 입지도 중기의 지석묘가 하천변을 중심으로 위치하고 있는데 비하여 목관묘가 얕은 구릉에 자리잡고 있는 점도 차별화되고 있다. 뿐만 아니라, 시야가 확보되어 조망권이 좋은 곳에 자리잡고 있는 점도 이들이 지석묘 집단을 의도적으로 피하는 것은 아닌 듯하다. 신서동의 경우는 중기에 해당하는 지석묘와 불과 수 백m 거리를 사이에 두고 원형점토대 목관묘 집단이 묘역을 조성하였다. 두 집단이 어느 정도 병존하였는지는 알 수 없으나 초기에 근거리에 집단묘역을 조성하였다면 갈등관계라기보다 상호 호혜성을 유지하였을 것으로 짐작된다.

그러나 앞장에서 언급하였듯이 양 집단 간에는 문화적 갈등이 존재하였음을 충분히 짐작할 수 있다. 목관묘 집단은 청동기뿐만 아니라 철기문화를 경험하고 있었기 때문에 선진적 기술을 가지고 있다는 점에서 청동기나 석기 위주의 지석묘 집단과는 차별화된다. 지석묘집단이 공동으로 의례행위를 하고 농경을 한다면, 목관묘 집단은 세대공동체 단위로 의례행위와 농경이 가능하다는 점에서도 큰 문화적 차이가 있다. 두 집단이 이러한 문화적 차이를 극복하기에는 한계가 있었을 것이다.

초기의 목관묘 유적은 임당동과 팔달동이 선진문화를 채용하고 있는 것으로 나타나고 신서동, 월성동 유적은 그 다음 위계에 해당된다. 목관묘 유적은 주로 하류에 분포되어 있다. 임당동과 신서동은 금호강에 접해 있는 야트막한 구릉이 비교적 넓게 펼쳐져 있어서, 집자리와 함께 묘역을 조성하기에 적합한 입지를 가지고 있다. 지석묘들은 주변 하천변을 따라 배치되어 있는데, 임당동에 인접한 압량벌에는 지석묘가 그다지 확인되지 않았다. 전혀 없지는 않았다 할지라도 영향력 있는 집단이 형성되었다고 보기는 어렵다. 다소 높은 구릉에 입지하고 있는 팔달동은 주변에 지석묘가 분포하지 않은 곳으로 상호 간의 갈등은 없었을 것으로 짐작된다.

팔달동은 임당동 유적의 철기출토양상과 다소 다르게 나타나고 있다. 팔달동은 여전히 주조품 위주로 생산하고 있는데, 임당동은 단조품 위주로 생산하고 있다. 주조품과 단조품은 기술적 차이가 있다. 또한 주조품은 의례용이며, 단조품은 실생활용으로 재가공해야 한다는 점에서 용도상의 차이가 있다. 팔달동은 중서부지방에서 의례용 청동기 대체품으로 철기를 수용한 점[30]과도

---

30) 이성주, 1998b, 「韓半島 鐵器時代에 대한 槪念化의 試圖」, 『東아시아의 鐵器文化』, 국립문화재연구소.

유사한 맥락일 가능성이 있다. 이러한 팔달동과 임당동은 철기의 문화적 차이로 인해 서로 다른 원거리교역 네트워크를 형성했을 것으로 짐작된다.

임당동에서 초기의 철기가 유입되었을 당시, 신서동에서 이와 같은 시기에 출토된 철기나 청동기는 거의 없다. 무문토기가 소량 출토되었을 뿐이다. 초기 철기시대 분묘의 분산된 배치양상으로 보아 임당동은 몇 개의 구릉에 분산해서 각각의 마을이 형성되었을 것으로 보인다. 집단이 주변으로까지 영향을 미칠 정도의 세력은 아닌 것처럼 보이므로, 아직 전형적인 군장사회로 발전했다고 볼 수는 없다. 따라서 임당을 중심으로 조직화되어 주변 신서동으로 재분배가 이루어진 것은 아닐 것이다.

초기에는 각 목관묘 집단들이 정착해서 적응하는 시기이므로, 나름대로 독자적으로 자급자족의 형태가 주된 경제유형이었다. 그리고 다음 단계와 비교해 볼 때, 아직 금호강유역을 통한 대구, 경산, 영천, 경주와의 정형화된 교류 네트워크가 형성되지 않고, 이들 읍락 수준의 거점별로 주변 마을들과 미미한 교환이 이루어지는 호혜성의 교환유형이 지배적이었을 것으로 이해된다.

2) 국의 교류

원삼국시대에 이르면 전 단계와는 양상이 많이 달라진다. 토기는 와질토기가 지배적으로 제작되며, 철기에 있어서 정형화된 철정과 주조철부가 철소재이자 화폐와 같이 통용된다. 이들의 정형성은 철기의 생산과 보급이 일반화되었음을 의미한다.

주조철부에 있어서 제형의 대상철부와 판상철부는 다호리에서 경주에 이르기까지 동일한 형태로 출토된다. 그와 함께 다양한 철기들이 출토되기 시작한다. 이들 철소재가 영남지역의 고유한 형태이므로 유통의 범위와 교류 네트워크의 긴밀도를 알 수 있다. 이성주는 남부지역 철기유입은 초기철기시대에는 단순한 완제품의 유입으로 보지만, 원삼국시대 이르러서는 철기의 재지성, 확산속도로 보아 철소재를 직접 생산하는 수준으로 보고 있다.[31]

실체론자들은 초기국가나 제국의 외부적 교역을 기본적으로 원거리교역이라고 간주한다. 렌프류는 초기국가간의 교류가 하나의 문명을 이루며, 그 문명 내의 긴밀한 네트워크가 내부적 교역의 단위로 간주할 수 있다고 했다.[32] 이것은 일정한 지역 내의 지역집단 간의 고정된 네트워크를 가지는 교류를 동일 분배체계 내에 있는 것으로 이해해서 근거리교역으로 볼 수도 있다는 의미이다.

원삼국시대의 전기는 낙동강에서 금호강과 동해안을 잇는 영남지역 동남부의 교역권이 정형성을 가지므로 각 집단별로는 서로 외부교역이지만, 금호강 유역이라는 지역 내의 내부교역으로 해석될 수 있는 부분이다. 이들의 철소재는 멀리 낙랑과의 교역관계가 활발하게 이루어진 증거이므로 지역권의 외부교역이 형성된 것으로 이해된다. 그러한 외부교역의 활성화가 바로 내부교역 루트를 강하게 유지시켰을 것이다. 이는 이성주가 세계체제론적 관점에서 동아시아 철기문화의 확산을 설명한 점에서도 잘 나타나고 있다.[33]

대구지역 비산동, 평리동, 지산동, 만촌동, 영천의 어은동 등지에서 다량의 청동기가 출토되고 있으며, 상호 대등한 읍락들이 분산적으로 분포하고 있다. 그리고 임당동 용전동 등지에서 오수전이 출토되고 있으며, 팔달동, 임당동에

---

31) 이성주, 1998b, 위의 논문.

32) G. Dalton, 1975, 「Polanyi's Analysis of Long-Distance Trade」, 『Ancient Civilization and Trade』 ed. Jeremy A. Sabloff and C. C. Lamberg Kalopsky, Univ. of New Mexico Press. C. Renfrew, 1975, 위의 논문.

33) 이성주, 1998b, 위의 논문.

서 청동기와 철기들이 출토되는 점 등을 종합해 보면, 군장들이 이끄는 국 상호 간에 지역 내에서 대등한 교류(동열정치체 교류)를 하면서 야철, 야금술 등에서 기술과 농경기술에 따라 상호 호혜성 교환을 한 것으로 보인다. 그런 한편 영남지역 내 다호리, 조양동 등의 다른 지역과 동일 교환체계 내에서 내부적 근거리교역, 그리고 더 먼 낙랑과의 외부적 원거리교역에 참여하는 다차원적 교류활동을 한 것으로 이해된다.

표 2. 금호강유역 초기사회 국의 교류양상

	권역내부	권역외부	교류유형	교류 사회집단
금호강유역권	내부적 교환		호혜성 교환	금호강유역 국
영남지역동남부권		내부적 교역	근거리 교역	다호리, 조양동 등 다른 하천권역 국
한반도교역권		외부적 교역	원거리교역	낙랑

원삼국시대 전기에는 이웃하는 분묘 간에 철기의 출토량에서 편차가 심하지 않다. 예컨대, 임당동(조영동, 신대리, 부적리)과 신서동 관계는 전체적으로 임당동이 군집수가 많으므로 신서동보다 규모가 크다고 볼 수는 있으나, 마형대구, 통형동기 등의 외래품목들은 두 집단 간에 비슷하며, 토기에 있어서도 공통점이 있다. 그런 한편, 신서동은 철소재의 출토량이 많지 않은 편이다. 그런 점에서 임당동 집단이 우월하며, 부분적으로 거점역할을 하였을 가능성도 있다. 임당동과 신서동은 각각 원통형동기가 출토된 점에서 공통점을 보인다. 두 집단은 청동기 출토량이 많지 않은 점도 유사하다. 하류집단에서 청동검, 검부속, 방제경 등 다양한 청동기조합상이 출토된 유적들을 고려하면, 중류 집단이 하류집단과 생산하는 품목들이 다른 것으로 보인다.

임당동과 신서동은 규모에 있어서 서로 차이가 있으며, 철소재의 출토양상으로 볼 때, 임당동 집단이 거점역할을 하였을 것이다. 그러나 재분배로 보기

보다는 필요성에 의해 맺는 호혜성 교환유형이 더 설득력이 있을 것으로 보인다. 금호강유역을 통한 집단 간의 호혜성 교환과 오수전이 출토된 임당동, 용전동 등의 거점지를 통한 외부 원거리교역이 존재한 것으로 보인다.

이 시기는 상호 긴밀하게 금호강유역이라는 공동 교역루트를 통한 집단 간의 교환과 거점을 통한 낙랑과의 원거리교역이 여러 집단들이 동등하게 성장하는 배경이 되었다. 그러나 낙랑과의 원거리교역을 위한 전문상인을 보유한 국이 여러 국들에 재분배하는 형태는 있었을 것이다. 어디까지나 교역품의 분배는 다른 재화나 노동력 등 상호 호혜적인 교환관계로 유지되고, 절대적인 힘을 형성하지 못한 것으로 볼 수 있다. 금호강유역 국들이 입지하고 있는 자연환경이 상·중·하류역이 서로 달랐기 때문이다.

국의 내부적인 교환양상은 재분배로 상정할 수 있는데, 재분배는 고고학적 자료의 특징들이 뒷받침될 필요성이 있다. 고고학적으로 가장 가시적인 공물흐름의 증거는 공공건물이나 기념비적 건축물의 존재이다. 이것은 중심지로 노동력 동원이 어떻게 이루어지는지를 평가하기에 유용하기 때문이다.[34] 그

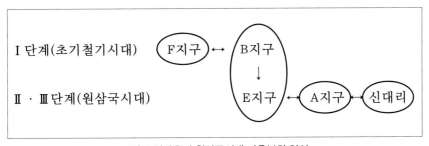

그림 2 임당유적 원삼국시대 마을분화 양상

---

34) V. Steponaitis, 1981, 「Settlement Hierarchies and Political Complexity in Nonmarket Societies: The Formative Period of the Valley of Mexico」, 『American Anthropologist』 Vol. 83, No. 2.

러나 앞에서도 언급되었듯이, 재분배에 대한 비판이 제기되는 가장 중요한 문제는 중심지 집결이라는 중심성과 재방출이라는 분배방식의 기능에 대해 지나치게 형식적이고 보편적이라는 관점이다. 다양한 형태의 재분배방식이 존재할 수 있다는 것이다.

금호강유역에서 이 시기에 재분배를 가정할 수 있는 가시적 자료는 존재하지 않는다. 임당토성이 그러한 시설로 볼 수 있지만, 적어도 3~4세기 정도가 되어야 가능하다. 따라서 이시기에는 중앙집권적 재분배는 이루어지지 않았을 것이다. 무덤에서 출토되는 유물에 있어서 E지구에서는 한경의 재가공품이 출토되었으며, 신대리에서는 훼룡문경이 출토되어 복수의 읍락이 존재하였을 가능성이 엿보인다. E지구는 후에 고총분묘 축조집단으로 발전하므로 이 시기 중심읍락의 하나임은 의심의 여지가 없다. E지구는 A지구 등 다른 마을과 함께 하나의 국을 구성하였을 것으로 판단된다. 여러 마을을 다스리는 군장사회로 발전했음을 시사한다.

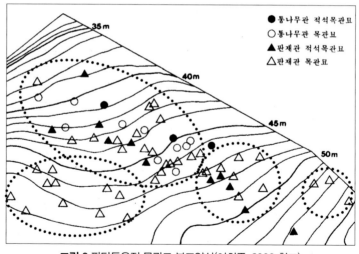

그림 3 팔달동유적 목관묘 분포양상(이희준, 2000 참고)

F지구와 B지구는 서로 분리된 구릉으로 두 개의 마을에 해당된다고 볼 수 있다. 원삼국시대 전기에 이르면, 마을이 분화한다. B와 E지구는 서로 인접해 있어서 동일집단으로 볼 수 있다. 그러나 A지구와는 또 다른 구릉으로 구분된다. 또한 신대리와는 수 백m 떨어져 있으므로 서로 다른 마을로 볼 수 있다. 신서유적 또한 목관묘군이 공간적으로 구분되고 있어서 이러한 형태로 존재하였을 것이다. 팔달동유적은 동일 구릉에 분포하지만, 동일 고분군내에서 묘역 공간이 몇 개로 구분되는 현상이 초기 목관묘단계부터 나타나는데, 주거구역에서도 일정한 공간단위로 분화된 것이 묘역에 반영된 것으로 보고 있다.[35]

목관묘 집단들은 각각 상당량의 청동제 손잡이의 철검들을 부장하고 있으므로 각 마을 간에 호혜적 관계를 형성하면서 비교적 독립적으로 분산하여 자급자족의 경제생활 형태로 존재하였을 것으로 짐작된다. 단지 국의 마을마다 대외교역에 대응하기보다는 군장이 존재하는 읍락에서 거점적으로 이루어졌을 것이다. 마을 간에 편차가 크지 않은 상황을 고려하면, 군장이 금호강의 내부적 교환 또는 근거리교역, 외부적 원거리교역을 통해서 입수한 외래 제품 또는 원료도 국 내부에서는 호혜적으로 교환 대상품목이 되었을 것이다.

---

35) 이희준, 2000, 「대구 지역 古代 政治體의 형성과 변천」, 『嶺南考古學』 26.

맺음말

일정한 하천 유역을 공간적 범위로 하여 고고학적으로 접근한다고 할 때 금호강 유역만큼 적절한 곳을 찾기 어렵다. 그 면적도 작지도 크지도 않을 뿐만 아니라 청동기시대부터 삼국시대에 이르기까지 우리나라 어느 지역보다 풍부한 발굴조사 성과가 축적되어 있기 때문이다.

그러한 성과를 토대로 이 지역에서의 사회 발전과정을 살피려는 것이 이 책의 목적이었는 바, 금번의 연구는 그 첫 시도로서 청동기시대에서 초기철기시대를 거쳐 원삼국시대 전기에 이르는 기간에 고대기록에 제시된 <국>이 형성되기까지의 진화과정을 살피는 것이었다.

그러할 목적으로 우선 지역의 자연환경에 대해서 지질과 지형학적으로 분석 검토하고, 당시 생활환경과 주거의 입지가 어떠하였는지를 살펴본 것이 1장의 내용이다. 그 다음에 청동기시대와 원삼국시대로 구분하여 각 시대에 해당하는 고고학자료를 살펴보는데, 우선 2장에서는 청동기시대의 주거지와 마을 유적의 발굴조사 성과를 정리하고 가옥의 구조와 취락형태를 시기별로 설명하는 것을 내용으로 한다. 청동기시대의 무덤을 대표하는 지석묘 또한 적지 않게 조사되었는데, 동 무덤의 묘제 혹은 장송의례에 중점을 두어 소개하였다.

초기철기시대와 원삼국시대 전기의 생활유적 자료는 발굴된 것이 적으므로 별도로 다루지 못한 대신에 3장에서는 조사성과가 적지 않은 무덤유적과 그 부장품에 대해서 분석하고 그로부터 묻힌 사람의 신분과 사회적인 위계를 설명하였다. 그리고 부장유물의 형식과 그 내용을 살펴 시기구분과 지역간 교류의 문제에 대해서 접근하고자 하는 시도가 있었다.

그렇게 각 시대별 집자리와 무덤별로 살핀 내용을 토대로 하여 4장에서는 청동기시대 이른 단계부터 원삼국시대 전기에 이르기까지 통시적으로 사회의 변천이 어떻게 이루어졌는지를 정리하였고, 또한 크고 작은 지역 집단 간에 상호 어떠한 교류가 이루어졌는지를 살펴보았다. 전자에서는 <소촌>에서부터 초기적인 <국>의 수준까지 이르는 과정을 설명하였으며, 후자는 정치체 내부와 외부별로 사회적 발전과 함께 이루어지는 교류의 다양한 형태를 추적한 것을 내용으로 하였다. 이렇게 구성된 각 장의 중요내용을 조금더 구체적으로 살피면 다음과 같다.

우선 자연환경을 다루는 1장에서 황상일은 금호강 유역이 북안천 지류 위쪽의 상류에서는 산지가 발달하였으며, 중류지역에서는 범람원이 발달하고 선상지가 넓게 분포하다가 외천 이하의 하류에서는 감입곡류가 발달한 협착부를 이루고 있음을 설명한다. 이에 따르면 경산과 대구지역은 각각 중류 상부와 하부, 그리고 영천지역은 상류지역으로 구분될 수 있겠다. 그러한 금호강 유역에서의 청동기시대와 초기철기시대 이후의 유적 입지에 대해서 대구를 중심으로 설명하였는데, 전자의 경우 무덤의 대부분이 선상지와 자연제방, 후자의 경우 침식구릉에 입지한 사실을 주목한다. 이러한 입지의 선택은 당시 범람의 위협을 거의 받지 않는 공간을 택한 결과라고 설명하였는데, 그러면서 작물 경작 등의 생계활동은 그 주변 충적지에서 대부분 이루어졌을 것이라고 이해하여야 한다고 주장한다.

2장에서는 청동기시대 마을 유적을 설명하는데 하진호는 대구, 경산, 영천지역에서 최근까지 발굴된 마을 유적의 사례에 대해서 토기형식을 지표로 하여 단계구분을 한 다음 각 단계별로 집자리의 구조와 단위 취락 내에서의 가옥 배치, 그리고 규모를 꼼꼼히 설명하였다. 우선 조기에는 다세대 가옥 2-3기로 구성된 단위 취락이 들어서지만, 전기 전반에는 10-15기, 그리고 전기 후반에는 15-20기 이상의 가옥으로 구성되는 취락이 발달한 것으로 설명한다. 또한 단위 취락 내에서 2-3기 혹은 4-5기로 구성되는 주거군이 있어 이들을 중심으로 취락이 운영되었을 것이라고 주장한다. 그러다가 청동기시대 중기에 단일세대의 소형가옥이 널리 보급되고, 이들 가옥의 숫자가 50여채가 넘는 대규모 취락도 등장하는 것으로 설명하였다. 이에 대응하여 대규모 지석묘군이 축조되는 사실에 주목하여 읍락사회 혹은 chiefdoms 단계로 발전하였다고 주장하는 것이다. 그리고 청동기시대 후기로 가면서 마을의 숫자가 줄어 쇠퇴국면을 맞이하는 것으로 이해한다. 한편으로는 의례공간 등이 발달한다고 설명하면서, 새로운 이주민의 도래로 인한 전환기로 파악하고 있다.

김광명은 금호강유역의 청동기시대 지석묘를 각 하천 유역별로 소개하면서 지석묘가 하천 상류의 곡간 대지나 선상지에 집중적으로 분포하는 입지선택의 문제를 강조하였다. 동 무덤에 묻힌 주인공의 지위나 축조집단이 갖는 사회적 성격보다는 장송의례에 중점을 두어 규모가 작은 매장시설에서 유아가 묻히거나 혹은 세골장하거나 굴장을 하는 관행을 지적하였다. 또한 지석묘의 묘역시설이 갖는 제단의 기능으로 종교적인 측면을 강조하고 있는 부분이 주목되는 내용이다.

3장에서 신영애는 원삼국시대 전기의 목관묘를 소개하면서 크게 그 조영시기를 단순 무문토기 단계, 무문토기와 와질토기 복합 단계, 그리고 단순 와질토기 단계 별로 구분하고 금호강 유역의 각 무덤군 유적에서 각 단계에 해당하는 목관묘를 선별하여 그 변천과정을 살피는데 중점을 두었다. 각 단계별로 목관묘에 부장된 유물에 대하여 크게 3등급으로 구분하여 살펴 본 것을 토대로 각 무덤을 축조한 지역집단간의 차별적 상호관계를 설명한 것이 주목된다.

재질을 따져서 청동기, 철기, 토기를 모두 부장한 경우, 철기, 토기를 부장한 경우, 그리고 토기만을 부장한 경우로 구분하고, 다시 그 수량을 따져 14점 이상, 13-7점, 6-0점으로 구분한 다음 이를 합쳐서 4등급화하여 각 무덤군을 살폈다. 그 결과 1단계에서는 1등급 목관묘를 포함하여 무덤 숫자가 많은 대구 팔달동과 경산 임당동 무덤이 각각 중심세력으로 등장한 것으로 이해된다는 것이다. 2단계에서도 앞서 두 유적에서 더욱 많은 목관묘가 조영될 뿐만 아니라, 1등급의 비율도 높아지는 중심세력으로 유지 발전하다가, 3단계에 이르면 1등급에 속하는 비율이 떨어져 위축 된다고 설명한다. 영천지역의 경우 1-2단계에 두드러진 목관묘 유적이 없다가, 3단계에 비로소 용전동의 1등급 무덤이 확인되어 새로운 거점세력이 등장하였음을 지적하고 있다.

3장에서 원삼국기 부장품을 다루었지만, 미처 그와 관련하여 제대로 검토되지 않은 내용에 대해서는 방선지가 맡아 다루었다. 각각의 유물이 부장 혹은 매납된 위치를 살피고, 유물자체를 구체적으로 검토하여 묻힌 사람이 속한 집단의 소속시기와 대외관계를 설명하는 토대를 마련하였다. 특히 그는 편년의 기초가 되는 토기의 형식에 대해서 세부적으로 검토하였을 뿐만 아니라, 특수한 형태의 와질토기고배, 칠기 부채, 그리고 외래유물인 한식경과 오수전에 대해서 그 출토상황과 형식을 살펴 다른 지역의 사례와 비교하는데 근거를 두었다.

4장은 앞서 각 시기별 집자리와 무덤 유적별로 다룬 내용을 토대로 통시적으로 사회적 성격이 어떻게 변하였는지를 살핀 것을 내용으로 한다. 이에 대해서 이청규는 우선 청동기시대 조기 혹은 전기 전반 단계에 다세대의 대형가옥이 갑작스럽게 등장한 것을 단순히 생계 문제만이 아닌 외적에 대한 방어 등을 고려한 것으로 설명한다. 그리고 전기후반에서 중기로 가면서 단일세대의 소형 가옥으로 바뀐 것은 가족의 사적공간을 중시하고, 세대공동체의 장보다는 마을 전체의 공동협업체제 혹은 촌장의 역할이 더욱 강조되기 때문인 것으로 풀이한다. 또한 대형지석묘군 유적이 조성되는 것은 여러 단위촌락이 긴밀한 협업체제를 갖추었음을 반영하나 아직 다른 지역에서 확인되는 대규모

주거지군이나 지석묘군에 대응되는 대촌 혹은 읍락으로 발전한 것으로 보기 어렵다고 주장한다. 그러다가 원삼국 전기 전반을 거쳐 후기에 이르면서 다량의 금속유물이 부장된 목관묘군과 유력한 개인무덤이 등장하는 사실로 보아 취락 유적의 사례로 뒷받침이 않됨에도 불구하고 읍락을 거쳐 국의 수준에 이르렀을 것이라고 설명하는 것이다.

이와 같은 사회발전과정과 맞물려 김옥순은 각 단계별로 집단간의 상호교류에 대해서 설명하였다. 정치체 간의 교류에 대해서는 서구에서 국가 형성과정을 살피는 과정에서 정치체 간의 동렬정치 교류론(PPI)과 중심지 주변지 이론(CPI)이 주장되었음을 먼저 소개하였다. 그러나 금호강 유역의 국가이전 초기사회를 다루는 이 글에서는 그보다는 집단 내부와 집단간의 교류에 초점을 맞추어야 한다고 하면서 내부의 교환(Exchange)과 외부의 교역(Trade)의 틀에서 설명하였다.

그래서 청동기시대 전기에는 단위취락간의 호혜적 교환이 성행하고, 중기에 규모가 커지고 다수의 단위취락이 네트워크를 이루는 족장사회에서는 재분배의 과정이 이루어진다고 하였다. 더 나아가 초기철기시대 이후 원삼국시대에 이르면 국이나 그에 버금가는 수준의 정치체가 다수 있어 청동제품을 매개로 한 금호강 유역내의 근거리 교역 뿐만 아니라 철기를 포함한 한식유물을 매개로 원거리 교역이 이루어진다고 설명한다. 물론 정치체 내부에는 여전히 재분배 혹은 물물교환이 이루어지는 사실을 지적하고 있다.

이상 요약 정리한 바와 같이 각 장의 내용은 금호강 유역의 초기사회의 형성과정을 큰 주제로 하여 기본적으로 각기 다른 세부 주제와 대상을 다루고 있다. 한편으로 내용이 상호 중복되면서 각기 다른 논지를 전개하는 부분도 적지 않게 확인되는데, 각자 다루고자 하는 내용에 대해서 집필자간에 사전에 충분하게 논의되지 못하였을 뿐만 아니라, 원고를 집필한 이후에도 서로 윤독

하면서 검토하는 과정이 없기 때문이기도 하다. 무엇보다도 확인되는 문제는 같은 대상을 다루면서 달리 설명하는 부분이 있다는 점인데, 특히 시기구분과 개념, 용어 등에서 그러한 예를 적지 않게 찾을 수 있다.

그것은 또한 각 집필자가 다루고자 하는 고고학자료는 물론 그와 관련된 학계의 연구성과를 충분히 숙지 못한 데에서 연유함을 밝히지 않을 수가 없다. 더군다나 각자 부여된 별도의 업무 특히 연구원의 발굴조사와 보고서 업무가 과중하여 충분한 시간적 여유를 갖지 못하기 때문이기도 하다. 실상 금년 봄 늦게 동 연구과제의 작업이 본격적으로 착수되었으며, 집필자중의 한 사람은 해외 연구차 외국에 나가 있는 형국이어서 더욱 그러하였다. 이유야 어떻든 부실한 원고 내용은 각 집필자의 책임임은 두말 할 것도 없다.

이러한 문제에도 불구하고 굳이 위안을 삼는다면 그동안 시군단위의 소지역을 다룬 사례는 있었지만 그보다 너른 일정한 강 유역을 공간적 범위로 하여 삼국시대 이전의 사회 문화적 발전과정을 고고학적으로 설명하는 작업은 거의 없었는 바, 금번에 그러한 지역고고학 연구의 기초적인 작업을 여러 사람이 합동으로 이루어 냈다는 사실이다.

그러한 맥락에서 금번의 작업은 동 연구주제에 대하여 제대로 된 접근 방법과 틀을 기초하여 완성한 연구성과물이라기 보다는 앞으로 수행하여야 할 연구과제를 제시하였다는 데에 의의를 찾을 수 있다 하겠다. 학문적 미숙함에도 불구하고 무리하게 금번에 펴낸 작업 성과물이 동 주제에 대해서 보다 발전시키는 계기로 활용되길 기대하며 이 방면에 관심이 있는 동학 선후배들의 아낌없는 질정을 바란다.